JN078724

# 貨幣と国家

## 資本主義的信用貨幣制度の生成と展開

楊枝嗣朗 ［著］

文眞堂

# 序　論

　国家にとって貨幣・信用制度が極めて重要であり，貨幣のあり様に国家は深く関わらざるを得ないのは自明であり，多くの論者は，資本主義と国家，貨幣と国家との強い絆を強調してやまない。ブローデルは言う。「資本主義は，それが国家と一体化するとき，それが国家であるときのみ，栄える。その最初の繁栄期，ヴェネチア，ジェノヴァ，フィレンツェといったイタリア都市国家において，権力を握っていたのは商業リートであった。17世紀のオランダ……。イギリスでは，1688年の革命が，オランダ風商業の到来を告げた。フランスでは，1830年の7月革命によって，ようやく商業ブルジョアジーが政権の座にどっしりと腰を据えたのである。」[1]

　ギデンスも近代国民国家と近代貨幣制度との深い関りを指摘する。「土地と生産物の商品化……は，絶対主義国家の体制強化過程と結びつく要素をいくつか伴っていた。契約に基づく権利義務関係の範囲の拡大を許容し保護する，そうした中央集権を遂げ裏付けを得た法秩序の出現は，そのひとつである。いまひとつは，国家権力が調整し裁可した貨幣システムの発達である。しかし，さらにひとつの要素は，中央管理された徴税システムである。」[2] ドッドも国民国家の形成と国民通貨の生成は，(1) 国家の領土的集中，(2) 資本主義企業の拡大，(3) 国家の軍事力の強化，(4) 財政運営の集中・強化等から出現するのであって，貨幣制度への国家のコントロールは，近代国家機構の発展にとって，言語，宗教，運輸・通信，文化等とともに，極めて重要なロジスティカルな技術であると見ていた。「貨幣と国民国家の関係は機能的，行政的必要の問題と見なし得るのであって，……その関係は歴史的緊急性により多くを負っている。」[3]

　このように貨幣と国家の絆の重要性が強調されてきたにもかかわらず，これまで貨幣信用理論研究では，国家が貨幣制度や信用制度の発展にいかなる役割

を演じてきたのかを正面から論じられることはほとんどなかった。戦後の不換銀行券論争は，それらの関りを論じ得る絶好の機会であったにもかかわらず，不換銀行券が国家紙幣か信用貨幣かという論点にのみ集中し，貨幣と国家がいかなる関連にあるのかという問題は意識されることもなかった。否むしろ，論争がその後，岡橋保氏や川合一郎氏らの不換銀行券＝信用貨幣説に落ち着いたことが，吉田暁氏らの貨幣内生説の広がりとともに，一層，貨幣論における国家への関心を失わせることになった[4]。

　不換銀行券論争において，川合氏は「還流の法則」を重視され，銀行券が不換化しようが，貸付により創造され，返済によって消滅するという信用貨幣の本質は変わらないのであって，決してそれは国家紙幣に転化したのではないと言われた[5]。また，岡橋氏も兌換停止後も，物価は騰落し，銀行券の発行額も伸縮を繰り返しており，また，不換銀行券といえども中央銀行のバランスシートの債務勘定に計上されており，信用貨幣であることに変わりはないとされた[6]。これらの主張は，不換銀行券を不換国家紙幣と見なし，その信用貨幣性を否定するマルクス主流派貨幣論者の多くを驚かせ，また呆れさせもし，嘲笑的な批判を生んだ[7]。

　しかし，それでは信用貨幣説においては貨幣と国家は如何なる関連にあると考えられてきたのであろうか。発券集中や中央銀行の成立における国家は如何に説明されていたのか。川合氏によれば，複数銀行券流通に伴う諸問題（銀行券の質的同一性と数量調節の要求，等価機能の一元性）を国家が受け止めその問題解決のため，国家が行ったのだとされた[8]。しかし，イギリスでの発券の単一化は，ピール条例以降も速やかに進行したわけでもなく，その完成はイングランド・ウェールズでは第1次大戦後であり，スコットランドでは今日に至るも複数の商業銀行の銀行券が流通している。また銀行券が価値尺度機能を担っているわけでもない。

　川合信用論を高く評価される吉田暁氏の説明も，貨幣の生成はすべて商品交換・市場取引の発展に基づき，直接国家権力の発動に由来するものではないのであって，造幣硬貨の発行や発券集中，中央銀行の設立への国家の関りも，公共善としての国家の役割を果たしたにすぎず，経済理論的に取り上げるほどのこともなく，単に技術的なことに過ぎないと考えられる。鋳貨の流通価値はそ

の内在的価値に規定され，鋳造の国家独占や統一は，鋳貨流通の技術的必要上のことで，国家が鋳貨に「社会的妥当性を与える」ために「国家が行ったことは呼称の付与と重量品質の保証に過ぎない。国家の登場以前から経済過程の中で貨幣は存在していたのである。」「歴史の教訓は，さまざまな品位，重量の貨幣の混在がアムステルダム銀行を誕生させたし，多数発券銀行時代のディスカウントされた銀行券の存在が中央銀行発券銀行への志向となったことを想起すべきであろう。」[9] ここでは国家はただ市場取引の必要を受け止める受動的な存在としてしか位置づけられていない[10]。

　マルクスは貨幣の生成を価値形態論，交換過程論で商品交換の発展から論じているが，「ハンムラビ法典」には，古代メソポタミアにおいて，造幣硬貨出現の遥か昔に計算貨幣が既に存在し，価格，利子，小作料，損害賠償等々が語られていた。また，信用貨幣の発展も，川合氏の説明によると，産業資本家間での商業信用の展開とその社会化としての銀行信用の成立の脈絡で，然も銀行券において理解されており，またイギリス産業革命を念頭に，産業資本が商業資本や利子生み資本を凌駕・支配し，資本主義的貨幣信用制度を創造する過程で論じられるという構成になっており，信用貨幣制度のあり様やその発展に国家が関与する余地はない。信用貨幣制度論から国家を排除してきた理論的背景は如何なるものであったろうか。

　不換銀行券を信用貨幣と見なされた岡橋，川合，吉田氏らがメタリズム貨幣論を下敷きに，貨幣信用制度における国家の問題を俎上に載せられないのは，信用貨幣は内生的に創造されるのであるから，その過程への外部からの国家の介入はインフレや制度の歪み，崩壊をもたらしかねないと考えてのことであろう。そして，その信念を支えているのは，ツークやフラートンら銀行学派への共感，真正手形原理やとりわけ還流の法則を重視されてのことである。戦後，貨幣信用論研究者の多くは，マルクスに倣って通貨学派を厳しく批判し，銀行学派の主張を大筋で受け入れ，貨幣と国家の関係を出来るだけ切り離そうとする発想は，広く論者の間で共有されていると言ってよかろう。

　この点は信用貨幣を廃止し，ソヴリン・マネーでの置き換えを主張する新通貨学派（New Currency Theory）の J. ユーバーも指摘するところである。銀行学派は，「銀行家を欠点のない判断が出来る名誉ある商人とみなし」，通貨学

派の発券規制の主張に反対し，真正手形原理や還流の法則に従う限り，「手形の質が信用の質を，さらには創造された銀行券を規制してくれる。」したがって，「政府は貨幣や銀行業の事象に干渉すべきでない。なぜならば，貨幣はトレーダーの間で自発的に，すなわち市場内生的に創造される交換手段と見なし得る」からであると考えた。このような信念は，その後，オーストリア学派に繋がり，「商品は市場に委ねられるべきである」という彼らの経済学に結実し，そういう意味では「貨幣の非国家化」を唱えたハイエクは，「銀行学派の卓越した後継者」であると言う[11]。こうした理解は，メタリズム貨幣論を批判した A. M. イネスにも見られる。「銀行業が債権債務の原理の適切な理解の下で，正直な人々によって運営されることが保証されるならば，そうすれば銀行券は自らを適切に処理するであろう。」[12]

　信用貨幣制度の形成において国家を理論的に排除する発想のいまひとつの理由は，金本位制の成立である。イギリスの計算貨幣ポンドを貨幣金属の一定量と結び付けることとなった 1696 年の大改鋳でのロックの果たした役割について，フェヴィヤーは以下のように指摘した。「ロックは彼に続く人々の心のなかに，造幣局の法定純分はそれ自身の目的のためであれ国庫の利益の為であれ，いかなる口実であろうとも政府によって変更されてはならないという強い感情を注ぎ込んだのである。ロックが造幣重量に結びつけたこの尊厳は新しいものであった。彼の時代以前には，硬貨の重量をともかく不変であると見なした者はほとんどいなかった。……造幣重量は任意にこれを処理できる国王の大権に属すると見なされていた。……しかし，1696 年以降，この法定純分に対する古来の神聖な感情が復活した。」イギリスは幾たびも戦争や革命を経験してきたにもかかわらず，1560-61 年のエリザベス 1 世の改鋳以降，1931 年の金本位制離脱に至る 350 年以上もの長きに亘って，イギリス・ポンドの金属標準は切り下げられることなく，一貫して不変であった。ロックが主導した大改鋳以来，「イングランドの古来の標準」，「われわれが決してその価格から離れてはならない，また離れても常にこの価格に復帰せねばならない金の魔法の価格」を神聖なものと見なし続けることとなった。「この国はロックの論法に帰結（旧平価の改鋳によりポンドを貨幣金属の確定金属重量に結びつけたこと―引用者）から失ったよりもはるかに多くのものを獲得した。」[13] フェヴィヤー

の言わんとするところは明白である。英貨ポンドの貨幣価値安定の大義を長期にわたって堅持したことは，イギリス貨幣史最大の特質であり，世界史的に見ても稀有な事例であった。ただ，あまり知られることもないが，17 世紀 20 年代より約 300 年もの間，ギルダーの金銀価値の安定を維持したオランダの事例も着目されるべきであろう[(14)]。

　ところが，イギリスの事例を捉え，論者の多くは，金本位制を資本主義的貨幣制度の本来あるべき姿と考え，貨幣を金属の一定量に結びつけた金本位制の成立は，国家の行動を市場に従わせ，貨幣への政府の不当な干渉を排除し，そのことによって貨幣価値を安定的に推移させ得たと考えたのである。「19 世紀後半の古典的金本位制は，度々，歳入を増やそうと国家が通貨を操作した時代の終焉を記したがゆえに，貨幣史の転換点を表すと考えられてきた。……伝統的な見解に拠ると，金本位制は市場に対して国家をより説明責任のあるものにするのに役立ったのである。かくて，金本位制はたびたび，国民経済間で市場主導的な調整が行われるようにし，国家の政策に対して大きな制約を押し付けるひとつのリベラルな貨幣制度であるとの外観を呈していた。国家がそのような制約を受けるがゆえに，金本位制は諸社会を市場原理の従わせる広範な試みの一部であり，ヨーロッパ全般を覆う資本家たちの覇権の増大とリベラルなイデオロギーの広がりを反映するものと考えられてきた。」[(15)]

　こうした伝統的な見解は，S. ナッフォによれば，多くの論者が金本位制を，それ以前の時代とではなく，それ以降の大戦間やブレトンウッズ体制と比較することから導かれたもので，金本位制の成立によって国家は市場原理に制約された存在になったと見なされ，貨幣制度からますます国家を排除し，貨幣と国家の関係という問題意識を後景に押しやることになった。しかしながら，ナッフォは，「金本位制の顕著な特徴を市場原理に求めることは，金本位制の歴史的意義を見失うものである。見方を逆転させ，金本位制をそれに先立つ西ヨーロッパの貨幣政策の諸形態と比較すれば，……金本位制は，国家のより介入的な貨幣政策の構築における重要なステップを表していたのである。」と指摘する。「まず第 1 に，金本位制は部分的には，信用貨幣（fiduciary money）を使うための実行可能な形態を確立することに向けた重大な制度的シフトを表すものであった。すなわち，信用貨幣に立脚した貨幣制度は，金属貨幣に大きく依

拠した従来の貨幣制度よりはるかに弾力的なものとなったのである。かくて，金本位制は，銀行券に兌換義務を課し，中央銀行を設立することによって，信用貨幣の創造を制度化する試みから出来ていた。金本位制は，貨幣創造を公的問題となし，その運営をある程度，国家による統制に委ねんとする要求から生まれたのであった。……したがって，古典的金本位制を形成した諸制度は，貨幣政策を市場原理に従わせることとは程遠く，むしろ国家が銀行業や貨幣創造へのこれまでにない統制を加えるのに役立ったのであった。」[16] 筆者も常々強調してきたことだが，金本位制は，造幣硬貨を信用貨幣の言わば侍女，すなわち補助貨に貶めた信用貨幣制度の確立に伴い成立したことに深く関わっていた。

　中世初期預金銀行の頻繁な破綻が貨幣制度の混乱を伴ったが故に，15, 6 世紀，公立預金銀行がヨーロッパ各地に続々と設立されたように，信用貨幣制度とともに成立した金本位制がたびたび信用貨幣制度への国家介入を生んだことは，それが「新たな脆弱性の形態」を生起せしめことにも関わる。19 世紀にマネーサプライは劇的な拡大を見た。金本位制においては，プライス・スペィシー・メカニズムが説くがごとく，金準備の増減によってマネーサプライが調整されていたのでは決してなかった。「実際，金本位制の制限的性格を強調することは，19 世紀にマネーサプライが劇的な拡大したという事実から見ると，まったく奇妙な発想以外のなにものでもない。1800 年から 1913 年の間，イングランド・ウェールズでのマネーサプライ（M1）は£50 百万から£1264.2 百万に跳ね上がった。すなわち，2528％の増大である。歴史的標準から見てもマネーサプライのこの劇的拡張という驚くべき事実は，とりわけ 19 世紀の英国経済での資本流出入の驚くべき増大に伴うものである。したがって，明らかにされるべきは，金本位の諸制度がそれらを蝕むことになる正当化しえない資本フローを制限することもなく，実際，如何にして英国は国民的貨幣制度の支える諸制度を不安定化させることもなく，マネーサプライを劇的に増加させ，資本フローを許すことが出来たかということである。」[17] 因みに，イングランド銀行の保有金準備額は，1800 年 5.65 百万£，1815 年 2.72 百万£，1844 年13.9 百万£，1913 年 36.2 百万£であった[18]。

　かくて，金本位制についての伝統的見解に囚われ，「大部分の歴史家たちは

過去数世紀間にわたって，金属本位制に事実上の確立の予兆となり，また準備することになった一連の試行錯誤を，1971 年にリチャード・ニクソンによって閉じられるまで金の窓を通して見つめて来たのである。」[19] 金本位制こそが国家の関与から自由な自然法則とすら受け止められ，貨幣と国家の関連は如何という問題意識は消し去られることになったのである。

　私がこうした伝統的見解を見直すことになったのは，17 世紀イギリスで多く出版されていた『商業必携』に記されたイマジナリー・マネーとリアル・マネーの峻別を知ったことと，1982 年に公表されたケインズ「古代通貨草稿」に出会ったからであった。そしてまた，ケインズが高く評価していたイネスの「貨幣とは何か？」（1913 年）や「貨幣の信用理論」（1914 年），クナップの『貨幣国定学説』（1905 年）に大いに蒙を拓かれた。古代メソポタミアでは金属硬貨が流通していないにもかかわらず，計算貨幣が存在していた事実は，メタリズム貨幣論への批判的検討を経て，信用貨幣を金属硬貨の代替物であるといった議論を払拭することが出来た。そして，貨幣と国家の関係はただ，商品交換・市場取引の発展から，さらには商品交換や貨幣流通の安定性の確保といった視点からのみ論じるだけでは不十分ではないかと思うに至った。それは生成した信用貨幣の流通により造幣硬貨が信用貨幣の小銭に貶められた事態に直面し，近代国家の形成や戦争金融の必要から，国家自らが信用関係を纏い，公立銀行を設立し，公立銀行通貨を創出し，信用貨幣制度そのものに参入をせざるを得ない国家の側からの対応があり，それらの状況は国家による貨幣への規制，介入，監督を呼び起こされざるを得なかったと考えた。すなわち，商業銀行通貨と公立銀行通貨（中央銀行通貨）は債権債務を根拠に創造されてはいても，それらの生成の有り様や国家との力関係において，両者には大きな相違が見られる。

　この点に関して，横山昭雄氏の以下の指摘は重要である。「（中央）銀行券は，中央銀行預金を核貨とし，預金通貨を大宗とする現代通貨体系の中で，いわば補助的役割を務めている。……しかしその反面，銀行券は高権貨幣たる中央銀行預金の変形である点で，その発行すなわち金融機構からの漏損は，核貨の減少→信用収縮，その還収は核貨の増大→信用創造拡大に繋がる効果をもっており，信用体系全般に対して極めて重大な影響を及ぼしもする。……銀行券

の二重性，つまり預金通貨の変形としての補助貨性と，中央銀行預金の変形としての潜在的核貨性とを，明確に認識しなければなるまい。」「銀行券が持っている潜在的核貨としての重要性に着目すると同時に，預金通貨を現代信用体系の中心と見做し，銀行券を補助貨的存在として捉える。」[20]

　それでは，如何にして信用貨幣体系に核貨は生み出されたのであろうか。国家は自ら発行した造幣硬貨を民間から借り入れるだけでなく，信用貨幣が発展してくると，中央銀行の設立を認可し，それが発行する通貨を徴税手段として受領するだけでなく，自ら債権債務関係を纏い公債を発行し，信用貨幣を借入れ，信用のネットワークに参入してくる。すなわち，初期預金銀行の展開に伴う預金通貨（信用貨幣）生成の事態に伴った，ヨーロッパ中世ルネッサンス期に見られた公立預金銀行の設立に止まらず，近代初期の金融イノヴェーションを経て，近代初期の戦争金融，財政革命の遂行のための中央銀行の設立や公債発行を通じて，国家は信用貨幣の創造に積極的に関わり，貨幣金融市場の重要な構成メンバーとして登場する。かくて，「金融システム全体を考えるとき，まずなによりも市中銀行の対民間与信行動が，システム作動の始発点である」[21]とばかり言い切れない。国家が金融市場に参入すれば，債権債務関係という信用のロジックに包摂されるとともに，そのロジックを作り上げているのは民間金融だけであるとは言い得ないであろう。イギリス近代の貨幣信用制度を見るかぎり，国家はイングランド銀行の設立を認可し，その発行通貨に信用貨幣制度の核貨の地位を与え，さらに公信用を軸に国家活動のために信用貨幣制度へ深く参入することで，民間金融そのもののあり様にも大きく干渉していった。国家はただ民間金融の諸結果を受け止める存在にのみにとどまらず，いま一歩大きく踏み出し，時には「システム作動の始発点」にすらなったのである。

　クラパムも言うように，「そもそも銀行組織というものは，国家の借入と密接に結びついているし，およそ最も猜疑の目をもって見られる国家の貨幣発行という機能とも密接な関係をもっているので，政府がその組織をまったく無免許のまま，無統制のまま放置しておくことは，ほとんどありえない。」[22] 国家は貨幣信用制度そのもののあり様にも深く関わらざるを得ないのであって，貨幣と国家の関係については，いま一歩踏み込んだ考察が為されるべきでないか

と考える。

　例えば，従来，イギリス近代信用制度は，産業資本の資本蓄積の必要から形成されたと考えるのが常識ですらあったが，しかし，決してそれは「産業資本の創造物」などではなかった。「信用業の発展を主として産業資本に関連させて考察してきた」（マルクス）のでは，イギリス貨幣・金融史は理解不可能である。産業革命の始まる以前に，ロンドン金融市場はすでにグローバル金融資本主義の大きな舞台であった。にもかかわらず，その後，生産技術や生産構造の変化ならびに社会変化をもたらしたイギリス「産業革命」における産業資本のファイナンス対して，銀行業が大きな役割を演じることはなかったのである[23]。

　「イギリス産業革命におけるこの驚くべき金融の不在」[24]を決定づけたのは，財政革命の遂行，国家資金の「優先的・大量・低利」調達を最重要課題とし，産業革命を「金融抑圧」した国家政策にあった。「何故にファイナンスは産業革命において大きな役割を演じなかったのか？」[25]は，国家抜きには明らかにすることは出来ないであろう。国家の関りを排除し，国債市場を見ず，産業資本の運動からのみイギリス近代的貨幣信用制度の発展を論じることは出来ない。イギリス金本位制の成立も，財政革命を通じたイギリス帝国の形成，ロンドン国際金融市場の発展に向けた国家の意思を抜きには説き得ないのでないかと考える。（本書第5章参照）

　確かに，中央銀行の独立性の主張や厳しいアベノミクス批判に見られるように，今日なお貨幣や信用制度への国家の介入を出来るかぎり排除すべきとの見解は根強い。しかし，他方，1982年にケインズ「古代通貨草稿」が公表されたことも手伝って，ケインズが高く評価したイネスの「貨幣の信用理論」（1913，14年）やクナップの『貨幣国定学説』（1905年）が見直されるようになった。しかし，その反動か，貨幣の生成や流通の根拠を国家権力にあるとするレイらの「現代貨幣理論」（Modern Monetary Theory）が登場し，その後，そうした国家一辺倒の貨幣論への支持が一定の広がりを見せるに至っている。貨幣の生成の根拠は国家（財務省，議会，中央銀行）にあり，国家（中央銀行）が提供する貨幣が準備金となり，銀行業は信用貨幣を創造することが出来ると言う。「ただ政府赤字のみが貨幣を創造するのである。」「政府が支出する

まで，政府は徴税も公債の売却も出来ない。すなわち，政府支出が税の支払や公債の販売を『ファイナンスする』のである。」「貨幣はもっぱらただ政府から出てくるのである。」「一旦，銀行貨幣が税の支払に国家貨幣として受領されるならば，政府の政策がまた銀行貨幣の価値を決定するのである。」かくて，国家が通貨の発行者であり，そこにはクレディット・リスクもデフォルト・リスクもなく，したがって，政府のファイナンスには内的制約もないし，財政赤字を憂える必要もないという主張が続く。貨幣と国家の関係はこのようなものであろうか。(本書第1章参照)

　こうした理解に共感してか，G. インガムも，内生的貨幣説であるイネス貨幣論を高く評価しながらも，イネスが信用貨幣の資本主義的展開を見落としていると批判し，イングランド銀行の設立において，信用貨幣は造幣硬貨と融合し，そこでは「中央銀行と国家債務とを結びつける銀行制度によって……個人債務は公的貨幣 public money に転換する」のであって，民間個人債務を公的貨幣となすイングランド銀行券が貸付発行される事態に「資本主義的信用貨幣の生成」を見る。(本書第2章参照)

　本書ではまず，貨幣の国家理論とも言うべき，レイやインガムの貨幣論を検討し，次いで，中世初期預金銀行の登場は信用貨幣である預金通貨を生成せしめたが，それら預金銀行が欠如していたアントワープや，重金主義が支配し1630年代まで銀行業が存在しなかったイングランドにおいて，為替手形の流通性や持参人払いの約束手形の承認を内容とする近代初期の金融イノヴェーションの展開が見られたとして，公立預金銀行の存在を近代金融イノヴェーションに敵対する前期的存在とみて，近代的の金融イノヴェーションの「中世起源」説を唱えるファン・ダ・ヴェーやマンロの見解を検討する。われわれは，中世初期預金銀行が近代初期の金融イノヴェーションを経て，アムステルダム銀行やイングランド銀行の信用貨幣制度へと繋がっていく存在と考えてきただけに[26]，あらためて初期預金銀行の歴史的意義を考えてみたい。(本書第3章参照)

　初期預金銀行の評価は，資本主義的貨幣信用制度におけるアムステルダム銀行の評価にも関わる。「15, 6世紀に見られた金融技術の再生は，まったく異なる二つの経路をたどって展開された。伝統を守りながら，イタリアの金融技

術に鼓舞された第1の経路は，ジュネーヴ→リヨン→ジェノヴァを経てアムステルダムにつながり，他方，イタリアの影響に囚われることなく，問題の革新的な解決に向かった第2の経路は，アントワープからロンドンへとつながっていった。」「かくて，17世紀イングランドの金融業者の創造精神は，とりわけ16世紀アントワープの革新の中に根を持っていたと言えるであろう。」[27] ジュネーヴ→リヨン→カスティリア→ジェノヴァ→アムステルダムの預金銀行を伝統的潮流となし，アントワープ→ロンドンの経路を革新的と見るファン・デァ・ヴェーの発想は，イングランド銀行は近代的，アムステルダム銀行は前期的とみなすマルクスの発想にも通じる。「1609年のアムステルダム銀行は，ハムブルグ銀行と同様に，近代的信用業の発展における一時代を劃するものではない。これは純粋に預金銀行であった。この銀行が発行した手形は，事実上，預託された鋳造および非鋳造貴金属の受取証書にすぎず，その受取人の裏書をまってのみ流通した。」[28] マルクスは信用貨幣を銀行券において理解し，預金通貨をまったく意識すらしなかった。

　近代的貨幣信用制度を生み出したイギリスにつながるのは，アムステルダムではなく，初期預金銀行の欠いたアントワープと見なす発想は，初期預金銀行を近代の金融イノヴェーションに対立するものと見なす理解と結び付く。しかし，それでは，オランダにおいて高利は排撃され，高利の独占も崩壊し，「利子生み資本は……産業＝および商業資本に従属させられていた」とのマルクスの認識をどう理解するのであろうか。17，8世紀のオランダ，アムステルダム預金振替銀行は資本主義的貨幣信用制度の生成において，いかなる位置を占めているのかを問うべきであろう。(本書第4章参照)

　初期預金銀行における計算貨幣と信用貨幣に見られた貨幣と国家の関係は，近代初期に続々と設立された公立銀行においても貫通している。W. ロバーズ＆F. ヴェルデが言うように，「イングランド銀行はそれ自体，（中世商業革命以来—引用者）400年を超える制度的発展の所産である」[29] とするならば，設立されたイングランド銀行に体現されている貨幣と国家の関係は如何なるものであろうか。(本書第5章参照)

　中世の商業復活以来，商人やマーチャント・バンカーらが創出した帳簿貨幣，一覧払預金債務である預金通貨（debt money）が信用貨幣として機能し，

商人資本や産業資本や金融資本のファイナンスを，1000年の長きに亘って支えてきた。さらに，それら信用貨幣の発展のため，自ら発行する造幣硬貨を信用貨幣の侍女に貶められた国家は，信用貨幣を支援し取り込むことで，財政フィナンスに自らも積極的に利用してきた。アムステルダム銀行のバンク・ギルダーの国際的支払決済通貨としての働きや，イングランドでの戦争金融のための財政革命達成の偉業は，商人資本が作り上げて来た信用貨幣制度を国家が支えるだけでなく，国家自身も積極的に参入することで成しとげられたものである。中世世界経済の形成，近代初期のオランダ共和国の繁栄，イギリス世界帝国の成立も，抽象的な価値である信用貨幣により展開された貨幣・金融制度がその一翼を担ったのである。

　しかしながら，中世以来1000年の歴史をもつ信用貨幣（debt money），すなわち支払決済システムの上で商業銀行の当座預金勘定の上にある一覧払預金通貨（信用貨幣）によって圧倒的に構成される現代信用貨幣制度は，今日，極めて深刻な問題を生起している。イングランド銀行総裁 M. キング（当時）は，リーマン・ショックの衝撃が未だ冷めやらぬ2010年の講演で，今日の貨幣金融市場を支える貨幣制度はまさに史上最悪の貨幣制度に転落しており，その改革のために，「貨幣の創造を銀行業から分離せよ」，「貨幣創造を貸付から切り離せ」と警告している。M. ウルフもまた，今日の金融市場が経済社会にとって「金融的最終破壊兵器」（the financial doomsday machine）となってしまったと警鐘を乱打した[30]。このような見解は，金融資本主義（financialization）展開の中で1990年代前後から，新通貨学派（New Currency Theory，NCT）の J. ユーバーや American Monetary Institution の S. ザーレンガらその他によって主張されていたものである。商業銀行の貸付による一覧払預金通貨の創造を禁止し，商業銀行の預金債務が貨幣となる信用貨幣制度を廃止し，国家が貨幣大権を取り戻すべきだとの「貨幣改革」案である。最終章で検討し，本書の結びとしたい。

［注］
（1）F. ブローデル『歴史入門』，金塚貞文訳，太田出版，1995年，99-100頁。
（2）A. ギデンス『国民国家と暴力』，松尾精文・小幡正敏訳，而立書房，1999年，174頁。
（3）*Nigel Dodd, The Sociology of Money: Economics, Reason & Contemporary Society*, 1994, pp.25,

31-3, 35.

(4) 楊枝嗣朗「信用貨幣と国家—中央銀行の独立性への一視角—」(『佐賀大学経済論集』第34巻4号, 2001年), 同「現代貨幣と貨幣の起源—貨幣における国家と信用—」(信用理論研究学会編『信用理論研究』第23号, 2005年) 参照。

(5)「兌換の停止は, 貸付によって出, 回収によって収縮するといういわゆる還流の法則をそれに特有な流通法則とする銀行券の信用貨幣としての本質に何ら変更を加えるものではないのである。……銀行券と紙幣の区別は借入—返済の関係のほかに貸付—回収の関係をもつか否か, 換言すれば, 貸付によって発行され回収によって収縮するか否かにあるのであって, 兌換の有無にあるのではない……から兌換の停止によって銀行券は紙幣になるわけではない。」(川合一郎『資本と信用』, 有斐閣, 1954年, 116頁)

(6) 岡橋保『信用貨幣の研究』, 春秋社, 1969年参照。

(7) 兌換を停止した銀行券の流通根拠は国家による通用強制にあると考えた論者の多くが論拠としたのは, 以下のエンゲルスの指摘である。「不換銀行券は, 今日たとえばロシアでそうであるように, それが事実上で国家信用によって支持された場合のみ, 一般的な流通手段になりうる。かくして不換銀行券は, すでに展開された (第1部第3章第2節c, 鋳貨, 価値章標) 不換国家紙幣の諸法則に支配される。」(マルクス『資本論』第3部下, 長谷部文雄訳, 青木書店, 741-2頁)。しかし, 続いて引用されている「銀行券の流通は, イングランド銀行の意志から独立しているのと同様に, この銀行券の兌換性を保証する同銀行地下室の金準備の状態からも独立している」(同, 745頁) という J. G. キニア『恐慌と通貨』(1847年) の叙述の意味を深く受け止めるべきであったろう。金準備により通貨発行量の調節を行うという常識は成り立たないのである。

(8) 川合, 前掲書, 第2編2節5款, 参照。

(9) 吉田暁「あいまいな存在としての中央銀行」(『武蔵大学論集』第47巻第3, 4号, 2000年), 869頁, 同「金融リストラクチャリングと決済制度の安定性」(日本銀行金融研究所『金融研究』第7巻3号, 1988年, 69頁, 同「ペイメントシステムから銀行システムを考える」(信用理論研究学会『信用理論研究』第6号, 1989年) 参照。

(10) こうした学会の風潮の中にあった当時の私は, それでは国家はそのような問題を如何に受け止め, 行動するのかという問題意識から, 国家の行動経路を具体的に論じる必要があるのではないか考えた。とりわけ, 中央銀行が民間信用制度の発展過程に於いて如何に形成され, その過程で国家は如何なる役割を演じるのかという問題意識から, 以下のマルクスの叙述に着目した。「たいていの国では, 銀行券を発行する主要銀行は, 国立信用と私営銀行との奇妙な混合物として事実上では国民的信用の背景をもち, その銀行券は多かれ少なかれ法定支払手段だからである。」「最後に, 恐慌期には手形の流通がぜんぜん行われない。……銀行券だけが……通流能力を維持する。けだし, 国民がその富全体をもってイングランド銀行の後立てをしているからである。」(『資本論』第3部上, 第25章573頁, 第33章765頁) 中央銀行の半官半民的性格やその背後にある Nationalkredit (国民的信用あるいは国家信用), さらには中央銀行券の法貨規定に見られる国家の役割は, 国民的信用と国家信用との絆の内容を明らかにすることから説きうるのではないかと考えた。そして, 中央銀行信用を商業銀行—銀行信用の発展系列の上に位置づけ, 中央銀行に体現された国民的信用と国家信用の関連を, 国家が経済的政治的危機に於ける貨幣信用制度の崩壊の危機において, その制度を支えんと形成された国民的信用の広がりを法によって固定し, 国家意思として経済社会に強制されたものと捉えた。具体的には, 18世紀末の対仏戦争時の危機において, 兌換を不問に付し, 地方銀行券の流通を支える地方経済社会の協働行動, 事実上不換化したイングランド銀行券へのロンドン商人社会の支持表明, 発行された政府国庫証券の受領, さらには18世紀後半, スコットランドで見られた倒産した発券銀行の銀行券や預金債務を競合する銀行が引き受け, 発生した損失を協働して負担し, スコットランドでの銀行券流通の崩壊を防いだ事実と, この連帯行動によりスコッ

トランドの£1 銀行券の発行継続が政府によって容認された事実に注目した。こうした事例はアメリカでも見られ，19 世紀後半の恐慌期に手形交換所が発行する貸付証券での支払決済が加盟銀行に強制された。こうした経済社会の連帯行動が，社会規範となり，国家意思にまで上昇し，1913年の連邦準備制度の成立をもたらしたと見た。こうした視点は 19 世紀イギリスでの労働立法が制定された経緯を論じられた戸塚秀夫氏の研究『イギリス工場法成立史論』（未来社，1966 年）から学んだものである。（拙稿「中央銀行―経済・国家・法の連関―」，川合一郎編『現代信用論』，上巻所収，有斐閣，1978 年，参照）

(11) Joseph Huber, "Modern Money and Sovereign Currency," at www.Sovereignmoney.eu/modern-money-and-sovereign-currency, June 2013, pp. 11, 14, 37.

(12) A. M. イネス「貨幣とは何か？（下）」，1913 年，拙訳『佐賀大学経済論集』第 53 巻第 1 号所収，2020 年，120 頁。

(13) A. E. フェヴィヤー /E. V. モーガン『ポンド・スターリング』（中島将隆・一ノ瀬篤・川合研訳），新評論，1984 年，164-165 頁。

(14) *J. de Vries and A. van der Woude, The First Modern Economy : Success, Failure, and Persevrance of the Dutch Economy, 1500-1815*, 1997, p. 85.

(15) Samuel Knafo, "The gold standard and the origins of the modern international monetary system," in *Review of International Political Economy*, 13:1, February 2006, pp. 78-79. 同様な見解は，「貨幣のマクロ社会的意義」を強調するヘレイナーによって表明されている。金を「世界貨幣」の出現と見て，拡大する金の使用を世界的規模での商業化，"the world market"の広がりを促進するものとみなすマルクスや，国際金本位制を世界的規模での自己調節的な市場の構築のための 19世紀のリベラルなイニシアティヴにおける基軸的支柱とみるポランニーを批判して，「金本位制の採用は国内貨幣制度への国家介入を減らしたというよりむしろ大いに高めることになった」と主張する。「なぜなら金本位制は，通用価値が内在的な商品価値に等しかった完全重量の銀貨金貨によって支配されてきた複本位制に取って代わったがために，大部分の国では金本位制の採用は貨幣の商品形態への依存から劇的に離れるシグナルとなったからである。」すなわち，造幣硬貨は補助貨幣化し，その内在価値は fiduciary なものに変わり，金貨も実際にはほとんど使われることがなくなった。また複本位制下で多く流通した外国の硬貨は，金本位制の新たに国家が運営するfiduciary な造幣硬貨制度においては国内流通から排除されてしまった。さらに銀行券発行も一層大きな国家統制に置かれることにもなった。すなわち，多くの国で金兌換維持のために，発券業務の規制が行われ，中央銀行による発券独占への動きが加速した。金本位制の採用は，金準備の集中，対外的衝撃の緩和，外資の吸収等々を考慮して，M.デ・チェッコも指摘するように，ディリジズム dirigisme への大きなステップとなったのである。「貨幣の発行と運営の管理は，権力と富の分配にとって重大な結果を引き起こすので，歴史を通してみても政治的考慮に深く基づいていた。かくして，驚くことではないが貨幣組織は，単にその経済的要因への関りによって決定されることは遥かにまれであった。それは同様に，遥かに重要なことにはたびたび政治的目標の役割であった」とヘレイナーは言う（Eric Helleiner, "The Marco-Social Meaning of Money," in *Money Talks: Explaining How Money Really Works, edited by Nina Bandelj, Frederic F. Wherry & Viviana A. Zelizer*, 2017, pp. 146, 152-154 参照）。

(16) Knafo. ibid., pp. 79-80.

(17) ibid., p. 84.

(18) *Abstract of British Historical Statistics, by B. R. Mitchell with the collaboration of Phyllis Deane*, 1962, pp. 442-445.

(19) Luca Fantacci, "The Dual Currency System of Renaissance Europe," in *Financial History Review*, 15:1, 2008, p. 55.

(20) 横山昭雄『現代の金融構造』，日本経済新聞社，1977年，72, 73頁。

(21) 横山昭雄『真説 経済・金融の仕組み』，日本評論社，2015年，第3章「金融機能の正しい理解」参照。

(22) クラパム『イングランド銀行 その歴史』第1巻，ダイヤモンド社，1970年，4頁。

(23) Larry Neal, "How it all began: the monetary and financial architecture of Europe during the first global capital market, 1648-1815," in *Financial History Review*, vol. 7, 2000.

(24)(25) *Peter Termin & Hans-Joachim Voth, Prometheus Shackled: Goldsmith Banks and England's Financial Revolution after 1700*, 2013, p. viii, p. 176.

(26) 前掲拙稿「信用貨幣と国家—中央銀行の独立性への一視角—」，第2章「中世から近代への信用貨幣制度の発展」，『佐賀大学経済論集』第34巻4号，2001年参照。貨幣と国家という視角からのこうした評価は，W. Roberds & F. R. Velde（2014年）らによっても表明されている。(29) 参照。

(27) 拙訳「H. ファン・デァ・ヴェー：アントワープと16・7世紀のフィナンシャル・イノヴェーション」（Herman Van Der Wee, "Anvers et les innovations de la technique financire aux XVI$^e$ et XVII$^e$ siècles," *Annales*, 22année, 1967, No. 5），『佐賀大学経済論集』第23巻第5号，1991年1月，75, 105頁。

(28) マルクス『資本論』，第3巻下，651頁。ところで，わが国ではこの叙述は過度に重視され，オランダ経済の「前期性」を強調する手がかりとされてきたが，どうしたことか，それに続く文言は無視されたままである。「ところがオランダではすでに，商業および製造業とともに商業信用および貨幣取扱業が発展していたので，利子生み資本は発展そのもの経路によって産業＝および商業資本に従属させられていた。このことは利子歩合の低いことからも分かる。しかるにオランダは，17世紀には，今日のイギリスと同じく，経済的発展の典型国と看なされた。窮乏を基盤とする古風な高利の独占は，オランダではおのずから崩壊していたのである。／18世紀全体を通じて，オランダに見ならい，利子生み資本を商業＝および産業資本に——この逆でなく——従属させるために，利子歩合の強制的引き下げを求める叫びが高まった，—そして立法はその意味の処置をとった。」「この強力な高利排撃，利子生み資本を産業資本に従属させようとするこの要求は，近代銀行業——これは一方では，いっさいの死蔵された貨幣準備を集積して貨幣市場に投ずることによって高利資本からその独占を奪い，他方では，信用貨幣の創造によって貴金属そのものの独占を制限する——において資本制生産のこれらの条件を作出するところの，諸々の有機的創造物の先駆に他ならない。」（同，651, 652頁）前期的と言われたアムステルダム銀行を軸とした貨幣信用制度のもとで，高利の独占が崩壊させられ，高利排撃が終了していた事実は如何に解釈されるのか。

(29) William Roberds and Francois R. Velde, "Early Public Banks," in *Federal Reserve Bank of Atlanta, Working Paper Series, 2014-9*, August 2014, pp. 83-84.

(30) "Mervyn King: Banking-from Bagehot to Basel, and back again", *Speech by Mr. Mervyn King, Governor of the Bank of England, at the Second Bagehot Lecture*, Buttonwood Gathering, New York, 25 October 2010. Martin Wolf, "The Challenge of halting the financial doomsday machine", *Financial Times*, April 21, 2010, Id., "Strip private banks of their power to create money", *Financial Times*, April 25, 2014.

# 目　次

# 第1章

# L. R. レイの現代貨幣理論（MMT）への疑問

## 第1節　ケインズ『古代通貨草稿』と貨幣論の再構成

　ケインズ「古代通貨草稿（1920-26年）」（『ケインズ全集』第28巻所収，2013年，那須正彦訳）は，BC3千年紀中葉の金属硬貨なき古代メソポタミアにおいて，それまで数世紀，あるいは千年にも亘ってイマジナリーな「計算貨幣」が存在したことを強調した。これによって，「貨幣は，交換から，交換のなかで発生するのであり，交換の産物である」，すなわち，「貨幣結晶は，……交換過程の必然的産物である」（マルクス）という古典派以来の貨幣論の長年の常識が打ち砕かれるとともに，ケインズが高く評価したイネス「貨幣とは何か？」（1913年），「貨幣の信用理論」（1914年）やクナップ『貨幣国定学説』（1905年）が注目を浴びるようになった。

　ケインズは以下のように論じる。「或る特殊な種類の刻印ないし打刻貨幣 [sealed or coined money] が前6-7世紀に小アジアで初めて造幣されたという理由で，貨幣経済の特徴は，ギリシャにおけるよりも，そこで遥かに古かったわけではないと考えられて来た。しかしながら，事実は，刻印貨幣の工夫は非常に些細な意味を持つ発明でしかなかった。バビロニアの慣行における初めての重要な革新は，本質的に現代的なそれ，即ち代表貨幣 [representative money] の発明であった。地方的なトレードマークをもつ金属小片のスタンピングは，広汎な重要性を全く持たない単なる厚かましい虚栄，愛国心あるいは宣伝の小片にすぎない。それは幾つかの重要な商業地域において，決して流行ることのなかった慣行である。……コインの無いところでは，物々交換（バーター）が行われていたという多くの著者たちの仮定は，真実とは程遠いもので

ある。」[1]「貨幣の特異な性質については，少なくとも次の幾つかの事柄が考えられるであろう。（1）それは宗教的賦課，罰金あるいは賞金のような或る慣習的な価値評価を表わすために規則的に用いられるか，（2）それは貸金や契約が表現される文言として用いられるか，（3）価格が表現される文言として用いられるか，或は（4）交換の慣行的媒体として用いられるか，である。最初の三つのケースでは，問題の事案は，<u>計算貨幣</u>［*money-of-account*］に相当し，四番目のケースでは，それは実際の貨幣［actual money］として用いられる。今，最重要な社会的および経済的目的に対して，大切なのは<u>計算貨幣</u>である。何故なら，契約の，そして慣習的債務の主題であるのは，計算貨幣なのであるから。」[2]「そしてまたバビロニア，地中海周辺およびヨーロッパにおける中世世界のあらゆる重量基準は，その最小単位として小麦粒か大麦粒の何れかに……基礎を置いて来た。」[3] これらの<u>重量基準</u>から計算貨幣が生まれたのである。ウル第3王朝の王「ドゥンギが前第三千年紀半ばにウルのために定めたムナ，あるいはミナは，我々の実証的な知識の示す限りでは，最初期の重量基準である。最近の諸発見は，しかしながら，組織化された経済生活の起源を，これまで考えられていたよりも遥かに早い時期にまで遡らせて来たのであって，その治世下に貨幣，利子，契約，領収証，そして為替手形さえ十分に確立していたドゥンギの何世紀あるいはもしかすると千年も前に，重量物が存在したに相違なく，シュメール人の古代文明は，それに引き続く時代よりも，遥かに多く充分に発展していたのである。／我々は，ドゥンギのムナの凡その重さだけでなく，当時通用した重量物一覧表をも以下の通り知っているのである。／1タラント＝60ムナ，1ムナ＝60ギン或はシケル，1シケル＝60ギン－ツゥル或は小シケル，1小シケル＝3シェ或は小麦粒。」[4]「他方，貴金属の，貨幣としての……成熟した使用は，少なくとも2千年以上にわたって，バビロニアの影響下の領域内で，既に普遍的に行われて来た。時間的要素を伴う貸付や契約がその数値で表現され得る貨幣というものの導入は，原始社会の経済状態を真に変革するものである。そして，この意味での貨幣は，バビロニアにおいて，高度に発展した形で，ソロン（古代ギリシャ，アテネの政治家—引用者）の時代より何年も—ピアボント・モルガン氏からソロンに遡る年数程—前に存在し，その発祥の地で全期間を通じて持続的な伝統を有した。」[5]

　かくのごとく，計算貨幣と金属貨幣とは峻別され，国家によって制定された抽象的な計算貨幣の生成が貸付取引に結びつけて論じられている。こうした主張は，金属貨幣など存在しなかった紀元前18世紀前半の古代バビロニアの『ハムラビ法典』によっても裏付けられる。貸付は役人の面前での書式による契約が必要で，貸付金利は，穀物の場合には33 1/3%，銀の貸付には重量の20%までに制限されていた。債務の担保には土地，動産，債務者本人や妻，愛人，子供，奴隷などが供され，債務の為の人的隷属は3年までに限定されていた[6]。

　ケインズの古代貨幣についての見解は最近では広く受け容れられつつあるように思われる。ホーマー『利子率の歴史』（1963年，1991年）は，以下のように指摘している。「貸付取引（credit）はインダスツリー，銀行業，打刻貨幣よりも歴史的に遥かに先行していた。」「打刻硬貨の造幣はBC1千年紀からであるが，BC3千年紀頃のシュメールの記録によると，貸付取引が制度的に使われていたことが明らかである。／有史以前に，価値の共通の尺度や交換手段が発展する以前でさえ，貸付取引は恐らく存在したであろう。……貸付取引は，経済活動のまさに最初期の局面から存在していたのであり，物々交換自体の発展以前にさえ実在していたのである。」現物での貸付取引（credit）の展開は，「品質や尺度による標準を必要とするようになる。」「実際，そのような貸付は，初歩的な尺度や貨幣的標準の発展に導いたであろう。……その後のより一層の発展は，あらゆる返済に共通の尺度，即ち，貨幣を生み出すことになった。穀物，土地，動産，あるいは貨幣そのものによる利子付きか利子無しの貸付すべては，貨幣によって返済されるようになったのである。」[7]

　貨幣の起源をめぐるこのような理解は，ケインズ『貨幣論』（1930年）でより明快に論じられている。「計算貨幣（money of account），すなわちそれによって債務や価格や一般的購買力を表示するものは，貨幣理論の本源的概念である。／……／貨幣それ自体は，債務契約および価格契約がその引渡しによって履行され，貯蓄された一般的購買力がその形をとって保持されるものであって，その特質はその計算貨幣との関連に由来するものであるが，それは債務と価格とが，まず第1に，計算貨幣によって表示されていなくてはならないからである。……本来の貨幣は，この言葉の完全な意味内容からいって，ただ計算

貨幣とのかかわりでしか存在することはできない。／貨幣と計算貨幣との区別は，計算貨幣は記述あるいは称号であり，貨幣はその記述に照応する物である……。」[8]

　そしてケインズは，それら計算貨幣や貨幣は国家によって制定されたとみる。「ところで，契約と付け値とに言及することによって，既にわれわれはそれらを履行させることのできる法律あるいは慣習を導入している。すなわちわれわれは，国家あるいは社会を導入しているのである。さらに貨幣契約の一つの特殊な性質は，国家または社会が，単に引渡しを強制するだけでなく，計算貨幣をもって締結されている契約の合法的あるいは慣習的な履行として引き渡されなければならないものは何かということをも決定する点にある。……この権利は，すべて近代国家が要求しており，そして少なくとも約4000年の間そのように要求し続けてきた。クナップの表券主義（chartalism）─貨幣はとくに国家の創造物であるという学説─が完全に実現されるのは，貨幣がこの段階に到達したときである。」[9]「表券主義的貨幣即ち国家貨幣の時代は，国家が，一般に行われている計算貨幣に対して，いかなるものを貨幣としてこれに照応させるかを布告する権利を要求したときに─国家が辞典の使用を強制するだけでなく，辞典を作る権利をも要求したときに─達せられた。今日すべての文明社会の貨幣は，議論の余地なく表券主義的［貨幣］である。」[10]

　以上のケインズの見解は，今ではよく知られており，また「全ての文明社会の貨幣は，表券的である」との断定も，長く軽蔑の眼差しで見られていたクナップの『貨幣国定学説』を復権させるものである。このように古代通貨の考察で得た計算貨幣と造幣硬貨をめぐる貨幣の起源論は，貨幣論の常識を打ち砕き，新たな貨幣論の展開を予想させるものであった。

　私がマルクス『資本論』の貨幣論からケインズ『古代通貨草稿』に目を転じたのは，イギリス近代初期の『商業必携』に例外なくイマジナリー・マネーとリアル・マネーについて記述されていることを見いだし，さらには17世紀末のイングランド大改鋳をめぐるロック＝ラウンズ論争での争点となった金属通貨の intrinsic value と extrinsic value の峻別に出会ったからであった。詳しくは拙著[11]に譲るが，造幣硬貨の通用価格が長期にわたってその内在価値と大きく乖離し，金属硬貨の含有金属それ自体が価値の尺度を果たしてはいなかっ

た。中世後期・近代初期のヨーロッパにおいては，商人たちが創出した「非国家的支払同盟」の「価値単位」（計算貨幣）であるイマジナリー・マネーが，国家の公認の下に地金価格，金属通貨，物価，為替相場の標準となっていた事実を知り，貨幣論の構成を考え直さざるを得なかった。

　それゆえに，古代メソポタミアにおける金属貨幣が出現する以前に「計算貨幣」が存在し，それに基づき信用，価格，利子，担保等々の取引が展開されていた事実を明らかにした『古代通貨草稿』の記述は，不換銀行券論争や不換の国際通貨ドルの流通根拠をめぐり，かつて激しく論争を展開してきたマルクス貨幣信用論研究が永く陥っている閉塞状況をも打開するように思われた。さらに，イマジナリー・マネー，すなわち，計算貨幣が問いかける貨幣の抽象性と債務性，さらにはアムステルダム銀行やイングランド銀行設立に至る初期預金銀行の歴史的経緯に見られるクナップの「非国家的支払同盟」と「国家的支払同盟」の結合，すなわち貨幣と国家の関係という視角から，資本主義的信用貨幣制度の形成を新たなに展開できるのではないか考えた。

　ところが今日，ケインズ『古代通貨草稿』が提示した貨幣起源論は，銀行信用の俗説をベースに，L. Randal レイや S. ベルらによって国家貨幣一辺倒の貨幣論ともいうべき MMT（「現代貨幣理論」）に衣替えさせられている。貨幣と国家の関係はそういうものであろうか。

[注]
(1) 『ケインズ全集』第 28 巻『社会・政治・文学論集』，ドナルド・モグリッジ編，那須正彦訳（東洋経済新報社，2013 年発行，358-360 頁）。以下のバーネットの指摘に見る古代の貨幣流通の状況も示唆に富む。「シュメール，ヒッタイト，ファラオ時代のエジプトといった古代中近東の大社会のいずれにも，コインはなかった。また，コインが発明されたあとも，コインが使われなかった地域や都市はたくさんあった。……フェニキア人やエルトリア人のような偉大な商業民も，ほとんどコインを造らなかった。」（A. バーネット『コインの考古学』大英博物館双書 6，新井佑造訳，1989 年，9 頁）。
(2) 『ケインズ全集』同巻，357 頁。
(3) 同，340 頁。
(4) 同，330 頁。
(5) 同，360 頁。
(6) 『ハムラビ法典』（古代オリエント資料集成 1），中田一郎訳，（株）リトン，1999 年，27 頁，同書注解 108 頁。
(7) *Sidney Homer & Richard Sylla, A History of Interest Rates*, 1963, Third edition, 1991, p. 3, 17, 18.

(8)(9)(10)『ケインズ全集』第5巻，『貨幣論I　貨幣の純粋理論』，小泉明，長澤惟恭訳，東洋経済
　　新報社，1984年第2刷，3，4，5頁。
(11) 拙著『歴史の中の貨幣―貨幣とは何か―』，文眞堂，2012年，第4章「リアル・マネーとイマ
　　ジナリー・マネー」，第6章「貨幣の抽象性と債務性―貨幣の生成―」参照。

## 第2節　レイの現代貨幣＝国家貨幣観

　「貨幣は信用である」とするイネスや「貨幣は法制の創造物」であるとのク
ナップの主張を高く評価するものの，現代信用貨幣を国家貨幣と理解するレイ
ら MMT の主張は，それらとかなりかけ離れた展開を示す[12]。その主張は大
胆であるものの，かなりシンプルである。すなわち，現代貨幣は政府がそれを
法貨とするから価値を持つ。貨幣が流通するのは，税の支払で国家に受け取ら
れるからだ。政府と中央銀行は一体のものと見なし得るので，政府が通貨の発
行者であって，国債や中央銀行通貨にはクレジット・リスクもデフォルト・リ
スクもなく，したがって，政府のファイナンスには内的制約はない。民間商業
銀行は外部貨幣たる中央銀行が発行する中央銀行券を準備にして内部貨幣たる
信用貨幣を創造することが出来るのであるから，あらゆる通貨は貨幣信用制度
の頂点に立つ国家貨幣たる中央銀行券に支えられて流通し，かくて，国家は民
間財やサービスの価格を自由に設定できると言う。

　「他のあらゆる資本主義諸国と同様に，イングランドは『ピラミッド型の』
金融制度を発展させた。すべての経済単位はピラミッドのより高い経済単位の
債務に転換される債務を発行するだろう。かくて，企業は地方銀行券に転換さ
れる債務を発行する。……次に地方銀行はロンドン諸銀行によって発行される
銀行券に転換される銀行券を発行した。これらのロンドン諸銀行は，株式や債
券，ロンドン銀行券や預金を含む地方銀行の『準備』を保有する。もしも地方
銀行に取付けが始まると，ロンドンの銀行は地方銀行の準備を担保に自行銀行
券を貸し付ける。」「fiat money を創造して購買力を入手できないことは，中央
銀行の発展によって最終的に解決される。……恐らくイングランド銀行の最も
重要な優越点はロンドンでの発券独占権であった。……ロンドンは金融中心地
であり，地方銀行はすでにロンドンに債務を積み上げていたので，イングラン

ド銀行は準備銀行となった。このことが本質的に政府に膨大な購買力を与えることになった。なぜならイングランド銀行は政府債務を購入することが出来，（計算貨幣建ての）その銀行券は，準備として機能するので，常に望まれる fiat money として機能するからである。徐々に第 1 線準備として機能し，さらに債務のピラミッドに頂点に立つ者としてのイングランド銀行債務でもって『単一準備』制度が発展した。かくして，すべての私有財産経済において貨幣は，支払約束によって創造された計算単位である。これらの約束のピラミッドは，それぞれがピラミッドのより高い約束……によって支えられ，発展する。一般的に述べるならば，ピラミッドの中の相対的に高い位置に立つ銀行によって発行される債務のみが支払手段や交換手段として流通することが出来る。」(13)

　こうしたレイの理解からは，「銀行貨幣＝債務の承認」を「本来の貨幣に対する便利な代替物」を捉え，為替手形や信用状や旅行小切手までも貨幣と見なすケインズ(14)と同様に，「貨幣は支払約束によって創造された計算単位」とみて，企業の振り出す為替手形と銀行券を債務証書としてひとくくりにして，両者を峻別することはない。ただ金融制度のピラミッド構造における位置に，すなわち国家からの距離に，それぞれの通貨の流通力の相違を見る。下位も上位も銀行通貨の流通の根拠は，イネスの言うように，それぞれが持つ債務に見合った債権が健全であるかどうかであって，地方の銀行券流通は都市の銀行券によって支えられているわけではないのであるが，ともあれ，金融制度の頂点に立つ中央銀行券＝国家貨幣があらゆる通貨を最終的に支えるといった下位，上位という議論は，「税が貨幣を生成させる」との認識（The Logic of the Taxes-Drive-Money View）(15)から派生している。そしてその認識を支えているのが，植民地で貨幣が生成したのは，植民地政府が購買手段として発行した貨幣で住民に税の支払を強制したからであったとの歴史認識であり，古代や未開発地域での貨幣生成の有り様を信用関係の発展した現代社会に適用し，そこに現代貨幣理解の鍵を見ているのである。

　「政府は fiat money（dollar）を印刷するが，それは人びとから財やサーヴィスを買うために使われ，それによって税の支払に求められるドルを供給するのである。税債務が人々にそのドルと交換に財やサーヴィスを供給させること

は，政府にとって明白である。人びとは税を支払う為に政府から供給される貨幣を必要とするのだから，政府は支出するために税収を必要としない。かくて，政府による購入は税収によって制約されない。政府は財・サーヴィスの供給を引き出すためにのみ，税を使うのである。……政府の赤字は非常に困ったこととは見なしえない。政府が望ましいプロジェクトを提供するために必要な財やサーヴィスを入手しつつある限り，財政赤字を憂える必要は何もない。実際，赤字は人びとの貨幣形態での net nominal save の欲求を単に表すものと見なし得る。」「税の目的は，政府がドルで買うことが出来る財やサーヴィスの供給を促すことである。」「税債務に見合う fiat money の量を決定するのが政府支出であることを一旦，政府が認識すれば，政府が民間部門から購入する財やサーヴィスの価格は，政府によって外生的に決まられるのである。そして，これが通貨の価値を決めるのである。」「政府は税支払のドルを一時的に足らない者に貸し付ける。」「とにかく公債販売は，政府の赤字をファイナンスするために求められているのではない。むしろ公債販売は政府が公衆に利子を生む資産を提供し，公衆により多くのドル所得を得させる手段なのである。」「政府は利子を支払うことに何らの困難を伴わない。政府は公債残高の利子支払いのためにドルを発行できるのである。」[(16)]

　かくのごとく，「市中銀行の対民間与信行動がシステム作動の始発点である」とみる横山昭雄氏とは真逆で，レイにあっては「システム作動の始発点」は国家の貨幣発行に求められる。したがって，以下のような主張が続く。「政府が唯一の準備供給源である。」「ただ政府赤字のみが貨幣を創造するのである。」「政府が支出するまで，政府は徴税も公債の売却も出来ない。すなわち，政府支出が税に支払や公債の販売を『ファイナンスする』のである。」「大部分の政府支出と税の支払は，銀行制度を通して行われ，したがって銀行制度に影響する。政府が家計に銀行勘定宛ての小切手で税の支払を認めると，家計に関するかぎり，『銀行貨幣』（銀行預金あるいは銀行券）が政府の fiat money に完全に取って替わることになる。」「もっぱら税支払での使用のために貨幣の需要は決定されるので，貨幣はもっぱらただ政府からのみ出てくるのである。」「一旦，銀行貨幣が税の支払に国家貨幣として受領されるならば，政府の政策がまた銀行貨幣の価値を決定するのである。そうなれば，銀行貨幣は fiat money

と等価値以下に下落する可能性はなくなる。なぜならば政府は税の支払に額面通りに受け取ることを選んだからである。」[17]

こうした見解が堂々と主張され，「金であろうが紙であろうが，貨幣は政府が法貨とするからこそ価値を持つのだ。」「近代経済では政府は，一部は自らに為される支払を促し，また一部は優遇された民間貨幣，とくに銀行債務が等価で決済されるようにするため，手形交換メカニズムを運営する役割を演じている。」[18] となど，民営の手形交換所を国家が運営しているとするのに躊躇することもない。

このような主張はベルに引き継がれ，航空券や地下鉄の切符すら貨幣の一種とみなし，それらの流通を最終的に支えるのは，税を課す国家とされる。「チケットやトークンは他の者や組織によって受け取られると，貨幣になる。切手も郵便の配達サーヴィスの支払として，他人に受け取られるようになれば，Chartal money になる。……あらゆる航空券，プリペードカード，映画の入場券，地下鉄の切符等々もカルタル貨幣の一形態である。かくて，この視点から焦点を狭め，貨幣の階層性を解明する。」「要約すると，すべての貨幣が等しく創造されるのではない。政府，銀行，企業，家計は社会的な計算貨幣で建値された貨幣を創造できるが，これらの貨幣が同程度に受領されるとは考えられない。ただ，国家のみが税金を課することを通じて，国民が罰せられないためにも，受領しなければならない約束書を発行できるのである。国家通貨や銀行通貨の一般受領性は，税の清算や国家の債務支払いでの有用性から派生する。このことがそれらを階層性における疑いの余地のない貨幣にし，支払手段として広範囲に流通させるのである。」[19][20]

ところで，貨幣の流通根拠を国家に求める貨幣観は，現代マルクス学派にも共通である。「信用貨幣そのものは，その名目価値の額において絶対的に現実貨幣を代表するかぎりでのみ，貨幣である。」「忘れてならぬことは，第1には，貨幣——貴金属の形態での——は依然として，信用業が事態の本性上，けっして離脱しえない基礎だということ」[21] というマルクスの叙述に囚われ，現代不換銀行券を不換国家紙幣と見なし，それらの流通の根拠を国家の強制通用力に求める論者らは，現代資本主義経済は「復元力と自律的運動のみられない経済の世界，財政・通貨当局の操作によってのみ，命を吹き込まれ動かされる死

せる資本の世界」と認識するに至る。なぜなら，兌換の停止により中央銀行は「債務履行から解放され」，「信用制度としての実質を放棄」したと捉え，制約なき中央銀行通貨の発行により過剰生産される商品の価格実現からもたらされた資本過剰の累積による絶えざる全般的危機を強調するのが，現代マルクス貨幣信用論の主流となっていた[22]。

　このような主張は，欧米マルクス経済学においても共有されているのか，P. ケネデイは以下のように述べている。「20世紀後半の発展したブレトンウッズ体制と社会福祉のふたつの体制は，価値関係を無力化し」，「社会的に必要とされる物の範囲や配分をめぐる支配は大部分，専門的・行政的ビューロクラシーの手中に握られ，彼らは企業，半国家，国家レベルで影響を行使する。」「労働過程と貨幣の支配と配分を取り巻く諸制度は，……内発的な市場諸力によるところは少なくなる。」かくして，「膨大な象徴的貨幣形態や派生的貨幣形態―鋳貨，紙幣，為替手形，債券，電子勘定……」は，「もはや商品的基礎をもたず，」「価値法則の基礎の上に機能しているのではなく，政府紙幣と中央銀行の信頼の上で運動している。」[23]

　グッドハートは，カルタリストとは「通貨の使用は本質的に発券当局の権力の基づいていると言う人々」であり，他方，メタリストとは「貨幣の発展は物々交換に内在する取引コストの克服に向けた民間・市場主導の対応と見る人々」であると指摘した[24]。しかし，このような二分化は，現代貨幣の理解に関しては当てはまらず，メタリストも「民間・市場」からの視点を放棄し，国家・「発券当局の権力」中心の認識に立脚する。「政治的・財政的権力と貨幣創造との絆こそが中心的である」という発想は，大きな広がりを見せている。どうしたことだろう。

　レイらの主張は一体，なにから由来したのであろうか。われわれは，彼らの銀行信用論がマルクスを含め，メタリストらと同様に，銀行業の俗説に沿った構成になっているからであると考える。

［注］

（12）クナップは「貨幣は法制の創造物である。……貨幣は国家の法律構成的活動の創造物，従って法律政策の創造物なり」と断定し，「支払要具の選定は国権の自由な行為である。支払要具を新しき価値単位に従って指名することは国権の自由な行為である。新しき価値単位を古き価値単位に

由って定義することは国権の自由な行為である。」という（クナップ『貨幣国定学説』，宮田喜代蔵訳，岩波書店，大正 11 年，30，50 頁）。イネスは造幣硬貨の価値や流通根拠について，以下のように述べている。「コインや金証券の本質はそれらが徴税によって価値が与えられている。」「コインの保有者は，それらを差し出すことによって政府に対して支払わなければ如何なる債務をも清算する絶対的な権利を与えられている。コイン等に価値を与えているのはこの権利であって，他の何ものでもない。」（A. M. Innes, "The Credit Theory of Money," in *The Banking Law Journal*, Vol. 31, 1914, pp. 160, 161.）一見，彼らの見解はレイと共通しているかに思われるが，後に見るように，クナップもイネスも中央銀行券の流通を不安定にすると，法貨規定に反対していることからも，レイの見解とはかなり異なることが推測される。後に見るように，レイはイネスの見解を「純粋信用論」と批判する。

(13) L. Randal Wray, "The Origin of Money and the Development of the Modern Financial System," Working Paper, No. 86, March 1993, The Jerome Levy Economics Institute of Bard College and University of Denver, pp. 26-28.

(14) ケインズは銀行貨幣を「債務の承認」，「本来の貨幣に対する便利な代替物」とみて，為替手形や旅行小切手までも貨幣に含めている。そこには銀行貨幣＝信用貨幣と商業手形の区別は見られない。『ケインズ全集』第 5 巻，『貨幣論 I　貨幣の純粋理論』，小泉明，長澤惟恭訳，東洋経済新報社，1984 年第 2 刷，6，14 頁参照。

(15) L. R. Wray, *Understanding Modern Money: The Key to Full Employment and Price Stability*, 1998, Chap. 7, The Logic of the Taxes-Drive-Money View 参照。

(16) *ibid.*, pp. 155-6, 158-161.

(17) *ibid.*, pp.167-169.

(18) L. R. Wray, "Conclusion: The Credit Money and State Money Approaches," in *Credit and State Theories of Money, edited by L. Randal Wray*, 2004, pp. 234, 249-250.

(19) S. Bell, "The Role of the State and the Hierarchy of Money," *Cambridge Journal of Economics*, No. 25, 2001, pp. 159-161.

(20) 貨幣創造やその流通の根拠を徴税に求めるレイらの議論では，「貨幣の国際的受領を説明する」のは困難であり，「貨幣の国際的受領の重要な点は，マーチャント・バンカー，預金銀行，両替商等，端的に銀行の役割と結び付いている」とローチョン＆ヴェルネンゴは指摘する（Louis-Philippe Rochon & Matias Vernengo, "State money and the real world: or Chartalism and its discontents," in *Journal of Post Keynesian Economics*, Fall 2003, Vol. 26, No.1, pp. 64-65.）事実，クナップも「凡ての貨幣箇片の通用は之を製造した国家の領土に制限せられる。」「蓋し法制は国家の領土を超えて及ばざるが為め，箇片の充用は法制の範囲内において行われねばならぬ。」（クナップ，前掲書，序文 12 頁，本文 51，306 頁参照）不換銀行券＝国家紙幣説が説得力に欠けたのも，不換ドルの国際通貨としての流通を説明出来なかったからである。

(21) 『資本論』第 3 部，730，836，855-856 頁。

(22) 深町郁也「公信用と信用制度―管理通貨制度へのひとつの視座―」，九州大学『経済學研究』第 37 巻合併号，1972 年，生川栄治編『現代の金融資本』，有斐閣，1976 年参照。

(23) P. Kennedy, "A Marxist Account of the Relationship between Commodity Money and Symbolic Money in the Context of Contemporary Capitalist Development," *What is Money ?*, *edited by John Smithin*, 1999, pp. 210-211.

(24) Charles Goodhart, "One Government, One Money," in *Prospect*, March 1997, p. 10.

## 第3節　MMTの銀行信用の構造

　銀行信用論でよく見かける誤解は，遊休貨幣を集めて貸し付けることから銀行業は始まったとの思い込みである。銀行業は貸付から始まったのではない。貸付業務は両替業者の行う貨幣取扱業務により生成した支払決済システムの付加物として行われるようになったのである。この点はなかなか理解されてこなかった。マルクスもケインズも銀行業を現ナマの貸付から始め，その後，その代替物であるとする銀行券の貸付を説く。そのため，銀行券を現ナマの「便利な代替物」とみることになる。遊休貨幣を預金として集めて貸付，そのうち，遊休貨幣を準備金にして，その便利な代替物としての銀行券の発行を説かれる。そしてその後，説明のないまま，預金通貨が説かれる。しかし，銀行信用では論理的にも歴史的事実としても，預金通貨は銀行券発行に先行して現れるのであって，銀行信用論の俗説とは真逆である。

　「信用貨幣は，販売された諸商品にたいする債務証書そのものが債権を移転するために再び流通することによって，支払手段としての貨幣の機能から直接的に発生する。」「生産者や商人のこの相互的前貸が信用の本来的基礎をなすのと同様に，その流通用具たる手形は，本来的貨幣たる銀行券・等々の基礎をなす。この銀行券・等々は，貨幣流通（―金属貨幣の流通であるか国家紙幣の流通であるかを問わず―）に立脚するのではなく，手形流通に立脚する。」[25]というマルクスの理解は，まったくの誤解である。悲しいかな，こうした誤解は戦後70年を経ても，正されないままである。

　ヨーロッパ中世以来，近代に至るも，為替手形は掛売掛買を意味する商業信用にもとづいて振り出されることはなかったし，銀行券・等々は手形流通に立脚せず，貨幣流通に立脚していた。このような初歩的な誤解のため，「信用貨幣そのものは，その名目価値の額において絶対的に現実貨幣を代表するかぎりでのみ，貨幣である。」と考え，発券に対する兌換準備金の存在が強調される。「吾々はさらに銀行券の兌換性の保証としての，および全信用制度の軸点としての，金準備の機能を度外視した。中央銀行は信用制度の軸点である。そして金属準備は銀行の軸点である。」[26]こうしたマルクスの言説に囚われて，兌換

を停止した銀行券の流通に困惑した論者らは，それらの流通根拠を国家の求める以外になくなり，さらに金交換を停止したドルの国際通貨の存続に直面し，沈黙せざるを得なくなった。

　ケインズの銀行通貨の理解は，マルクスのそれに重なる。ケインズによると，計算貨幣が「契約の付け値，契約および債務の承認」を発生させると，「本来の貨幣」たる打刻金属貨幣に加えて，さらに「債務の承認は取引の決済においてそれ自身本来の貨幣に対する便利な代替物である」銀行貨幣，すなわち「単に計算貨幣で表示される私的な債務の承認」を生み，貨幣は「国家貨幣即ち本来の貨幣」と，「私的な債務の承認にすぎない」「銀行貨幣」とのふたつが存在するようになる。ところが，「国家または中央銀行がそれ自身への支払に対して受領すること，あるいは強制的法貨と交換することを保証」するようになると，「本来の貨幣に対する便利な代替物」であった銀行貨幣は，「国家貨幣それ自身のいっそうの発展」から，「もはや……私的な債務を表すものではなく，国家の負う債務を表すもの」となり，「ある種の特定の種類の銀行貨幣が本来の貨幣……に転化させられる。」銀行信用関係の展開から生まれ，国家の金属貨幣のあり様と全く異なる銀行貨幣が，いまや法貨とされることで，打刻金属貨幣と同等の質を獲得すると言うのである。そして，国家貨幣になってしまえば，「それ（銀行貨幣—引用者）はその性質を変えてしまっており，そしてもはや債務と見做されるべきではないのであって，その理由は，それ自身以外の他の何かあるものをもって支払を強制されるということが，債務の基本的性質であるからである。」と言われる[27]。

　このように中央銀行券も金属通貨同様に国家貨幣となることで，債務でなくなると捉えられ，債務が「貨幣存在の前提」であるとするクナップや国家貨幣たる金属硬貨すら債務と見做すイネスの見解は否定される。ケインズは言う。「私は……それ自身強制的法貨である貨幣だけではなく，国家または中央銀行がそれ自身への支払いに対して受領すること，あるいは強制的通貨法貨と交換することを保証している貨幣をもまた国家貨幣に含めることにする。したがって，今日のたいていの銀行券および中央銀行預金さえもが，ここでは国家貨幣として分類されるが，一方，銀行貨幣（すなわち法貨でない貨幣）は，今日では主として加盟銀行預金からなっている。……それらの銀行貨幣は，国家に採

用されることによって，後に一方の範疇から他の範疇へと移行したものである。」⁽²⁸⁾ これでは今日なお発行されている民間銀行であるスコットランド諸銀行の銀行券も国家貨幣と見なされるのであろうか。

　こうした見解は信用貨幣たる銀行貨幣をマルクスと同様に，「本来の貨幣に対する便利な代替物」と見なすことから派生しており，為替手形や旅行小切手までも銀行貨幣に含め，債務証書と銀行貨幣を区別することなく，銀行貨幣は太古の昔から存在したと見ることになる。「多くの目的のためには，債務の承認は取引の決済においてそれ自身本来の貨幣に対する便利な代替物であるという発見がそれである。債務の承認がこのように利用されるとき，われわれはそれを銀行貨幣……と呼んでいる。」⁽²⁹⁾「代表貨幣は比較的近代の考案であるものの，……国家がはるかに古い私的金融の仕組み―すなわち銀行貨幣―を改作し，そして継承したものである。銀行貨幣の最も早い起源は，表券主義的貨幣と同様に，茫漠として太古の時代の中に没している。恐らく銀行貨幣は，とくに為替手形や外国旅行者の信用状の形をとったものとしては，ほとんど本来の貨幣と同じくらい長い期間にわたって存在してきたであろう。なぜなら，銀行貨幣の使用は，多くの場合，債務のそれ自身の移転が，債務を表示している貨幣の移転とまったく同様に取引の決済に役立ちうるという発見以外の何ものにも依存するものではないからである。…為替手形の形をとった銀行貨幣は，その回路の費用が本来の貨幣の輸送の費用と危険とに比べて安価なところから，遠距離の決済のために古代世界においても今日に劣らず有用であり，また必要であったのである。」⁽³⁰⁾

　国家貨幣たる金属貨幣や，為替手形や債務証書等の商業手形とはその生成の根拠も機能も異なる信用貨幣たる銀行貨幣を峻別することもないケインズの発想には言葉もないが，こうした発想は，商業信用の展開に銀行信用の基礎を求め，銀行券流通が貨幣流通ではなく手形流通に立脚すると見るマルクスの発想に重なり，兌換を停止した銀行券は国家紙幣となり，そして国家貨幣となったことで中央銀行通貨は，債務でなくなるという見解を共有する。

　以上の発想に基づき，レイは「銀行業の発展」について以下のような理解を示す。「最初の貸付は，税支払手段の不足する家計への公的貸付であったと思われる。そして，税債務は民間貸付を生み出したのであろう。」「税の支払手段

に不足する家計は政府のfiat money建ての債務証書を発行する。そして，税支払手段を余分にもつ家計はそれを保有し，余分の所得を生む。」「税支払手段の余剰を持つ家計はその貸付に専業するようになり，余剰を持つ家計と不足家計との貸付取引を仲介することになる。」このような仲介業務を行う家計は，そのうち，税支払手段を「預金として受け入れ，それを貸し付ける」ようになる。そして次のステップとして，仲介業務を行う預金受け入れ家計は，「いつでも引き出し得る預金証書を発行し」，預金金利より高い金利で貸し付ける。「この時点で，預金引き出しに対処するために，銀行は準備金をもたねばならない。部分準備が生まれてくる。」準備過不足に対処するため，「保有資産を担保に入れる」ようになり，「より大きなマネー・センター・バンクがより小さな銀行の準備金を保有するようになる。より重要なことには，小さい銀行に準備を貸し付けるようになることである。」その後，国家貨幣の貸付だけでなく，国家貨幣の代替物としての銀行券による貸付が加わってくる。そして「銀行業はもうひとつの方向に発展し」，「銀行帳簿上の取引」をも行うようになる，と[31]。

　しかし，このような銀行業の発展は，いかなる歴史にも範を求めることが出来ない。税支払手段の公的貸付から始まった貸付業務は，なぜ民間の専業となるのか。民間による貸付業務はコスト的にも，国家による税支払手段の貸付に太刀打ちできないであろうから，銀行業はもっぱら国家事業になるはずである。なぜ金貸し業者は税支払手段の現ナマに替えて，一覧払の銀行券を発行し貸し付けることが出来るのか。さらになぜ銀行券での貸付は「銀行帳簿上の取引」に移行できるのか。何らの説明も見あたらない。

　銀行信用は現ナマの貸付から銀行券の貸付にシフトとして発展したのではないし，銀行券の貸付が預金通貨の貸付に移ったのでもない。現金→銀行券→預金通貨という順序で発展したのではなく，次章で見るように，預金通貨が先である。金本位制時代のイギリス制限条例期，法貨でもなかったイングランド銀行券や地方銀行券は流通を停止しなかったし，そのような時代にイギリス・ポンドはオランダ・ギルダーに取って代わって国際通貨に上昇したことを想起すると，銀行通貨を単純に「本来の貨幣に対する便利な代替物」や「貨幣金の代用物」とは見なし得ない。信用貨幣の創造は徴税から説く発想（Taxes-Drive-

Money）からでは一覧払い債務の創造や国際通貨論は論じ得ない。問われるべきは，何故に銀行信用は現ナマではなく，一覧払債務で貸し付けうるのかである。この論点は長年，岡橋保氏や川合一郎氏をはじめとするマルクス信用論者を悩ませてきた[32]。

　ケインズやレイらはクナップやイネスらを高く評価し，彼らの議論をベースに理論展開を図っているような印象を与えているが，そうとは言えない。クナップは，「銀行券の普遍的本性は決して支払約束ではない」という。「一国の貨幣を認識するには，一般的受領強制ではなく，公金庫における受領を標準とすること」[33]と，『貨幣国定学説』の序文に記している。「銀行券は先ず第1に，銀行と其顧客との間，並びに顧客相互の間に使用し得べき支払要具である。銀行券は支払約束の形態をもって現れる，併しまた不換銀行券も存在する。故に本質的なることは，銀行が其銀行券を支払要具として受領する義務を負へることである。夫れ故に銀行券は何より先ず銀行の金庫証券である。」「銀行券は国家が発行したるものではない。……そは常に国家の支払要具に属するものではない……。併し銀行券は国家によらず銀行によって創造せられ，而して取引上に用いられる—夫は国家的発行の性質を有っていない。」銀行券が不換化しても，「銀行は自己に対する支払にはなお銀行券を受取る。／故に銀行券の普遍的本性は決して支払約束ではない。」「故に不換銀行券は虚無ではなく，そは銀行の金庫証券であるといふ点に於て尚兌換銀行券と共通の性質を有っている。」[34]

　イネスの銀行信用論も，ケインズやレイには理解されないままである。イネスは銀行信用，信用貨幣を以下のように理解していた。「われわれすべては債権者にも債務者にもなる。債務者としてわれわれは，次に招来する同額の債務を認める債務証書を債権者に手渡すことで，自分に対する債務を清算する。……／これこそが商業の基本的な法である。債権債務の絶えざる創造と相互の決済による債権債務の消滅が，商業の全メカニズムを形作っているのであり，それは極めて単純なことであり，理解できない者はいないだろう。／債権債務は金銀と関係はないし，これまでもいかなる関連もなかった。私の知るかぎり，債務者に債務支払いを金や銀，あるいは何らかの他の商品で支払うことを強制する法律は存在しないし，存在もしなかった。」「貨幣とは信用である。信

用以外の何ものでもない。Aの貨幣はAに対するBの債務である。そして，
Bが彼の債務を支払うと，Aの貨幣は消え去る。これが貨幣理論のすべてである。／債権と債務は，お互いに絶え間なく接触しようとしている。そこでそれらは互いに清算されるのであって，それらを集中集積し合うのが銀行の仕事である。」「銀行を介して債権と債務が絶えず行き来し，銀行はそれらを自らの下に集め，債務が満期になったら，清算決済するのである。これが銀行の行っていることの核心（the science of banking）であり，キリスト以前の3000年前も今日の銀行も行っていることは同じである。エコノミストらの間に見られる共通した誤解は，元々銀行は金銀の安全な保管場所であって，預託者が必要な時には何時でも引き出すことが出来ると考えることである。この考えはまったくの間違いであり，古代の銀行を調べればすぐに分かることである。／……商業取引であろうが金融取引であろうが，取引の原則はどれも同じである。すなわち，債務は支払期日が来たら，その時点で手元にもつ債権で清算決済されねばならないということである。」「イングランドではcash in hand，合衆国ではreservesと呼ばれるもの，すなわち銀行が保有している法貨の量に，当たり前のように，余りにも過度な重要性が与えられている。このため物事の当然の道理として銀行の貸付能力や支払能力は準備の量に掛かっていると一般的に考えられている。しかしながら，実際にはこのことは明白に断固として宣言し得るようなものではない。これら法貨（lawful money）の準備は，科学的視点よりもとりわけ重要であるというわけではない。」「恐らく法貨規定が硬貨やあるいは銀行券の実際の，または明白な価値の維持にどれほど役に立ったかを述べるのは困難であろう。……私が言える確かなことは，財政が適切に運営されている国では，法貨規定のような法律は貨幣単位の安定・維持にとって不必要であると思われる。」「銀行業についての問題のなかで，銀行券の本質についての議論以上に理解の混乱が見られるものはない。銀行券は一般的に金の代替物であると考えられている。それゆえに発券を厳格に規制することは銀行券の安全性にとって必要であると考えられている。合衆国では発券は政府債が基礎になっていると言われているし，イングランドでは発券は金に基づいていると言われている。銀行券の価値はそれが金に兌換されるという事実に依存していると信じられている。しかし，ここでも再び，そのような理論は歴史によって論

破されている。」[35]

　ここには銀行業のサイエンスが遺漏なく述べられている。債権と債務の集中と集積，そこでの支払決済の遂行こそが，銀行業の本来的業務である。あらゆる債権債務を集中集積し，支払決済を行う貨幣取扱業務，すなわちペイメント・システムの提供こそが銀行の基本的業務であり，それを基礎に一覧払債務が貸し付けられ得るのである。銀行は現ナマを貸し付ける単なる金貸し業者ではない。したがって，信用貨幣はまず預金貨幣として生成し，次いで，現金流通の通貨として銀行券が発行されるようになる。銀行業の核心的業務は貸付ではなく，支払決済システムの提供であり，そのペイメント・システムの生成が信用を創造する銀行業務の貸付を支えているのである。かくて，預金通貨の生成は銀行券の発行に先行する。債務証書の譲渡性が承認されるようになって発行される銀行券は，創造された預金通貨の口座から主要には一般流通の通貨として引き出されるものである。税金支払い手段としての国家貨幣の現金を貸し付けるために銀行は発生したわけでも，その現金の「便利な代替物として」銀行券発行業務が展開されてきたのでもない。さらに預金通貨や銀行券も，国家貨幣の準備を背景に創造されたのでもない。銀行信用における一覧払債務の貸付の構造については，私は40年も前から繰り返し論じて来たが，なかなか理解されないままである。この点の理解は現代貨幣論の核心と考えるだけに残念であるが，銀行信用が現金準備に基づき貸し付けられているのではないという事実そのものは，すでに板倉譲治氏や横山昭雄氏，さらにはミンスキーらによっても指摘されていた。しかし，なぜそうなのかについての説明が十分になされてこなかったことが，恐らく，この点への理解を阻んできたのでないかと推測する。

　板倉氏は以下のように指摘される。「資金というのは貸借の『借』にあたるものであって，銀行の貸が起こることによって『借』つまり資金が信用機構の中に生まれ出て，貸が存続する限り存続し，貸が消滅する時に同時に消滅する。貸借は常に両建で信用機構の中に存続するから，貸の増加があれば必ず同額の借つまり資金が増加し（100％の信用創造），貸借残高は累積してゆくものであって，銀行の『貸』がいくら増えても『中央銀行の金融政策によって資金不足が作り出されない限り』，「それ自体の原因」では資金不足ということは起

こらない。これが『貸借機構の基本原則』であることをまず強調しておきたい。」「本来資金というものは銀行の貸出によって生まれたものであって，貸出がいくら増えても資金不足が生ずるものではなく，信用機構の中の資金需給は常に均衡しているというのが，『貸借機構の基本原則』なのであるということです。」(36)

　横山氏の主張も傾聴されるべきである。「金融システム全体を考えるとき，まずなによりも市中銀行の対民間与信行動が，システム作動の始発点であると考えたいと思う。……別な言い方をすればこの経済にあっては，銀行の与信行動が，そしてそれのみが預金すなわちマネーサプライを生み，したがって与信残高が，マネーサプライ残高に等しくなる。／このように銀行は主として企業に対して信用供与を行い，それに見合って自らの負債としての預金を生み出す。誤解を恐れずに言うならば，銀行はまさに『無から有を生み出すことが出来る』のであり，一般にこれを信用創造と呼んでいる。現代信用体系が作動するメカニズムは，まずはじめに与信ありきである，ということをここでくりかえし強調しておこう。」「預金銀行は先に市中銀行によって主として企業向けに供与され，それによって企業行動・経済活動が誘発・循環させられるという，いわば経済の起爆的役割・性格が強いのに対して，銀行券はこうして実現・進行している経済活動の結果，生み出された個人所得の受払，それに随伴する家計の消費活動がむすびついて需要され，発行されるのである。それは預金通貨が経済活動の『原因』ともいうべき側面が強いのと対照的にまさしく経済活動の『結果』である。」(37)

　レイ等が注目するミンスキーの議論も，国家貨幣である fiat money を準備に民間銀行の貸付が行われているというレイ等の理解とは異なる。「貨幣は，銀行による融資活動の中で創造され，そして銀行が所有する負債証書の約定が履行されたときに消滅するという点でユニークである。貨幣は正常な業務経過の中で創造され，そして消滅するのであるから，その発行額は資金需要に応じたものになる。銀行は，貨幣の貸し手が直面する制約に縛られない―銀行は貨幣を貸し付けるにあたって手元に貨幣をもっている必要はない―からこそ重要である。銀行がこのような伸縮性をもっていることによって，長期間にわたって資金を必要とする事業計画が，その資金を必要なだけ調達可能となるように

手配することが出来る。銀行による貸付限度設定と関与は，資金所有と同然の機能を果たす。」[38]

　こうした銀行信用の構造を理解することのないレイは，銀行信用の俗説に従って，さきに見たイネスの主張を批判して次のように述べている。「貨幣は信用以外の何ものでもない」というイネスの貨幣論は，レイによって，「銀行準備が銀行業を制限する見解を拒否」し，「コインとキャッシュでの支払いを嘲笑」する「純粋信用論」と揶揄される。その上，「信用の貨幣理論」と「貨幣の信用理論」の峻別を強調したシュムペーターが信用貨幣を貨幣の代替物と見ず，最終決済のために必要となる現金貨幣を否定したことも手伝って，20世紀末には「純粋信用論」アプローチが蔓延することになり，「純粋信用論には貨幣の場所がない」と批判する[39]。レイによれば，国家は債権債務関係に入らずとも貨幣を供給出来き，債務とされないその現ナマ貨幣を準備としてしか商業銀行は銀行券を貸付発行できないと考えるので，貨幣発行の究極の根拠は国家ということになる。

　いまや伝統的部族社会の wergild や古代メソポタミアでの寺院や王宮の内部会計慣行と税徴収から，一般目的貨幣慣行＝計算貨幣の生成発展における国家の役割が注視され，「貨幣が本質的に社会的である」ことが強調された。こうした計算貨幣としての貨幣の生成や，計算貨幣と交換・支払手段の分離についての理解も多くの論者によって受容されつつあるが，レイら MMT に特異なことは，国家が持つ徴税権力故に，国家（中央銀行）貨幣の債務性が否定されていることである。イネスは「政府ドルは支払約束である」と，国家貨幣も税によって償還されねばならない信用と見ているが，それに対してレイにあっては，「国内での通貨流通の根拠は税の支払であって，政府発行の taxes-drive-money であるトークンが政府の pay-office で受領されることから，それらは一般的に受領されるのである。」「近代経済では政府が決済の役割を果たしていて，政府への支払を促進し，民間債務を政府が par で受け取るのである。政府は売買価格を固定することで特定商品とサーヴィスを釘付けすることが出来る。」「政府は如何なる債務を負うのか？　政府は自らの支払においてハイパワードマネーを受け入れなければならない。」「今日，政府貨幣は流通に留まる。それで物を買う。銀行の法定準備になる。それによって銀行は貸付が出

来，民間の信用創造を生む」と[40]。

　こうしたレイの議論からは国債は借金ではないという議論につながっていく。「政府支出は民間銀行保有のハイパワードマネーの供給であって，Fedの債務は政府発行貨幣の請求権以外の何ものでもない。だから政府支出は政府貨幣の発行と同じ」ことであり，「ボンド販売には制限がない。奇妙に聞こえるかもしれないが，財務省のボンド発行は決して政府の借入操作ではない。むしろ，民間銀行が持つ過剰準備を流出させる行動であり，ある種の財務省債務の別な債務の代替である。」[41][42]

　次章で，改めて何故に銀行信用は現ナマではなく，一覧払債務（信用貨幣）を創造し貸し付けることが出来るのか，すなわち，信用創造の根拠に明らかにしたい。銀行業や銀行通貨（信用貨幣）の理解は，ただ銀行技術的な問題に留まるものではない。銀行業務の展開は，「私的な決済システムの成立」，すなわち「ソヴリン・マネーに取って代わり機能する独自のマネーシステム」を創出し，中世ヨーロッパでは「大陸規模で通用するプライベートマネー」を生み出すことになったのである。「主権者の支配から逃れる最も確実な方法は，相互信用の私的なネットワークを築くことだった。」「こうした私的決済システムの創設が，現代の銀行業の原点となったのである。」[43] 明らかに貨幣概念は拡大されねばならない。

　クナップは，国家が「最初は単に私的な貨幣にすぎない」銀行券を，「其金庫に於て支払要具として受領せられると宣言することによって其受容を言渡すや否や，そは国家貨幣になることが出来る」といい，さらに「最初は私的団体に於ける支払である」振替支払を，「同様に受容に由って，国家団体における支払に引き上げることが出来る，即ち，国家が振替団体に加入し，かくして自己に対する支払は振替施設の利用によって弁済するも差支えなきことを許容する時，是に依って物的な支払要具が受容せられるものではなく，法律上の支払手段が受容せられるのである。」[44] と言う。かくてクナップが「全支払制度は法制の創造物である」と主張する意味が鮮明になるであろう。

　「吾々が既に劈頭において喝破したる如く，全支払制度は法制の創造物である。吾々は今やこれに付加して，その国家的なると私的なるとを問わず，団体に於ける法制の創造物であると言ふ。簡単に解すれば，此命題は，支払制度は

統治的現象であると言ふ。」[45] すなわち，私的貨幣たる銀行券も私的支払団体の預金通貨も，国家貨幣になるというのは，それらの流通根拠が国家の強制通用力に拠るのではなく，私的に作り出されたそれらでの支払が社会的には最終決済として絶対的貨幣機能を果たしていることを，国家が承認し受容するということである。国家が私的貨幣を受容するなり，非国家的支払団体に参入し，自己への支払を「施設の利用に由って弁済するも差支えなきを許容する」ことは，すでに社会規範となっている私的な貨幣や非国家的支払団体の預金振替による支払を，「債務者をその債務から免除する」[46] ものとして，法的にも承認することである。「支払制度は統治現象である」とするクナップが意味するところが了解されよう。制限条例期のイングランドで，また 1930 年代の合衆国で，金約款が否定されたことも，「支払制度が統治的現象である」ことを物語っている。

　銀行通貨を創造した非国家的貨幣制度は「ソブリン・マネーに取って代わって機能する独自のマネーマシーン」を生み出したが，それらは国家によって支えられて初めて流通することが出来るといったものではない。民間のペイメントシステムが信用貨幣の流通を支え発展させたのである。したがって，ペイメントシステムが崩壊しかねない事態が発生すると，経済社会の内部にそれによって起こる経済社会の破綻を阻止すべく，協働行為が形成されてくる[47]。制限条例期のイングランドやウェールズで兌換を不問に付した不換銀行券の受領表明や，スコットランドで見られた発券銀行の兌換の出来なかった銀行券や預金等の不良債権の協働清算といった社会規範の形成により，民間信用貨幣の流通は継続されつづけた事実を注視すべきである。Taxes-Drive-Money であることや法貨規定によって初めて信用貨幣が流通できたのではない。現ナマの貸付から銀行信用を展開するマルクスや MMT の発想が，信用貨幣の流通の根拠を国家に求めることになったのであろう。わが国では今日なお取り上げられることの少ないイネスやクナップの著作に，いま少し目を向けられてもいいのではなかろうか。

［注］

(25)(26) マルクス『資本論』，第 1 部，272-273 頁，第 3 部，568-569，730，808 頁。

(27)(28) ケインズ，前掲『貨幣論』，6，7 頁。ここでは，クナップが強調した以下の主張は否定れ

ている。「価値単位は常に技術的に定義されるものではなく，支払要具の凡ゆる組織に於て何等の例外なく，他の方法即ち歴史的に定義せられることに対する理由は，債務が存在しているという事実に存して居る。」（クナップ，前掲『貨幣国定学説』，14頁）

(29)(30) ケインズ，前掲書，6，15-16頁。

(31) *L. R. Wray, Understanding Modern Money*, 1998, pp.163-166. このような発想では貨幣の内生説は成立しようがないと思われるが，内藤氏はMMTの信用貨幣論について，「一見すると，信用貨幣論では貨幣供給が内生的であるのに対して，表券主義では国家による外生的貨幣供給となるため，対立する見解のように見なされる可能性が存在する」が，「両者は補完的で」「共通の基礎を有している」との理解を示される。しかし，こうした理解は初歩的な誤解から来ているのではなかろうか。氏は，「銀行間の決済のためには中央銀行が存在し，通常は国家がその運営をおこなっている」し，手形交換所も国家によって設立，運営されていると信じておられるようだ。また「中央銀行が民営でない理由の一つは，中央銀行の業務だけでは利潤を追求するのが困難であるという点にある」と，勘違いされている。その勘定を見れば，中央銀行は概ね大きな利益を上げていることが分かる。さらに，「信用貨幣は名目貨幣であり，支払手段として流通するためには，少なくとも社会による，現実的には国家による保証が必要である。」とも言われるが，信用貨幣の流通は債権の健全性に支えられているのであって，それが崩れれば，金準備があろうと，国家が支えようと，いずれ信用貨幣の流通は不可能になろう（内藤敦之「貨幣・信用・国家―ポスト・ケインズ派の信用貨幣論と表券主義―」，季刊『経済理論』第44巻第1号，2007年，66，73頁参照）。

(32) 拙稿「マルクス信用論体系再考」，『佐賀大学経済論集』第51巻第1号，2018年参照。

(33) クナップ前掲書，2頁。

(34) 同，10，177，184頁。すでに紹介したように，クナップが重視したことは，貨幣存在の前提としての債務の存在と債務の名目性である。「債務の名目性及び価値単位の名目性は貨幣成立に対する必要な前提である……。貨幣は又支払要具である，併し単に素材的な支払要具ではない。……価値単位の名目性，従って又支払要具債務の名目性は何等新しい現象ではなく，非常に古い現象にして，而も今日尚存続して居り且永久に存続するであろう現象である。」 以上の主張は，いまひとつ重要な彼の認識とともに，われわれが注視するイマジナリー・マネーの議論にも関わってくる。すなわち，「凡ての支払団体は価値単位を創造し得る……。国家が……決して唯一の支払団体ではない。」とみるクナップが，「非国家的支払団体」は国家を超えると認識していたことである。こうした発言はこれまで注視されることはほとんどなかった。以下の認識はケインズやレイのクナップ理解を超えるものであろう。「吾々は振替取引を考察して以て，物の譲渡なくして行はれる支払の存在することを洞察する。是に由って吾々は支払の概念を今迄とは異なって把握すべき必要あると見る。箇片による支払を振替支払と同様に包括する支払の統一的概念にして存在すべきものとすれば，物の譲渡は支払の本質的要求であってはならない。されば総ての支払の本質的兆表は振替支払に於てのみ見出すことが出来る，併し，箇片支払に於ても内密に立証さるべきものでなければならぬ。吾々は支払の普遍的概念を次の如く把握せんと企てたい。／支払は如何なる場合に於ても一の支払団体を前提とする事象である。此支払団体が国家であるか，或は銀行の顧客範囲であるか，或は其他支払組合であるかは従属的な問題である。否支払団体は国家を超越することが出来る……。／併しながら金属秤量制の征服せられるか否かや，支払団体は統治的指導（regiminale Leitung）を有たねばならない，即ち支払の種類及び方法を法律上整理する勢力が存在せねばならなぬ，支払団体は此場合指導の発する中心点を有っている，国家の貨幣に於ては夫れは国権であり，私的支払団体に於ては例えば銀行である」（クナップ，前掲書，206，210-211頁）。

　　この振替支払の議論はさらに発展させられる。「振替支払は先ず何よりも非国家的支払団体に現はれる点に於て銀行券による支払と同類である。……振替支払はその際『箇片』が使用せられないという点に於て，……表券性を拒否せられている。……今まで徹頭徹尾箇片の交付に結合せられて

いた支払の概念が再び拡大せねばならぬ。」「ハンブルグ振替銀行が国家的貨幣に対する価値単位と関係なく独立に銀行マルクなる価値単位を創造したことは特に教訓的な事情にして，凡ての支払団体は価値単位を創造し得ることを教えた。……国家は只最も古い支払団体ではあるが，決して唯一の支払団体ではない。されば支払組合の法律構成が価値単位を創造する。吾々の出発点たりし，国家のみが支払団体であるという直観に比較すれば，此点は大いに拡張せられている。」そしてここで言及された非国家的支払団体について注目すべきは以下の指摘である。「支払団体は如何なる場合に於ても一の支払団体を前提する事象である。此支払団体が国家であるか，或は銀行の顧客範囲であるか，或は他支払組合であるかは従属的な問題である。否支払団体は国家を超越することさえ出来る。」すなわち，「貨幣箇片の通用は国家の領土に制限せられる」が，非国家的支払団体は「国家を超越することさえ出来る」より広い信用関係，債権債務関係を体現していることである。このため，国家は非国家的支払団体の通貨たる預金通貨や銀行券を国家の金庫で受領することで，非国家的振替団体に参入していかざるを得ないのである。

　かくて「支払団体は統治的指導を有たねばならない。即ち支払の種類及方法を法律上整理する勢力が存せねばならぬ，支払団体は此場合指導の発する中心点を有っている，国家の場合に於ては夫れは国家であり，私的振替制度に於ては夫れは例ば銀行である。」そして，国家が銀行券や振替支払を「其金庫に於て支払要具として受領せられると宣言することによって其受容を言渡すや否や，そは国家貨幣になることが出来る。……即ち国家が振替団体に加入し，かくて自己に対する支払は振替施設の利用に由って弁済するも差支えなきことを許容する……。」明らかに，クナップの貨幣の世界はケインズやレイの枠組みを大きく突破している。確認しておかなければならない点は，クナップが幾度も強調しているように，国家による受領によって，貨幣は国家貨幣になると言うことは，商業銀行の信用貨幣も国家によって受領されれば，国家貨幣になると言うことである。クナップは言うところの国家貨幣は，国家が発行する造幣硬貨や国家紙幣のみを意味するのではない。最後に，クナップはそのような展開の先に，金属貨幣や銀行券の廃止を展望する。「振替支払は実に貨幣を充用しないからして，貨幣は廃止せられるであろう。……貨幣は確かに廃止せられんも，然も残存するものは支払であろう。吾々が好んで貨幣経済として表示する今日の経済組織は貨幣に依存するものではない。」（クナップ，前掲書，12，14，23，24，30，50，201，206，210，211，216，217，306頁参照，下線は引用者）

(35) A. Mitchell Innes, "What is money?," in *The Banking Law Journal*, May 1913, pp. 392-3, 402-6, 拙訳「イネス　貨幣とは何か」，『佐賀大学経済論集』第52巻4号，第53巻第1号所収を参照されたい。

(36) 板倉譲治『私の金融論―資金需給と金利水準変動のメカニズムに関する誤解と私見―』，慶應通信，1995年（初出，1971年），iv-v頁。

(37) 横山昭雄『現代の金融構造―新しい金融理論を求めて―』，日本経済新聞社，1977年，27，28，64頁。

(38) ハイマン・ミンスキー『金融不安定性の経済学―歴史・理論・政策―』，吉野紀・浅田統一郎・内田和夫訳，多賀出版，1989年，309頁。

(39) L. R. Wray, "Conclusion: The Credit money and State Money Approaches," in *Credit and State Theories of Money: The Contributions of A. Mitchell Innes*, edited by L. R. Wray, 2004, pp. 238-239.

(40) *ibid.*, pp. 242-246, 260.

(41) *ibid.*, pp. 255, 257.

(42) レイのイネス批判は，イネスが国家の債務と民間の債務を同列視し，貨幣構造のヒエラルヒーの頂点に立つコインや中央銀行券等の国家貨幣と，それらを準備に創造されると考える民間銀行が創造する信用貨幣とを質的に区別していないということであろう。むしろ，レイは信用貨幣を造幣

硬貨の生成に引き寄せて理解しているため，預金通貨と，銀行券や造幣硬貨との現代貨幣における優先劣後構造を理解せず，現金通貨の上に信用貨幣が構築されていると考えているのであろう。今日の内生貨幣説を支持する論者を「純粋信用論」と批判するのも，彼らが，信用創造には現金準備が必要で，その準備を提供するのが徴税権を持つ国家であり，したがって，貨幣流通の究極の根拠は国家にあるということを理解していないと考えるからであろう。それでは「純粋信用論」者らは，レイの MMT をどう見ているであろうか，紹介しておこう。

　P. メーリングはレイの前掲著書を以下のように論評している（Perry Mehrling, "Modern money: fiat or credit ?," in *Journal of Post Keynesian Economics*, Spring 2000, Vol. 22, No. 3）。「政府支出には何らの制約はない」というレイの主張であるが，これはレイが考える未開の植民地での貨幣発行の仕組みに由来する。植民地総督は貨幣なき未開社会に貨幣を導入し，その貨幣での税支払を強制することで，市場や価格が形成されるという。総督は貨幣の独占的供給者で，物やサービスの購入に自ら発行する貨幣を用い，それで，現地の人々に税を支払わせるというわけである。人々は税を支払う為にその貨幣を得る為に物を売る必要があり，かくて発行された貨幣は税徴収によって還流するというわけである。政府支出→貨幣創造→唯一の財の購入者である総督による徴税による貨幣の消滅という因果関係が，「単純な経済でのマクロ的均衡を特徴づける。」この発想が近代資本主義経済に適用され，「その結果，政府の決定が価格水準や利子率を直接に決定し，そして，政府支出が GDP のサイズを決定する。」と言うのである。しかし，「この単純なモデルからの教訓が今日の金融的に洗練された経済に適合するだろうか？」（ibid., pp. 399-400）とメーリングは訝る。「近代国家が何が貨幣で何がそうでないかを決定する権利を自らに与えている事実は，何もないものから何かを創り出し，紙を金に変える錬金術のパワーを国家に与えるものではない。さらに，近代国家が課税の権力を持っている事実は，国家が予算的制約に直面しないことを意味するわけではない。」「われわれの政府はわれわれが作ったものであり，われわれが許す時のみ，課税が出来る。あからさまな権力ではない。……われわれの国家も繁栄する民間社会から生起したのであって，植民地政府のようなものではない。報奨金を要求する王様ではない。したがって，課税権力は貨幣価値の源泉であるといった議論は，余りも説得力を欠く。」（ibid., pp. 401-402）「近代貨幣の理解は民間企業金融に立脚しているのであって，王宮の金融ではない。重要な論点は，近代貨幣が民間のマネーに歴史的に起源をもっているということではないが，民間金融が近代貨幣を理解しようとする場合，出発点のより良き論理的場所になるということである。」（p. 402）「貨幣の理論を国家の理論から切り離すことが出来ないというレイの主張は，完全な誤りではないにしても，少なくとも much too strong である。」「われわれはわれわれの時代のわれわれ自身の解決を見つけることによって近代貨幣の理解に向けて進まなければならない。その様な努力へのひとつの道は，カルタリストのトークンを fiat money と見るのではなく，支払約束 a promise to pay と見ることである。」（p. 406）と結ぶ。

　ローチョン＆ヴェルネンゴらのカルタリズム批判は以下のとおりである（Louis-Philippe Rochon & Matias Vernengo, "State money and the real world : or Cartalism and its discontents," *Journal of Post Keynesian Economics*, Fall 2003, Vol. 26, No. 1）。ポスト・ケインズ経済学においては貨幣供給は経済の必要に応じて内生的に決定されるとするのに対して，レイ等はイネスが指摘したコインや国家紙幣の発行での徴税の役割を，中央銀行通貨も国家貨幣に取り込み，近代資本家的貨幣創造に適用し，今日のあらゆる貨幣の存在を国家の徴税能力に関係させ，貨幣は国家の創造物だと主張する。これに対して，ローチョンらは「統治権が貨幣存在の主要な根拠ではない。経済主体が貨幣を保有する動機は，現在と将来を架橋する諸制度がその条件を作り出すのであって，……国家もその一部である。……しかし，銀行と金融機関が歴史的にも最も重要である。」（ibid., pp. 65-66）「貨幣は国家の創造物であるよりもむしろ銀行の創造物」であり，「信用貨幣の国家貨幣への先行性の認識は，内生的貨幣の存在の理解によって極めて重要である。」（pp. 61-62）したがって，「国家

が意にままに，完全雇用と価格安定性を提供できるのだという基本的な考えは幾分単純素朴すぎる。」(p. 65)「国家はいまやボスではない。……ヘゲモニー国家の変遷を通してみても，この国家が貨幣や国際通貨への主権の強制は，極めて限られた期間に過ぎない。」「国際通貨にしても国家ヘゲモニーの力は限定的で」あり，「オランダ・ギルダー，英国ポンド，米国ドルが国際的に受領されているのは，国家の税支払手段であることの帰結ではない。」(p. 62) と。

　E. フェブレッロは，ネオカルタリストの主張を以下の3点にまとめ，論評する (Eladio Febrero, "Three difficulties with neo-Charatalism," in *Journal of Post Keynesian Economics*, Vol. 31, No. 3, Spring 2009, and *Journadas de Ecoonomia Critica*, X1, April 2009)。(1) 貨幣が価値をもつのは，国家が貨幣を税支払で受け入れるからだ。(2) 国家は貨幣の価値を決定する能力をもっている。(3) 民間銀行は fiat money のレヴァレッジと理解されるべきである。こうした理解に対して，フェブレッロは，(1) 貨幣は銀行債務を清算するのに使われるが故に，最終的に受け取られる。(2) 貨幣の購買力を決定する国家の力は限られたものである。(3) 銀行預金は fiat money のレヴァレッジではない，と批判する (p. 523)。

(43)　フェリックス・マーチン『21世紀の貨幣論』，遠藤真美訳，東洋経済新報社，2014年，150-151, 160, 164頁。拙稿「書評　F. マーチン著『21世紀の貨幣論』」(『政経研究』105号，2015年) を参照されたい。

(44)　クナップ，前掲書，216, 218頁。注 (10) も参照されたい。

(45)　クナップ，同，218頁。

(46)　同，66頁。

(47)　前掲拙著『イギリス信用貨幣史研究』，第7, 8章および「結び―総括と展望」を参照されたい。

# 第2章

# 為替手形・預金通貨・銀行券
## ——インガムの資本主義的信用貨幣論への疑問——

## 第1節　銀行信用における一覧払債務の貸付の根拠は何か？

　「貨幣とは何か？」を考える上で，私が最も大きなヒントを得たのは，ヨーロッパ中世・近代初期の real money（リアル・マネー）と imaginary money（イマジナリー・マネー）の存在であり，1696 年の英国大改鋳論争での貨幣の intrinsic value（金属価値）と extrinsic value（額面価値）の峻別であった。また，鋳貨なき古代国家での計算貨幣，価格，利子，小作料等の存在を教えるケインズ「古代通貨草稿」からは，貨幣の起源を商品交換に求める常識の嘘を教えられた。さらに，中世の鋳貨流通の混乱から商人たちが主導して考案したイマジナリー・マネーと預金銀行のイマジナリー・マネー建ての支払決済制度が国家をも包摂してきたことは，その後の資本主義貨幣制度での信用貨幣と国家貨幣の優先劣後構造を示唆するものであった。そして，「無からの預金通貨（信用貨幣）の創造」を説き，不換の現代貨幣を信用貨幣とみる岡橋保氏や，1970 年代に早や先駆的に内生的貨幣論を論じておられた板倉譲治や横山昭雄氏らの見解に，大いに蒙を啓かれた。とは言え，わが国の貨幣内生説の論者が信用貨幣と国家の関連については積極的に論じられることはなかった。

　1970 年代前半に固定相場制から変動相場制へ移行して以降，金融規制の後退，金融の自由化・国際化の進展につれ，中央銀行の独立性が一般的に容認されるようになると，「貨幣と国家」への関心は失せ，国家からの「超独立性」を与えられた「ヨーロッパ中央銀行」のユーロを「連帯，理性，希望の通貨」と見なす理解さえ現れた。そのような風潮の中にあって，「それ自身以外の他の何かあるものをもって支払いを強制されるということが，債務の基本的性質

であるから」，中央銀行貨幣はもはや「銀行貨幣」（私的債務）ではなく，「国家貨幣」「本来の貨幣」となり，「国家の債務を表す」とのケインズの断定を受け，1990年代前後より，国家貨幣は 'outside (exogenous) fiat money' であり，銀行貨幣はその 'leveraging of fiat money' の一種であるとする「現代貨幣理論MMT」が登場し，国家貨幣一辺倒の見解が聲高く主張されるようになった。1960年代前後に，マルクス派が強調した不換銀行券＝不換国家紙幣説の再版である。そこではわれわれが強調してきた「銀行貨幣」と「国家貨幣」の通貨構造の優先劣後構造が逆転させられている。「中央銀行の独立性」の強固な主張と国家貨幣一辺倒の「現代貨幣理論」との並存は，基礎的な金融技術と資本主義的信用貨幣制度生成の理解の不十分さに起因するように考える。

　前章で考察したMMTに見られる如く，貨幣と国家の関係にとって，銀行信用や信用貨幣は如何に生成したのかという論点が重要である。銀行業は何故に一覧払の債務を貸し付けることが出来るのかという銀行信用の構造を明らかにすることは，商業手形と銀行通貨の関係や信用貨幣と国家の関係を考える上で重要である。私が学んできた貨幣信用論での伝統的説明においては，銀行信用は以下の二つの視点から論じられてきたが，そこで説かれる銀行信用論では，信用貨幣は銀行券と理解されており，預金通貨は見られず，信用貨幣の流通を支えるものは，銀行が持つ金準備であったり，国家貨幣であるという構成になっている。

　他方，銀行券流通は手形流通に関わらせて理解されており，信用貨幣流通の根拠と商業手形流通の根拠はまったく異なるにもかかわらず，手形の流通性→銀行券の流通という脈絡で，銀行券は手形の流通から発生するかの如く，誤解されている。ともに，銀行信用における一覧払債務の貸付の根拠が理解されることはなかった。こうした誤解を生んだ伝統的な銀行信用論は，マルクスの以下のような理解から派生している。

　第1の視点は，商業信用の発展が銀行信用を生み出し，商業手形流通の展開が銀行券発行を可能にしたという発想である。すなわち，「商業信用が信用制度の基礎である」から，「信用貨幣は，販売された諸商品に対する債務証書そのものが債権を移転するために再び流通することによって，支払手段としての貨幣の機能から直接に発生する。」「生産者と商人の相互的前貸が信用の本来的

基礎をなすのと同様に，その流通用具たる手形は，本来的信用貨幣たる銀行券・等々の基礎をなす。この銀行券・等々は，貨幣流通―金属貨幣の流通であるか国家貨幣の流通であるかを問わず―に立脚するのではなく，手形流通に立脚する。」[1] というものである。そして，手形流通の発展の先に銀行券の貸付発行を説くことで銀行信用論が展開される。後に見るように，インガムも国家の役割を重視しつつ，商業手形流通に債権債務の非人格化をみて，そこに銀行券流通における「貨幣の非人格化」の前提を求める。

　第2の視点は，銀行信用を預金として集められた遊休資金（現ナマ）の貸付として説き，その後，銀行券（信用貨幣）の貸付発行を付け加わるという発想である。すなわち，「大工業および資本制的生産の発展に必然的に並行する信用業の発展につれて，この貨幣は，蓄蔵貨幣としてではなく資本として，とはいえその所有者の手ではなくその利用者たる他の資本家の手で，機能する。」「単なる回転運動の機構によって遊離される資本は……信用制度が発展すれば重要な役割を演じなければならぬと同時に，信用制度の基礎の一つをなさねばならぬ。」「この剰余生産物は，その反対に，その蛹化した貨幣においては，すなわち蓄蔵貨幣したがって単にだんだんと形成されつつある潜勢的貨幣資本としては，絶対的に不生産的であり，この形態では生産過程に並行して，しかも生産過程の外部に，横たわる。それは資本制生産の死重である。潜勢的貨幣資本として積立てられつつあるこの剰余価値を利潤ならびに収入のために使用されうるものたらしめようとする欲求は，信用制度および『有価証券』においてその努力の目標を見出す。貨幣資本はこれにより，別個の形態で，資本制的生産体制の経過および発展に甚大な影響を及ぼす。」[2] この視点は前章で考察したレイら MMT の銀行信用の俗説に重なる。

　こうした視点で説かれた銀行信用論では，信用貨幣の流通の根拠は金準備に求められる。すなわち，「信用貨幣そのものは，その名目価値の額において絶対的に現実貨幣を代表するかぎりでのみ，貨幣である。」「吾々はさらに，銀行券の兌換性の保証としての，および信用制度の軸点としての，金属準備の機能を度外視した。中央銀行は信用制度の軸点である。そして金属準備は銀行の軸点である。」[3] として，兌換が停止すると，国家が金準備の位置に代わって座ったのである。

　このような発想に対して，前章でわが国の板倉譲治氏の「貸借機構の基本原理」や，横山昭雄氏の「銀行はまさに無から有を生み出すことが出来るのであり，…一般にこれを信用創造と呼んでいる」という見解を紹介した。また「銀行は貨幣を貸し付けるにあたって手元に貨幣をもっている必要はない」というミンスキーの主張をも見た。それでは，なぜそうなのか。何故に銀行信用は（一覧払の）債務を貸付うるのであろうか。

　従来，『資本論』第3部第4編第19章「貨幣取扱資本」と第5編の利子論や信用制度についての叙述に上記の遊休貨幣資本が信用制度の基礎であるという認識を基礎に，銀行信用論が論じられてきた。マルクス自身，アムステルダム銀行等の預金銀行は「前期的銀行」と見なしていたので，初期預金銀行が生み出した支払決済システムが見えず，したがってそれら支払決済システムに伴い生成した信用貨幣たる預金通貨に想いを馳せることは出来ず，一覧払の貸付という銀行信用の特質を説くことは出来なかった。この点，論者の多くも同様で，『資本論』の叙述の説明に終始し，マルクスと同様に長きに亘って，預金銀行論や預金通貨論を欠如していた。貨幣取扱業と銀行業の関連について，われわれは貨幣取扱業の展開による遊休貨幣資本の共同プールの形成→利子生み資本としての運用（貨幣の利子生み資本化）という視点から，「貨幣取扱業者たちの特殊的機能として発展する」という脈絡で銀行業の生成を理解するこれまでの俗説を退けなければならないと考える。

　まず指摘しなければならないことは，貨幣取扱業について，これまで遊休貨幣資本の遊離・析出に言及されてはいても，貨幣取扱業が媒介する貨幣流通の技術的操作が預金貨幣，その指図書である小切手，預託貨幣の受領書として発行された一覧払約束書等の生成と流通を通して遂行されることにはまったく触れられることがなかったことである。すなわち，貨幣取扱業の展開に伴い支払決済システムが生み出されるという認識の欠如である。信用貨幣は先ず，預金通貨として発生するのである。信用貨幣は，銀行信用による商業信用の代位，社会化，継承によって生まれたものではないし，マルクスの言うがごとく，「その（商業信用の─引用者）流通用具たる手形は，本来的信用貨幣たる銀行券・等々の基礎をなす。この銀行券・等々は，貨幣流通─金属貨幣の流通であるか国家貨幣の流通であるかを問わず─に立脚するのではなく，手形流通に立

脚する。」のでもない。

　貨幣取扱業務の展開は，同時に，預金貨幣，小切手，当座預金に対する一覧払約束手形である預金受領書等の生成と流通を生み出す。すなわち，貨幣支払・受領，決済等の行為の二重化（商人間の支払指図と預金銀行口座での預金振替による支払）をつなぐものとして，まず，預金通貨が発生し，信用貨幣として流通し，また貸し付けられ，預金創造されたのである。そうして形成された要求払い預金債務が決済機能を獲得したのである（支払決済システムの生成と一覧払債務たる預金の創造＝信用貨幣の創造）。銀行業は遊休貨幣資本の融通媒介による貨幣の利子生み資本化として生まれたのではなく，預金債務の貨幣化＝支払決済システムの生成→信用貨幣の貸付→信用の利子生み資本化を担う者として生成発展したのである[4]。信用貨幣は，商業手形の生成展開の上に生まれたのではなく，貨幣取扱業務の展開により生成した支払決済システムを基礎にして創造されたのである。中世初期預金銀行が資本主義的信用貨幣の先駆である理由でもある。

　わたしが小著『イギリス信用貨幣史研究』(1982年)において，信用創造の中世・近世・近代への連続性という認識に立ち，銀行信用は当座勘定業務を軸に預金銀行論として展開されねばならないとのべた主旨は，ここにあった。貨幣取扱業を見ないかぎり，商業貨幣とは異なる信用の貨幣化は把握されず，また信用の貨幣化を見ないかぎり，一覧払債務を貸し付ける銀行信用の形態的特質が強調されはしても，信用の利子生み資本化＝擬制的貸付資本の形成という銀行信用の「内容的特質」は把握されえないであろう。銀行信用論は，要求払預金＝決済性預金を軸に預金銀行論として展開されねばならない。

　貨幣取扱業務の展開が支払決済システムを形成し，信用貨幣は預金通貨として生成するという私の主張は，前章で見たイネスの言う the science of banking の指摘とも共鳴する。1990年代にケインズ『古代通貨草稿』に出会って，ケインズが高く評価していたイネス論文に接し，100年も前に債権債務の集中集積による支払決済を基礎に信用の貨幣化を論じていたイネス貨幣論を知り，意を強くした。しかし，こうした信用貨幣論は，いまやレイやインガムらによって「純粋信用論」との批判にさらされているのである。

[注]

(1) マルクス『資本論』同第1部上，272頁，同第3部上，568-569頁。川合一郎氏は，この視点を重視され，商業信用・商業手形流通の限界を克服するものとして銀行券（一覧払債務）の貸付（銀行信用）を説かれ，それに第二の視点を付加された。前掲，川合『資本と信用』参照。私はかつて川合氏の銀行信用論について以下のように論じた。「貨幣取扱業→という経路で説かれた遊休貨幣資本の貸付＝現金の貸付を，商業信用の保証→銀行信用という経路において債務の貸付ととらえなおすという発想とは別に，川合氏は，商業信用の保証＝貸付約束を『一覧払』『保証』にまで発展させるのが貨幣取扱業務だという見解をも述べておられる。貨幣取扱業→銀行業（現金の貸付），商業信用→銀行信用（＝債務の貸付）という二元論は，自家撞着せざるを得ない。」（拙著『貨幣・信用・中央銀行─支払決済システムの成立─』，同文館，1988年，252頁）。このような構成のため，預金通貨の流通が銀行券発行に先行する事実に思い至らなかった。銀行の一覧払債務である預金通貨や銀行券の創造は，商業信用や商業手形の関りからは論じ得ない。拙稿「マルクス信用理論体系再考」（『佐賀大学経済論集』，第51巻第1号，2018年）をも参照されたい。

(2) 同，第2部，234，367，655-666頁。

(3) 同第3部，808頁。

(4) 拙稿「銀行信用論─方法と展開─」，『佐賀大学経済論集』第16巻第3号，1983年（前掲拙著『貨幣・信用・中央銀行』，1988年，第8章所収）を参照されたい。

# 第2節　インガムの「資本主義的信用貨幣論」の構成

## (1) インガムのイネス批判

　インガムはイネスの貨幣理解を以下の3点にまとめている。「(1) 貨幣は主要には抽象的な価値尺度である。(2) あらゆる貨幣形態は信用であり，その価値は債務を返済する能力から成る。貨幣は返済すべき債務が存在しないところには存在することは出来ない。(3) 信用手段は造幣硬貨に先行し，歴史的には貨幣がとる主要な形態を表す。」すなわち，「貨幣が信用であるということは，……貨幣は社会的関係によって構成されている」ことであって，「物ではない」ということである[5]。

　批判の内容は以下の点である。イネスは貨幣の普遍的概念を「商業のprimitive な法則」の中に根拠づけ，「債権債務の絶えざる創造と相互の決済による債権債務の消滅が，商業の全メカニズムを形作っている」[6] と言うが，インガムはこの点を捉え，イネスが「抽象的計算貨幣の起源を説明しておらず」，また，「貨幣金属説の驚くべき持久性を説明しようとしていない。」その結果，

「イネスは，あらゆる貨幣関係の社会的政治的基礎と貨幣の異なる形態の発展
における信用関係の歴史的変容には説明が要することを十分に理解していな
い」[7] と批判する。何を言いたいのであろうか。

　「イネスは信用関係の様々に重要な形態間を区別することが出来なかった。
……債務の多角的な帳簿上の決済と，譲渡される債務（transferable debt）の
影響のもとで銀行貸付を通じる貨幣の現実の創造とを峻別するが重要である。」
「発券や手形の形での貸付によって信用貨幣が創造されることが決定的に重要
である。……銀行券や手形の形での信用貨幣の発行は貨幣の非人格化を必要と
し，そのことが債務証書を譲渡可能なものにし，紙製の支払約束書が特定の銀
行やその顧客のネットワークを超えて信用貨幣として流通することが出来るよ
うにするのである。」したがって，インガムは預金通貨を信用貨幣に見るので
はなく，「銀行貸付を通じての貨幣の現実の創造」を預金通貨ではなく，債務
証書の譲渡性を獲得したことによって可能になった銀行券発行において捉えて
いる。「イネスが貨幣としての信用の存在を普遍化する方法は，バビロニアか
ら近代資本主義に至る長期の歴史的進展における信用の歴史的に特別な形態に
よって演じられるその時々の役割の性質を不分明にしている。」「イネスは，ハ
ンムラビ時代以来の貨幣の発展を形作った複雑な社会的政治的変化を過度に単
純化する傾向がある。……イネスは資本主義的信用貨幣の歴史的特殊性を認識
することが出来なかった。」と批判する[8]。

　確かに，イネスは貨幣の存在は，クナップと同様に債務の存在を前提してお
り，また信用貨幣は「銀行業の科学」として強調したこと以上に，中世や近代
でのその変遷について論じているわけでもなく，ただ信用貨幣の本質は一貫し
ていることを強調しているだけで，国家との関係についても特段に論じること
はなかった。インガムはこの点を突き，イネスの影響のもと「20 世紀末の貨
幣の信用論の若干の議論が，貨幣を単に債権債務や債務の創造と同一視」する
傾向を生み出し，そのような発想だけでは「誰もが債務を創造できると言えど
も，問題はそれを貨幣として受け取らせる」仕組みは明らかにならないと，そ
の仕組みでの国家の役割を強調する議論に傾斜していく[9]。イネスや 20 世紀
末の「純粋信用論」者の議論では貨幣の受領性の強弱，国家を頂点とする貨幣
の階層性が説明できないと言う。「信用貨幣の形態の発展にとって決定的に重

要なのは，債務の広範な譲渡性（transferability）と受領性のハイラーキーの創造である。……これは社会的政治的転換を伴う複雑な過程であった。」[(10)] と，国家の介入なしには「資本主義的信用貨幣」は成立しえないと言う。このような批判の背景には，「債務の非人格化」を生み出す債務証書の流通性や銀行券流通が国家の関与によって生成したのだって，この点をイネスは見落としていると考えているようである。しかし，インガムが強調する為替手形の流通は決して「債務の非人格化」を意味するわけではないし，さらに「債務の非人格化」が銀行券の流通を用意するのでもない。伝統的発想である商業手形の流通→銀行券流通という経路で，銀行券の流通に造幣硬貨の流通を重ね合わせ，「民間信用貨幣と国家貨幣の融合」としての「資本主義的信用貨幣」の生成を構想しているようである。

［注］

(5) G. Ingham, "The Emergence of Capitalistic Credit Money," in *Credit and State Theories of Money: The Contributions of A. Michell Innes, edited by L. Randall Wray*, 2004, pp. 178, 179.

(6) イネス「貨幣とは何か？」，1913 年，前掲拙訳，99 頁。

(7) Ingham, op.cit., pp. 179, 184.

(8) *ibid.*, pp.185, 193.

(9) *ibid.*, p.125, note 14 参照。

(10) *ibid.*, p.185. このような発想はレイと変わらない。

## (2) 資本主義的信用貨幣＝「非人格化した貨幣空間」の創造

インガムは，「資本家的銀行が貸付という行為によって新しい貨幣を創造する」のであって，「創造された預金は既存の貯蓄や入ってくる預金から取られたものではなく，……銀行が借り手との債権債務契約によって生産される」[(11)] と的確に指摘しているが，その根拠については極めて独特で，信用貨幣は国家との関りにおいて生成することが資本主義的信用貨幣の核心的内容と見る。近代初期のイングランド銀行の設立において，「個人への貸付は銀行への個人的債務となり，中央銀行と国家債務とを結びつける銀行制度によって，それら個人的債務は公的貨幣（public money）に転化される。」「個人的信用が貨幣になる過程が，資本主義の核心的制度的要素である。」[(12)] そして，そうした事態は，近代初期において諸国家が戦争金融を成功裏に遂行するために，国家が資本家

層と相互的恩恵と和解のために「記念すべき同盟」(memorable alliance) を
取り結んだことによって出現できたと見る。「資本主義的貨幣信用制度は信用
貨幣の民間ネットワークと公的通貨すなわち国家貨幣との統合から生まれた。」
すなわち，民間が国家に貸し付け，「不安定な初期の民間信用貨幣ネットワー
クが公的通貨や最強で確実な国家債務と融合」することによって，資本主義的
信用貨幣が生まれたとみる[13]。

　「二つの通貨─民間信用貨幣と国家貨幣─の融合」である「資本主義的信用
貨幣制度創出の……成功の度合いは区々であるが，……資本家金融と国家を結
びつけることで，国家財政は金融にアクセスでき，貨幣資本家は国家の徴税収
入から利子支払いと元金の返済を受ける。」「銀行制度は，民間債務が最も希求
する支払手段，すなわち，税債務の支払に常に受領される国家発行の貨幣に転
換する。この転換は，銀行制度と国家の，国家と債権者（国債保有者）・債務
者（納税者）の間の複雑な絆によって遂行されるのであるが，これらの関係は
中央銀行によって仲介される。……中央銀行がそうすることが出来るのは，貸
付債権の一部が国家債務から成り立っているからである。」[14]

　かくて，「国家と中央銀行と銀行制度とを結びつける貨幣市場の制度的調整
……の明白な根本的特徴は，(1) 民間信用と銀行制度の貨幣創造（money
multiplier），(2) 信用貨幣の究極の基礎である国家債務，(3) 中央銀行の基軸
的役割，(4) 国家，貨幣市場，納税者の三者の争い，である。」[15] と結ぶ。ブ
ルジョアジーが創造した信用貨幣が国家によって借り受けられ，「不安定な初
期の民間信用貨幣ネットワークが……最強で確実な公債と融合」し，最強の国
家信用の支えを得て，民間信用ネットワークが国家の造幣硬貨と結び付くこと
で，「信用貨幣の究極の基礎が国家債務」であるという体制が出来上がったと
いうのである。「税によって提供される貸付への利子支払いを伴う公立諸銀行
と国家借入れに基づく財政制度は，信用貨幣と貨幣市場が資本家的発展を金融
する手段であった。」「信用貨幣の創造は，資本主義発展の自律的動力であり」，
「国家は資本主義に発展の機会を与えるのである。」[16]

　強力な国家が借り入れ，国家債務が信用貨幣の究極の基礎になってくれるこ
とによって，「資本主義的信用貨幣」が形成されたというインガムの主張は繰
り返される。「国家債務を返済するという国家の約束が，造幣硬貨との不安定

で不確実な関係にあった公的信用貨幣を支えることになった。」「貨幣の資本家的非商品化形態」，「貨幣の不物質化 dematerialization」という「貨幣慣行は国家自身の利益追求において，国家によってなされた要求（demands）に関わって発展したのである。」資本家的信用貨幣は国家によって誕生させられ，民間信用貨幣は国家貨幣に転換することになる[17]。

　他方で，このような国家債務が「信用貨幣の究極の基礎」という主張に合わせ，インガムは中世の初期公立預金銀行を「金融業者と国家との 17 世紀の記念すべき同盟（the memorial alliance）の地味な起源 humble origin」であると述べる。「近代資本主義の起源は，地中海都市国家における初期預金銀行と彼らの主人である国家との間で固められた相互に利益のある関係に見出される。」「両替業者は都市国家から許可を得て，様々な公共的機能を果たし，その見返りに保護を受けた。……そのお返しに政府は銀行帳簿のエントリーを銀行貸出や振替での取引証拠として認めることによって銀行家の信用度を支えたのである。」そして，「最も重要なことは，都市政府が銀行の最大顧客となり，彼らの債務は預金者の銀行のジロ・ネットワークによって，貨幣に転化されたことである。」という。初期預金銀行への国家の関りを，国家債務を貨幣に転化させるものと見る発想から，さらに，為替手形の流通性の確立と結び付け，以下のように述べる。「これら預金銀行の慣行が為替手形の慣行と事実上統合された時，……それらは 17 世紀における信用貨幣の国家銀行発行の基礎となったのである。1694 年に設立されたイングランド銀行によるものが最も顕著である。」[18]

　公立預金銀行と為替手形との統合なら，イングランド銀行ではなく，アムステルダム銀行にこそその典型的事例を求めるべきであろうが[19]，為替手形→銀行券という系列を重視するインガムの理解に特徴的なことは，それらを「双務的な，すなわちネットワーク化された個人的信用の振替を非人格化された譲渡可能な債務に転化させたことに関するふたつの源泉」[20]と理解したことである。為替手形の流通性の獲得と預金銀行による個人的債務の非人格化→信用貨幣の国家発行→信用貨幣と造幣硬貨の融合→非人格化された貨幣空間の創出を，インガムは「資本主義的信用貨幣」の生成と捉えたのである。銀行券の流通を非人格化した貨幣空間と捉え，それを準備したのが為替手形の流通性の獲

得と見たのであろうが，しかしながら，為替手形が流通性を得て，転々と流通しようが，為替手形の非人格化など起こり様もない。

　われわれはこれ等インガムの主張は様々な事実誤認に基づいていると考える。まず第1に，われわれが初期預金銀行について重視するのは，商人独自の計算貨幣建てイマジナリー・マネーとなった商人両替業者の預金通貨が信用貨幣として決済機能を果たし，金貨と共に大額取引や高額の税支払手段となり，低額面の造幣硬貨は賃金や小売り取引の支払手段に過ぎなくなるという二重通貨構造の形成である。都市国家も初期預金銀行が生み出した支払決済システムを抜きに国家活動を行い得ないが故に，たびたび破綻する両替商らの預金銀行業を禁止し，貸付を抑制した公立預金銀行を設立したのである。商人らの商業・貨幣取引の順調な進行が預金銀行の活動を支え，その基礎があるからこそ，政府は資金調達に利用できたのであって，政府への貸付が信用貨幣たる預金通貨の順調な支払決済を生み出したわけではない[21]。

　よく知られていることだが，ミュラーも指摘しているが，「銀行貨幣は中世ヨーロッパの主要な商業都市の貨幣供給の大きな構成要素となっていた。このことはとりわけヴェネチアに当てはまる。預金銀行は多くの地元の商人や外国商人の資本の社会化を果たし，彼らの共通の出納係の役割を担い，貨幣供給のこの部分を多かれ少なかれ増減させることが出来た。金，銀，銅貨以外の支払手段，すなわちバンク・マネーの弾力的な形態での受領は所与の貨幣ストックをより速く回転させ，取引コストを低下させ得たことを意味する。バンク・マネーは，卸売り取引や為替手形から，貸付，地代，家賃の取り立て，さらには地金取引に至るまで民間取引において広範囲に受け入れられ，また，国家機関も自ら銀行サービスを利用したのである。」「預金振替銀行 banchi di scritta はヴェネチア市の経済生活にとって最も重要なものであった。」「人々はバンク・マネーすなわちバンコ・ドゥカートが価値の標準や交換手段になることを認めた。それは如何なる造幣単位とも，貨幣市場でそれ自身の価格で売買されたのである。バンク・マネーと造幣硬貨のこのような分離は，厳密にいえば非合法であったが，良貨の欠如という誰もが認める事態によって可能とされたのである。」[22]

　国家債務が信用貨幣の究極の基礎というインガムの主張は，信用貨幣と国家

貨幣の優先劣後構造を見誤っており，そのため，預金銀行の信用貨幣である預金通貨が貨幣化できたのは都市国家への貸付のお陰と見なしている。「かなり大きい数の預金者を持つ銀行による都市国家への貸付は債務を貨幣化した。……多くの貸付は当座勘定での単なる帳簿記入であり，国家の債権者の預金銀行において保有されていた。銀行家は返済するという国家の約束を基礎に，債権者へ支払うという彼の約束を補足していた。国家への財やサーヴィスの供給者は，銀行振替によって彼等自身の支払とするために勘定宛てに振り出すことが出来た。貨幣は債権債務の社会関係から創造されるのである。この過程は銀行の信頼性に依存しており，それはまた国家の正当性や実行可能性に拠ることになった。……これら初期国家と銀行の関係はイタリア都市国家の金権政治のintra-class の信用関係の基礎の上に打ち立てられていた。」[23]

　事実関係はさかさまに理解されている。ロバーズ＆ヴェルデらの最近の研究によると，「初期公立銀行はその形態の大きな実験によって特徴づけられるが，共通の目標は流動的で信頼のできる貨幣資産の存在が入手できないような環境において，そのような貨幣資産を創り出すことであった。しかしながら，これら銀行の成功は決して保証されておらず，健全に経営されていた銀行ですら，その成功が財政的搾取に晒されたが故に，時の経過とともに不安定にならざるを得なかったのである。」「公立銀行への信頼が増すと，銀行は財政からの搾取の魅力的なターゲットとなった。」[24][25] 預金銀行の国家への貸付が債務を貨幣化したとの理解から，預金銀行が資本主義的信用貨幣の起源と考えるインガムの見解は事実誤認に基づいていた。「資本主義的信用貨幣の形態は，中世・近代初期ヨーロッパの貨幣生産をめぐる社会関係に起こったふたつの関連した変化の結果であった。」ひとつは初期公立預金銀行であった。そして，いまひとつは為替手形の流通性の確立であると言う。

　彼が為替手形についてそのように考える理由も，また，初歩的な事実誤認から生まれたものである。インガムは次のように述べる。為替手形の流通性の確立の結果，「為替手形は交換や輸送中の特定の商品存在と切り離され，信用の純粋な形態として使うことが出来るようになり，……その後，この分断の一層，決定的な段階において，債務は事実上，いかなる特定の債権者—債務者関係からも切り離されることになる。」かくして，「いまや，貨幣形態の広範な生

産と支配が，初めて通貨発行の国家独占の外側で働く agents の手中にあることになる。この変化とともに企業の民間資本主義的金融が大規模に可能になった。事実上，そのような債務証書（signifiers）は完全に非人格的なもの（Xまたは持参人に支払われたし payable to X or bearer）となり，銀行券として発行されるのである。」為替手形が裏書により転々流通するようになると，それらは「信用の純粋な形態」となり，「特定の債権者—債務者関係からも切り離され」，そしてそれらが銀行によって割引かれ，代わって発行された銀行券は「完全に非人格的なものとなる」というのである。これに留まらず，それら銀行券が国家によって税の支払に受取られると，非人格的貨幣流通の世界が出現すると見る。「為替の真に非人格的な領域のための本質的な貨幣空間は事実上，国家によって提供されるのである。……最大の支払人であり，受取人として，税の支払に何で受領するかを宣言することにおいて，国家は通貨の究極の権威者 arbitrators であった。国家は，特定の社会的絆やあるいは特定の経済的利害に組み込まれない社会グループをも統合する貨幣空間を作り出すのである。」[26]

　為替手形の転々流通→債権債務の非人格化→公立預金銀行における国家貸付による債務の貨幣化→銀行券流通による非人格化した貨幣空間の創出という関連で，インガムは，国家が「あらゆる社会グループをも統合する貨幣空間を作り出す」と見る。インガムが「国家借入と国債発行により銀行貸付が統合され，支払手段の全く新しい形態の貨幣を創造するに至った」とみた「資本主義的信用貨幣」における貨幣と国家の関連は以上のようなものであったが，彼の主張にとって重要な「特定の債権者—債務者関係から切り離されるという事態」は，為替手形の転々流通がもたらすと言えるのか。また，徴税において国家に受容されたことが，銀行券流通による非人格的貨幣空間を生み出したのであろうか。

　まず，公立預金銀行の預金通貨が貨幣化したのは，預金銀行の国家貸付によって国家債務が貨幣化したからではない。すでに商人たちが設立した初期預金銀行の預金口座での支払が債務の最終的支払決済の機能（絶対的貨幣機能）を獲得しており，それゆえ，預金は信用貨幣として預金通貨となったのである。預金が通貨機能を獲得している事態が存在しているがゆえに，国家は公

立銀行の設立に関与し，その預金通貨で財政資金を調達できたのである。また銀行券の絶対的貨幣機能（キャッシュ機能）も先に形成されている預金通貨の銀行口座の外での支払手段であるわけであるから，預金通貨の支払決済機能が一般流通領域に拡大したものである。預金通貨や銀行券の絶対的貨幣機能は，まず民間信用貨幣の機能として生成し，そのような機能を持つ預金通貨や銀行券を国家が徴税等の支払手段として受け入れたのである。預金通貨や銀行券が流通するようになった中世や近代初期において，それらでの支払はキャッシュと見なし得るのかという紛争が発生し，時間的制約を課すことで，社会規範となっていた支払決済機能を裁判や法令で承認してきた事実を見落としてはならない[27]。

　こうした誤解は，インガムの為替手形についての基礎的な事実の誤認から生まれてきたものである。いま少し，インガムの言う「非人格化した貨幣空間」の出現について主張を聞いてみよう。インガムは，中世に発展した乾燥為替（dry exchange）においては，「為替に体現されていると考えられた輸送中の財（の取引）と為替（の取引）が分離させられている」とみて，「特定商品に関係のない手形の形態での純粋な信用の発行」が可能になり，手形は特定の信用関係から一層の分離へと導かれる」と考えているようである。そして，そうした事態を実現させたのが手形の流通性（裏書による転々流通）の実現であると見る。「16世紀の中頃までに手形の指名された受取人の地位を占める代理人（agent），すなわち持参人が法律上で承認されるようになると，世紀末に向けて契約に関する当事者の変更は手形の裏側に記入され，これは支払指図として受け容れられた。技術的観点から手形それ自体はすべての情報を含んでいると見なされ，事実上，債務支払人はまったく非人格化（totally depersonalized）した。」[28]と言う。インガムにあっては，債務証書の持参人払いの承認と為替手形の裏書による転々流通が何ら区別されることなく論じられているため，債務証書の持参払い慣行が最も早く法的にも承認された低地諸国でも，為替手形の流通性はなかなか実現しなかった事実を意識されていない。したがって，持参人払い債務証書と区別される為替手形の流通性が，なぜ成立したのかは不明である。むしろ，代わって強調されているのは17世紀中に生まれて来た「非人格的な，普遍的な信頼度というセンスの創造」，「新たな信用文化」の生成で

ある。

　「17 世紀中に，『信頼の市民的道徳』が首都の商業的かつ政治的エリート
の相対的に閉ざされたネットワークの外に，それを超えてイングランドに現
れた……。『名声の通貨』に基づく信用の文化が，16 世紀後半の起こった個
人的信用関係，すなわち延払いという意味の信用関係が膨大に拡張し崩壊し
た中で構築されたのである。」「中世の親善関係や双務的関係の人的絆が最終
的に崩壊」した衝撃のなかで，「規範の再構築の糧がみられ，そこでは信頼
度 trustworthiness が個人的な関与よりも，むしろ最重要な共同的道徳 virtue
として強調されるようになった。……別言すれば，広範な市場関係や信用関
係を支える信頼度の道徳的基礎は，イネスの言うような "primitive law of
commerce" といった自然な社会性の結果として当然のものと見做しえなく
なったのである。むしろ信頼度は，立法や法の施行によるだけでなく，さらに
は文化を通じて……作り出されねばならない。これは人びとが信頼できるやり
方で行動することにより請求することが出来る非人格的な，すなわち普遍的な
信頼度というセンスの創造であって，単に人的あるいは特定の家族や血縁との
絆に基づく合意を遂行する義務といったものではなかった。」[29]

　個人的信用関係の崩壊の衝撃が個人的信頼関係よりも，「非人格的な普遍的
な信頼度というセンス」が重視され，それが人そのものよりも，関連する債権
債務関係が記載された手形そのものが重視されるようになり，手形の流通性の
確立が非人格的な貨幣＝銀行券に結びついたと考えているようである。とは言
え，以下で見るように，為替手形が転々流通することは，決して個人間の信用
関係を抜きに成立しようもないし，したがって，手形の流通性は非人格的な貨
幣空間の形成と無縁である。為替手形の流通性が承認された経緯をみれば明ら
かである。ともあれ，このような脈絡から国家を登場させ，「為替の非人格的
な領域のための本質的な貨幣空間は，事実上，国家によって提供されたのであ
る。」[30] と考え，議会が承認する徴税と戦争金融を担う 1694 年設立のイング
ランド銀行発行の銀行券に「資本家的信用貨幣」の成立，すなわち，「二重の
貨幣制度：信用貨幣と造幣硬貨の融合（hybridization）」が主張される。イン
グランド銀行券が国家に貸し付けられ，税支払において国家に受領されること
で，それらがキャッシュとされたことが，「非人格的な貨幣空間」を国家が生

み出したと見ているが，国家の関与の以前に，初期預金銀行の預金通貨での決済や，例えば金匠銀行の銀行券の現金化という社会的慣行は時間的制約を伴いながらも，出来上がっていた。インガムは以下のように続ける。

「為替手形の民間貨幣は民間の商人ネットワークから救い出され（lifted out），非人格的な（impersonal）信頼と合法性に基づく広範なより抽象的な貨幣空間を与えられた。」「事実上，民間が保有するイングランド銀行は王権が個人的に持つ債務を公債に転換し，次いで事実上，公的貨幣に転換したのである。」「イタリア銀行業の慣行に起源をもつ資本家的信用貨幣のふたつの源泉，すなわち，国債の形態での公的債務と，為替手形の形態での民間債務は，いまやひとつの機関の業務運営の中に初めて統合された。」「国家とブルジョワ債権者とのこの社会的政治的関係が，信用貨幣の資本家的形態を形成しているのである。」「資本家的貨幣制度の特殊性は，民間で契約された信用関係が国家とその債権者すなわち中央銀行と，銀行制度の間の絆によって日常的に貨幣化される社会的メカニズムを包含しているということである。資本家的信用貨幣は民間の商業的信用証券と造幣硬貨あるいは公的信用との融合の結果であった。本質的要素は，無数の民間信用関係を中央銀行すなわち公立銀行によって領導されている支払の階層序列制の中に組み入れることである。そしてそのことは最終的な支払手段を構成する社会的に妥当な抽象的価値である貨幣の新たな預金の創造に導きうるのである。」[31]

　ここでは民間の信用関係は「国家によって貨幣化される」という視点が貫かれており，民間貨幣は自らの足で立ちえない存在に貶められ，民間信用貨幣と国家貨幣の優先劣後構造は逆転させられている。われわれも初期預金銀行や，為替金融契約に代わって引受信用に基づき振り出されるようになった為替手形の流通を，近代信用貨幣の先駆と見ているが，その内容はインガムとは全く異なる。これでは，国家貨幣を信用貨幣の補助貨，侍女に貶められた国家が，貨幣信用制度における国家の地位回復に向け，近代初期の国民国家形成，戦争金融・財政革命の遂行のために，貨幣信用制度に核貨を据え，債権債務関係を纏い，例えば，産業革命金融を犠牲にしてまでも財政資金の「優先的・大量・低利」での調達に努力せざるを得なかった国家金融の実相が見えてこない。

　ともあれ，複雑なインガムの議論の筋は，要約すれば，商人らが設立した預

金銀行による国家への貸付の見返りにその預金通貨に貨幣性が付与されたとして初期預金銀行の資本家的信用貨幣の humble origin を求め，さらにまた，「非人格的貨幣空間」を準備する為替手形の流通性を基礎に，銀行券が体現する債権債務関係の非人格化・社会化が説かれ，近代初期の戦争金融での政府貸付や公債引受を担うイングランド銀行と政府の貸借関係の発展から，「信用と造幣硬貨の融合」，すなわち，「ふたつの通貨―民間信用貨幣と国家通貨―の融合」であるイングランド銀行券に資本家的信用貨幣の成立を見たのである。その二本柱は，政府債務の公立銀行による引受と為替手形の流通性である。そして，それら融合に，資本家層と国家の同盟をみて，「個人債務が公的債務に転換」し，「資本主義的信用貨幣」が生まれたとみて，その典型的姿をイングランド銀行券に重ね，そのために，為替手形の流通や民間信用貨幣を公的貨幣に繋ぐ議論を展開してきたとのであろう。ところが，イングランド銀行は，設立当初は言うまでもなく，18 世紀中も，基本的に民間との為替手形取引や民間貸付との関わりは，極めて希薄であった。「イングランド銀行は意味ある程度において民間企業のファイナンスを行わなかった。1780 年代になっても，イングランド銀行の資産の 3/4 は政府債であった。……イングランド銀行の産業金融への貢献はわずかなものであった。」[32]

　商業銀行の信用貨幣と中央銀行の信用貨幣の生成のあり様は，まったく異なるのであって，その相違にこそ，貨幣信用制度における核貨としての中央銀行通貨を創出し，造幣硬貨を信用貨幣の小銭に貶められ，中世以来の通貨構造の優先劣後構造を逆転させんとする国家の反撃の標であると思われる（第 5 章参照）。中央銀行信用は，債権債務関係を纏いながらも，為替手形や民間の信用貨幣の生成発展の系譜の延長線上に論じられるものではない。

　次節で，インガムが強調した「非人格的貨幣空間」の創出にとって重要な根拠となった為替手形の流通性と信用貨幣の理解を検討しなければならない。

［注］
(11)　*Geoffrey Ingham, Capitalism,* 2008, p. 39.
(12)　*ibid.,* p. 29.
(13)　*ibid.,* pp. 70, 72.
(14)　*ibid.,* pp. 73, 74.
(15)　*ibid.,* p. 75.

(16) *ibid.*, pp. 33, 34, 35, 73.

(17) G. Ingham, 前掲論文 "The Emergence of Capitalistic Credit money,", pp. 187, 188.

(18) *ibid.*, pp. 194-195.

(19) 「オランダの財政は，意思決定は州が握り，実施と運営を都市が担っていた点に本質的特徴がみられるが，それが，優遇された経済的利益を最大限保護することになった。……こうした財政システムは，都市エリートの利害を反映していた。しかし，都市・商業資本を優先する構造として始まったものが，次第に莫大な公的債務を支える機構となっていた。同機構が育んだ国家・ランチェ複合体は，国際資本市場へと発展した。」（ド・フリース／A. ファン・デァ・ワウデ『最初の近代経済—オランダ経済の成功・失敗と持続力 1500-1815 —』，大西吉之・杉浦末樹訳，名古屋大学出版会，2009 年，117 頁）。われわれは 17，18 世紀のオランダに，インガムの主張とは異なる貨幣と国家の関連において，資本主義的貨幣と貨幣・資本市場の生成・発展を見る。「1659 年のバンク・フローリンの公的承認以降，100 年も続く驚くべき貨幣的安定の時代が到来した。その時代を通じて，フローリンの金属価値も国内の価格レベルも望ましくない状態が長く続く如何なる傾向も見られなかった。この時代の大部分で，アムステルダム銀行は，銀行が保有する預金残高と受領書との交換であるオープン・マーケット・オペレーションを介してバンコ・フローリンの価値を維持したのである。／近代の中央銀行とは違って，アムステルダム銀行は銀行券を発行していないし，政府証券も買わないし，割引窓口も持っていなかった。しかし，近代の中央銀行と同様に，その口座での預金残高の振替を通じて取引の決済を行い，オープン・マーケットで資産（受領書）の購入に残高を使うことによって，残高の価値を維持したのである。この意味で fiat money（貨幣の非物質化の意—引用者）の起源は 1609 年 1 月 31 日の変哲もないアムステルダム市当局の法令にまで遡ることが出来る。決済の性格を変更することによって，その法令が貨幣の性格を永遠に変更することになることを市当局はほとんど知らなかったのである。」（S. Quinn & W. Roberds, "The Bank of Amsterdam and the Leap to Central Bank Money," *The American Economic Review*, Vol. 91, No. 2, 2007, p.265）

(20) Ingham, op. cit., p. 193.

(21) アムステルダム銀行は収益のすべてを密かに市当局に移転し，資本準備金をほとんど持っていなかったし，市当局への貸付は，元金の返済も利子の支払もなく，償却されていた（前掲論文 W. Roberds and F. R. Velde, "Early Public Banks," p. 36, S. Quinn & W. Roberds, "How Amsterdam got fiat money," *Journal of Monetary Economics*, 66, 2014, p. 2）。信用貨幣と国家や通貨当局との関係のあり様は，それぞれの国の状況に応じて様々である。

(22) Reinhold C. Mueller, "The Role of Bank Money in Venice, 1300-1500," in *STUDI VENEZIANI*, NS. 3, 1979, p. 94, *Venice and History, The Collected Papers of Frederic C. Lane, ed., by A Committee of Colleagues and Former Students, Foreword by Fernand Braudel*, 1966, pp. 72, 81. 預金通貨と造幣硬貨の分断の基礎には，支払の標準と手段との間に乖離があった。M. ブロックは言う。「ヨーロッパが何世紀にもわたって経験することになる計算貨幣の制度が，真にその名に値する形を取るのは，確かに 13 世紀に生じた貨幣制度の大きな変革以降であった。その時になって初めて，金造幣の再開と高額銀貨の出現が，貶質したデナリウス貨を最終的に補助貨幣の役割に限定するに至ったことと相まって，現実に存在する貨幣と計算で表示に用いられる貨幣とが分離されるに至ったのである。現実貨幣と計算貨幣という二元的構造……」（M. ブロック著，森本芳樹訳『西欧中世の自然経済と貨幣経済』，創文社，1982 年，16 頁）。

(23) Ingham, op.cit., p.195.

(24) William Roberds and Francis R. Verde, "Early Public Banks," in *Federal Reserve Bank of Atlanta, Working Paper 20149*, 2014, Abstract & p. 4.

(25) 信用貨幣と造幣硬貨に見られる貨幣流通の優先劣後構造にいては，ファンタッチや 17 世紀末の

ダヴナントの議論にも見られる。「ルネサンス期の貨幣制度は，その後のひとつの標準をもつ制度とは異なり，ふたつの異なる標準をもっていた。それぞれは取り替えられ得るものではなく，補足的なものであった。」「計算単位と交換手段の明白な分断は，前近代の貨幣制度の明白な特徴」であった。「ルネサンス期の貨幣制度では，あらゆる実体的貨幣は，ただ計算貨幣との関係においてのみ存在していた。計算貨幣はあらゆる債務と契約が建値される尺度であった。」「ルネサンス期の貨幣の特徴は，計算貨幣と交換手段が同一でないということである。」（Luca Fantacci, "The Dual Currency System of Renaissance Europe," in *Financial History Review*, 15-1, 2008, pp. 55, 57, 71.）国家は，商人や両替商らが創り出した預金通貨である信用貨幣による信用関係に入って行く以外に，財政運営は不可能であった。

　17世紀末に書かれたダヴナントの小冊子も，信用貨幣と造幣硬貨流通の現状を記している。"To Cleer this matter, Wee must a little inquire which way the domestick Commerce is now Transacted.［このことを明らかにするためには，国内の商業取引がどのように行われているのか少し調べてみなければならない］Wee must Consider what real Cash there is stirring, and what fictitious wealth goes about, which goes about, which virtually has all the power & effect of money. And Lastly wee must distinguish between the Balky, and Retailing Trade of the Kingdome.［最後に，卸売取引と小売取引を区別しなければならない］/It was ever granted, That the greatest part of Trade, both fforreigne and Domestick, is allwayes carryd on by Creditt."［対外取引も国内取引も最大部分は常に信用で取引されている］"/……for as the publick deals with the people by giving Tallyes or Bank Bills, for Goods and Money, so the people deal among themselves by assigning or transferring to one another those or such like securityes, which the bulk of Trade id carryd on: The Species rarely Intervenig: Just the Same thing being practiced in Holland, and in several States of Italy.［人々は証券のようなものをお互いにやり取りして，それでもって大量の取引を執り行っている。正貨が使われることはめったにない。丁度，同じことがオランダでもイタリアのそれぞれの国でもおこなわれている］/……/……the present Cash will be but subservient to those securityes［今日，現ナマはこれら証券の補助的役割を演ずるに過ぎない］and become as money of Base alloy is to better Coine of several Countreys: which only Ministers to ye rest, and serves for Change of the other, and pass at Market in ye retaile Trade［小売取引の市場で流通する］."（*Charles Davenant, A Memorial Concerning the Coyn of England*, November 1695, in *Two Manuscripts*, 1942, pp. 25, 45. 下線は引用者）ダヴナントは，大額取引と小売取引がいかなる方法で行われているか考察する必要があり，大額取引が内外共に信用貨幣で遂行されており，造幣硬貨が用いられることはないと強調している。現金硬貨は信用貨幣の小銭にすぎず，こうした信用貨幣と造幣硬貨の優先劣後構造の状況は，オランダやイタリアでも同様であることを教えている。

(26)　Ingham, op. cit., pp.186, 202.

(27)　前掲拙著『貨幣・信用・中央銀行』，第8章，267-260頁参照。

(28)　Ingham, op. cit., pp. 199, 200.

(29)　*ibid.*, p. 208.

(30)　*ibid.*, p. 202.

(31)　*ibid.*, pp. 208, 209, 210, 211, 214.

(32)　*Peter Temin & Hans-Joachim Voth, Prometheus Shackled: Goldsmith Banks England's Financial Revolution after 1700*, 2013, p. 35.

## 第3節　為替手形・預金通貨・銀行券

　資本家的信用貨幣を成立させた近代初期の構造変化のひとつを，インガムは為替手形の流通性に求め，為替手形の転々流通に非人格的な貨幣空間創出の前提である債権者—債務者関係の非人格化を見た。恐らく一覧払の約束手形（債務証書）である銀行券がキャッシュとして転々流通する事態を指して，非人格的な貨幣空間の出現と理解したのであろうが，金融イノヴェーションの先進地であるアントワープにおいても，持参人払いの債務証書の承認の後も，為替手形の流通性はなかなか実現しなかった。債務証書と為替手形の転々流通の事態は，為替手形が時代的に先行していたのではない。為替手形の流通性の確立が銀行券のキャッシュとしての流通の前提になったわけでもない。

　このような小さな誤解よりも深刻なのは，中世為替手形が乾燥手形や虚偽手形が振出されるようになって，為替手形が「交換や輸送中の特定の商品存在と切り離され，信用の純粋な形態として使われることが出来るようになり」，「その後，この分断の一層決定的な段階（手形の流通性の確立—引用者）において，債務は事実上，いかなる債権者—債務者関係から切り離されことになり」，「事実上，債務の証書は完全に非人格的なものになり，銀行券として発行されたのである」と把握されたことである。伝統的な理解に沿って，為替手形→銀行券という発展の系譜で思考されているのだろうが，為替金融契約として振り出された中世為替手形は，元々，「信用の純粋な形態」として使われており，乾燥為替だから「特定商品と切り離され」，そうなったのではない。ドゥ・ローヴァーが『為替手形発達史』（1953年，『佐賀大学経済論集』1986, 2009-2011年，掲載の拙訳参照）で強調したところである。

　インガムも誤解しているようだが，為替手形は商業信用（商品の掛売掛買）の授受に伴い振り出されると考えられているが，中世，近代を通じて，そのような手形は一切見られず，為替手形は元来，「信用の純粋な形態」として使われていたのである。為替金融契約により振り出されていることから見て当然である。中世為替金融契約においては為替手形振出人と手形金額支払人（手形の名宛人，引受人），手形受取人（手形と交換に手形金額を手渡した者，隔地へ

の手形送付者）と手形金額受取人のコルレス関係は，それぞれ商人の血縁か主従関係にあり，手形金額の支払は手形引受の後でさえ，振出人の指図で取り消され得た。しかし，このようなことでは16世紀の商業革命における商取引の地理的拡大においては，商取引や為替金融契約の締結すら困難となり，コルレス関係は血縁や同一企業関係者の枠を超えて広げていかざるを得なくなった。このような広がりは国内外の隔地間取引やその決済を従来の為替金融契約では十分に対応できず，為替手形金額支払の根拠は，自己宛に手形の振出しを認め，手形金額の支払を引受ける引受信用に移っていった。手形引受人が為替手形の振出しを一旦承認し引受けたらならば，いかなる事情があれ，手形金額の支払義務が免れ得なくなる商慣行が確立してくる。こうして引受信用が一般化するにつれ，為替手形の転々流通は取り立てて問題されることもなくなり，為替手形の流通性はアントワープだけでなく，ヨーロッパ各地に広がっていった。かつて中世為替金融契約では手形金額の支払は引受の後でさえも手形振出人の意向によって取り消され得たが，引受信用が確立して以降，手形引受後の手形金額支払義務は取り消し不可能となり，手形は無因証券化したのである[33]。

　しかし，手形が流通性を持ち，転々流通するようになったとはいえ，債権者─債務者関係が希薄化し，「非人格化」するわけではない。手形が転々流通できるのは，「各自の事業上の取引先に置く信頼の結果」であって，手形の流通により債権者債務者関係が広がりをもつとはいえ，決して非人格化することなどあり得ない。手形が譲渡される際には裏書され，債権債務関係の連鎖が作られる。ソーントンはロンドン宛為替手形の流通について，以下のように述べている。「いま田舎の農業者が近隣の雑貨商に10ポンドの債務を支払うに当たって，さきに首都に売りさばいた穀物の代金としてロンドンの穀物商に振りあてた同額の為替手形を与えたと想像しよう。ここにまた，雑貨商は，あらかじめ裏書をなしたる後，その手形を近隣の精糖業者に与えて同額の債務の支払に当て，また精糖業者は，再び裏書をしてこれを外港地の西インド貿易商に送り，更にまた，西インド貿易商は，これを裏書して田舎の取引銀行に送り，かくして，その流通はなおも続くとしよう。この場合の為替手形は，即時，持参人払いの10ポンド銀行券とあたかも同じように5回の支払を完済するだろう。併し乍ら，その手形は，その受領者が手形の最後の裏書人，すなわち，各自の

事業上の取引先に置く信頼の結果として，主として流通することになるであろう。」(34)

　かくのごとく，為替手形の転々流通が債権者—債務者関係の非人格化を生ぜしめ，非人格化した貨幣空間創出の前提になるわけではない。為替手形の流通にとって債権者債務者の人格は極めて重要であることは言うまでもない。相互の信頼関係や信用のモニタリングは近代初期の時代も同様に為替取引には不可欠であった。17世紀後半の金匠銀行の為替取引における，ニールらの言う情報のネットワークの重要性についての議論を聞いてみよう。

　「個々の銀行は預金，支払手段，貸付や両替を提供する。グループとして，彼らは相互引受やシステミックなモニタリングを与えた。海外サーヴィスを提供するために，ロンドンの銀行は中央集中的な機関の便宜を持たない（アムステルダム銀行のような—引用者）ので，国際的なモニタリングのネットワークを作り上げねばならなかった。」「オランダ人は16世紀中に，特に彼らが取り扱う手形の質に商人たちを巻き込む手段として裏書による手形の譲渡を発展させた。イングランド人もこの制度を採用した。」「例えば，1670年3月28日，ロンドン金匠銀行E.バックウェルBackwellは，ウィリアム・ジャレットに2,080ギルダーを支払うように指図した手形を，バックウェルのアムステルダム・エージェントであるヘンリー＆チャールズ・ジェラード宛に振り出した。もしジェラードらが指図された支払いが出来なかった場合には，ジャレットは揉め事に巻き込まれることになり，同様に，ジャレットがその手形を譲渡した相手のいかなる商人らも紛争に巻き込まれることになろう。ジャレットは手形が満期に確実に支払われるかどうかを確実に知る明白なインセンティヴを持っている。裏書する商人たちはバックウェルのエージェントをモニターすることに関わらざるを得ず，手形が不渡りにでもなれば，彼らの仲間にデフォルトの事実は直ぐに伝わるであろう。／ロンドンの銀行家たちや彼等のエージェントは，どの港にも手形を送付しまた受け取る多数の様々な商人を雇っていた。……かくて信用の絆を太くし，すべてのエージェントのために多角的モニターを創り出す多数の商人が使われたのである。その効果は様々な宗教や各地のコミュニティを統合することを通じて高められた。例えば，1696年10月15日，バックウェルは，アムステルダムのジェラード家によって振り出され，ハンブ

ルグのサイモン・ヌネス・エンリケ&サイモン・ソアーズに売却された手形の
支払をアブラハム・ドポルトスに行っている。同様に，同年8月23日，バッ
クウェルは，ジェラードによってロッテルダムの Jo. Vanderloet 宛に振り出さ
れた手形の代金を Jo. Patters に支払っている。アントワープのジョージ&ロ
バート・ショーがバックウェル宛に振り出された何枚もの手形は，ブリュッセ
ルの Engeld Muyhuk や Albertus Lundenn や Bernardo Bree や，ブルージュ
の Bartholomew van Berchen の手へと渡り流通した。バックウェルは，ロン
ドンとミデルブルグ，ハンブルグ，カディス，セヴィリア，パリの間を行き来
する様々な商人たちと取引を行っていたのである。」[35]

　こうした為替手形流通とその決済を担う内外の商人やマーチャント・バン
カーやロンドン金匠銀行や海外の預金銀行によって形成されていた17世紀後
半のロンドン貨幣信用制度は，キャッシュとして流通するようになる銀行券の
登場によって，債権者─債務者関係が非人格化する貨幣空間が創出されると考
えては，銀行業が持つ情報の集中・集積・配布の拠点の意義が消え失せるだろ
う。国家がすべて貨幣流通の究極の基礎であるなどという発想はありようがな
い。金匠銀行バックウェルの為替取引や貸付取引は，この情報生産を重要な基
盤にして行われているのであって，現金としての銀行券流通によって，「非人
格化した貨幣空間」が生まれ出るようでは，銀行業は成り立たないであろう。

　発券の行われていなかったアムステルダム銀行においても，アムステルダム
で支払われるバンク・ギルダー建ての外国為替手形の支払決済は，アムステル
ダム銀行の預金口座で行われることを強制されていたが，アムステルダム銀行
の預金が通貨機能を果たしていたのは，銀行を設立した州政府の権力ではな
い。その源泉は「為替手形の形態での民間信用債務である」し，国際的に展開
された引受信用の広がりと，その支払決済がアムステルダム銀行の集中するこ
とによって，アムステルダム銀行通貨が卓越した国際決済通貨として存在した
のである。他方，造幣硬貨建で振り出される内国為替手形は両替商の下で決済
されていたが，造幣硬貨とアムステルダム銀行通貨のバンク・ギルダーとが市
場で取引されることを通じて，アムステルダム銀行は内外の決済の中心に君臨
していた[36]。債権者─債務者関係が非人格化していては，貨幣信用制度は存
在のしようがない。

　同様に，イングランドの場合も，ロンドン・シティの商人や銀行が作り上げた「シティの金融制度は，新たな株式銀行（イングランド銀行—引用者）が設立された時，イングランド銀行が手形市場を支配し，あるいは手形交換所として機能するために創設されたものではないほどにまで，すでに十分に発展した」[37]のである。こうした貨幣信用関係のネットワークが既に存在し，そうしたネットワークに参入することで，設立されたイングランド銀行の活動も可能になったのである。

　イギリス政府は，イングランド銀行が設立されると，銀行に海外への軍事送金を行わせているが，営業を開始したばかりの1694年10月から翌年4月までに送金額の61％をアントワープまたはアムステルダム宛に振り出された為替手形で送金している。さらにそれら外国為替手形の手取り金のかなりの額が，その地からハンブルグやブレーメン宛（20％），オポルト，リスボン，マドリッド，カディス，セヴィリア宛（18.5％）リボルノ，トリノ，ジェノヴァ，ベニス宛（6.5％）の手形で転送されている。イングランド銀行の海外取引先は，アムステルダムのマニュエル・エンリケ商会，ジョン・クリフォード商会，アントワープのドゥ・コニンク商会，カディスのホッジス・ヘインズ商会，マドリッドのバラード・ストン商会，ハンブルグのストラトフォード商会，ヴェネチアのトーマス・ウィリアム商会，リボルノのウェスタン・バーデット商会等々である。商人たちの広範な引受信用のネットワーク・システムを通じて，「イングランド銀行は，すべてのこれらの商業中心地に取引先のネットワークを確立することが出来た」のである[38]。

　イングランド銀行が広範な国際的国内的貨幣空間に自ら振出す為替手形を振出し得るのも，こうした内外の商人やマーチャント・バンカー，銀行家らの非人格化しない信用のネットワークが国内的にも国際的にも構築されていたからである。一国民国家がそのような貨幣空間に参入し，その一翼を担うことは出来ても，そのような貨幣空間を国家が創出することは不可能である。貨幣流通の究極の基礎が国家にあるといった議論は，木を見て森を見ない見解と言わねばならない。

　厖大な様々非人格化することの出来ない債権債務の連鎖が，銀行の貨幣取扱業務を通じて，銀行に集中集積され，清算決済されることによって，銀行預

金が絶対的貨幣機能を獲得し，信用貨幣に転化するという銀行信用の構造を把握することが出来るならば，為替手形の転々流通→債権者債務者関係の非人格化→手形割引による銀行券の発行→キャッシュとしての銀行券の流通→非人格的な貨幣空間の創出といったインガムの論理は，成立しようがない。明らかに為替手形の発展史や預金通貨と銀行券の関係についての初歩的な誤解の産物である。信用貨幣が創り出す貨幣空間が非人格化していては，情報産業であり，それによって金融業務が遂行されている銀行業は存立し得なくなるであろう。

　かつて横山昭雄氏は，銀行券の流通量が増大するとマネーサプライが増加し，金融が緩和するかのように考える俗説を正されていた。「中央銀行が銀行券を発行すれば，それだけ市中銀行にとって信用創造のベースが増えるというのはまったくの誤りであり，事実はそれと全く逆に，銀行券発行は市中銀行の信用を収縮させる効果をもつ。」「銀行券が発行されると金融市場は詰まる。」さらに，銀行券が「預金通貨の変形としての補助貨」であることなどを理解されていないことが，インガムやレイ等の主張を導き出したのである。「預金通貨が……いわば経済の起爆剤的役割・性格が強いのに対し，銀行券は，こうした実現・進行している経済活動の結果，生み出された個人所得の受払，それに随伴する家計の消費活動にむすびついて需要されるのである。それは預金通貨が経済活動の原因ともいうべき側面が強いのと対照的に，まさしく経済活動の結果である。」「預金通貨を現代信用体系の中心と見做し，銀行券を補助的存在である」ことが分かれば，預金通貨と銀行券の峻別を強調し，預金通貨ではなく，銀行券にのみ「現実の貨幣創造」を見ることの誤りは明白である[39]。

　マルクスは，「この最後の信用形態（銀行券—引用者）は俗人には特に目立ち，重要に見える。けだし第1に……この種の信用貨幣は単なる商業流通から出て一般流通に入り，ここで貨幣として機能するからである。けだし第2に，銀行券は流通する信用章票を表すにすぎぬので，銀行業が取り扱うのは信用そのものだということが，このばあい明瞭となるからである。……事実上，銀行券は卸売業の鋳貨［流通手段］をなすにすぎず，銀行で主要事として重きをなすのは常に預金である。スコットランドの銀行はその最もよい証明を提供する。」と指摘し，それに続いて，ギルバート等から銀行券と預金通貨についての以下のような叙述を引用していた。「銀行券を発行しない銀行業者たちこそ，

手形の割引によって銀行資本を創造する。彼らはその割引操作によって自行の預金を増加させる。」「だから移転により，預金制度は，金属貨幣の使用をまったく駆逐するような程度にまで拡張され得るであろう。各人は銀行に預金取引があり，自分の支払のすべてを小切手でするものとすれば，この小切手は唯一の流通媒介物となるであろう。」「だから，イギリスにおける総預金の10分の9は銀行業者……の帳簿上の記帳額に置いての他にはまったく何らの実存ももたぬ……。」[(40)]

　インガムが，初期預金銀行における国家債務の貨幣化と，債権債務の非人格化を見た為替手形の流通性に資本主義的信用貨幣の起源をみたのは，資本主義的信用貨幣を銀行券において理解し，その銀行券の流通に国家による「非人格化した貨幣空間」の出現をみたのは，為替手形・預金通貨・銀行券を巡る貨幣信用論の基礎的な理解に欠いていたことからと思われる。貨幣と国家の関係を如何に理解するかということは極めて複雑で困難である。

[注]

(33) 拙著『近代初期イギリス金融革命─為替手形・多角的決済システム・商人資本─』，ミネルヴァ書房，2004年，第3章「イギリス近代における為替手形の性格」参照。

(34) ソーントン『紙券信用論』，渡辺佐平・杉本俊明訳，実業之日本社，1947年，64頁。

(35) L. Neal & S. Quinn, "Networks of information, markets, and institutions in the rise of London as a financial centre, 1660-1720," *Financial History Review*, Vol. 8, part 1, 2001, pp. 10, 11, 12. ニールらは次のようにも述べている。「たとえ当時，アムステルダムが明らかに商業的情報を配布するためのハブであっても，ロンドンに拠点を置く商人たちは北部ヨーロッパに存在する情報チャンネルを効果的に開発することが出来た。／この情報通信の金融サイドは為替手形であった。商人たちは手形類を保管したと同じ理由から為替手形の写しを取っておいた。手紙とは違って，為替手形は支払を表すもので，手形に名前を記入した商人は支払のプロセスでステークホルダーとなった。不渡りの小切手と同様に為替手形のデフォルトは，記名した当事者全てに影響した。手形の振出し以降に，各々の裏書によって名前を書き加えた個々の人々もまた，不名誉な行動に引きずられることとなった。なぜなら，もし為替手形の支払が為されなかったならば，手形に裏書した全ての人たちはその支払の責任を問われたのである。オランダ人は16世紀に特に転々流通する手形の質に関わらせる手段として裏書による振替を発展させた。イングランド人もこの制度を採用したのである。」(*ibid.*, p. 11, 下線は引用者)

(36) William Roberds and Francois R. Velde, "Early Public Banks," *Federal Reserve Bank of Atlanta, Working Paper Series*, Working Paper 2014-9, August 2014, p. 35.

(37) Neal & Quinn, *ibid.*, p. 10.

(38) 前掲拙著『近代初期イギリス金融革命』，第1章，第2章参照。

(39) 前掲，横山『現代の金融構造』，24，64，72-3頁。

(40) マルクス『資本論』第3部第25章，573，575-7頁。

# 第3章

# 為替手形と初期預金銀行の歴史的意義

## 第1節　中世から近代へのグローバル貨幣金融市場の展開

　わが国の近代的貨幣信用制度研究においては，信用貨幣の生成や信用創造といった事態は，近代以降の産業革命を担った産業資本によって創造された信用制度において，はじめて発生した現象であって，近代以前には存在しないと見なされてきた。そして，手形の流通性の確立により裏書を伴い転々流通する内国為替手形の割引と銀行の発行する銀行券の流通によって，内国銀行業を軸に近代的信用制度の骨格が形成されると考えられてきた。その様な歴史的偏見が今日までも永く払拭されないままであったのは，マルクスの『資本論』や『剰余価値学説史』での叙述を，理論的，歴史的考察の際の教条としてきたことによるのであろう。信用制度は産業資本自身の創造物であり，それはマニュファクチャアとともに始まり，大工業とともに，仕上げられるとか，1609年のアムステルダム銀行やハンブルグ銀行（1619年）は近代的信用業の発展における一時代を劃するものでないといった主張に囚われ，中世から近代初期に至る信用貨幣制度の展開が19世紀のイギリス「ポンド」体制を頂点としたグローバル金融市場での信用貨幣や信用創造に繋がる内容を持っていることが理解されることがなかった[1]。

　かつて，拙著（1982年）序論ならびに第1章「中世・近世・近代貨幣市場論」において，以下のように論じた。銀行信用の構造を預金銀行業務の展開の中で把握せんとするわれわれは，信用貨幣を銀行券にみて，発券のみを信用創造ととらえる見解を批判し，信用創造をまず預金通貨の創出，預金の創造でおさえる。通説的見解とは異なり，預金銀行業務の中に信用創造をみることは，

預金銀行それ自体を前期的銀行業とみなすことなく，初期預金振替銀行における信用創造の中世から近代への継承—中世・近代の信用創造の形態的連続性—という視点を提示した。中世の徴利禁止，手形の流通性の否定という重圧下においても，遠隔地商業，定期市という枠内において，マーチャント・バンカーの外国為替手形取引や初期預金振替銀行の口頭指図による勘定振替や当座貸越などにおいて，債権債務の集中的相殺・決済，信用貨幣の貸付・創造，遊休貨幣の融通・媒介，貨幣節約がみられた。またそうした貨幣信用，債権債務の相殺決済機構が機能しているかぎり，中世貨幣市場が存在しており，また，手形の流通性（裏書譲渡）の否定にもかかわらず，初期預金銀行の預金が口頭指図により通貨機能を果たす（→帳簿貨幣の発生）ことから，そこに信用創造が見出されるのである。遠隔地貿易—定期市取引（旅商，定住商業）—マーチャント・バンカーの外国為替取引—初期預金振替銀行の貨幣取扱業務，信用供与—信用貨幣の創出—信用創造という認識である（→外国為替手形取引と初期預金振替銀行業務との結合）。そしてこの信用貨幣の創出，信用創造のメカニズムの基本線は，近代以降の貨幣信用制度においても継承され，中世から近代へと連続している。そうした機構，メカニズムは，16世紀の低地諸国での徴利の公認，手形の流通性の承認→手形割引の生成によっていっそう拡大発展させられると論じた[2]。こうした発想を支えたのは，銀行業（両替業）における諸資本の貨幣取扱業務の集中により当座預金＝決済性預金が形成され，預金通貨が信用貨幣として流通することで支払決済システムが構築されてくるという私の銀行信用論の理解によっている。そしてこのような貨幣取扱業務の社会的集中による当座預金が決済性預金として信用貨幣として受領される社会的規範は，歴史的には中世預金振替銀行における「銀行内振替」（virement en banque）において確立していたとの認識である。信用貨幣は，銀行信用による商業信用の代位，社会化，継承から生じたものではないのである[3]。

　当時，筆者はいまだドゥ・ローヴァーらが強調する近代初期の為替手形の流通性（裏書譲渡）を重視し，為替手形取引が近代初期に中世の為替金融契約から脱し，引受信用を軸に展開される意義に目を向けることが出来なかったが，とはいえ，裏書の公認による近代的手形制度への発展が銀行体系自体の構造転換と密接にかかわり，銀行業は外国銀行業から内国銀行業へと転化したと考え

る彼の主張は，グローバル金融市場の展開こそが中世から近代への資本主義的
信用制度形成を促す軸心であり，外国銀行業務の発展が内国銀行業務を牽引し
たと考える筆者には受け入れがたいものであった。

　ドゥ・ローヴァーによれば，中世における商業手形の裏書譲渡＝流通性の未
成立と教会の徴利禁止の重圧のため，手形割引は存在できず，貨幣貸付は，外
国為替に偽装され，為替相場に利子を隠蔽せざるを得なかったことから，為替
取引と信用取引を内包する外国為替業務として行われることとなった。そこで
は fare il banco（銀行業務）と fare il cambio（為替業務）とは同義で，銀行
業は「外国銀行業務」（foreign banking）から成り立っていた。これに対して，
徴利の公認と手形の流通性を公認した近代貨幣市場は，もはや貨幣貸付を外国
為替取引に偽装する必要がないため，内国為替手形割引を中心とする「内国銀
行業務」（domestic banking）に立脚し，それは 17 世紀中葉にイングランドに
初めて出現することになったというのである[4]。

　こうした発想は外国為替取引，引受信用，外国銀行業をただそれだけで前期
的と見なし，イギリス資本主義の生成発展を，対外関係を切り捨て，内国市場
の発展からのみ描き出し，イギリス国民的信用制度の形成をその対外的側面で
ある外国銀行業務を欠落させたまま，内国銀国業務の展開，内国為替手形の割
引にのみ局限させることになったと考える。

　外国為替手形取引の決済を初期預金銀行の預金通貨が受け止めることにおい
て，中世貨幣市場が展開されていたという視点から，その後，拙著（1988 年）
における，「17 世紀末までにアムステルダムについでロンドンが広範囲な外国
為替のネットワークを広げ，また 18 世紀中葉にはイギリスがロンドンを世界
市場の中心として圧倒的な世界貿易のネットワークを形成しつつあった事実を
想起するならば，帝国の形成，基軸通貨国への上昇・展開を志向してきたイギ
リスが，一貫してポンド価値の安定を追求し，いち早く金本位制を確立したこ
との意義は多言を要しない。イギリス貨幣・金融史の国際的連関・性格，さら
にイギリス資本主義の特質を顕著に物語っているであろう。」[5] との認識から，
拙著（2004 年，第 5 章「シティ鳥瞰—イギリス貨幣・金融史断章—」）において，近代
初期より 20 世紀初頭まで一貫して，イギリス国民的信用制度がマーチャント・
バンカーや商人資本らに領導され，国際的金融市場を基軸に展開されてきたこ

とを述べた。

　いまひとつ付け加えるならば，拙稿（「信用貨幣と国家」，2001年）で論じたように，中世初期預金銀行以来，ルネッサンス期から17世紀前半の公立銀行の設立や同世紀後半以降の国家財政ファイナンスを担うイングランド銀行らの公立銀行の設立に見られたごとく，貨幣信用制度の形成・発展には，支払決済制度の安定性確保と国家ファイナンスの支持を求める国家が深く関与してきたことである。商人資本と国家の結合が国内外の貨幣取引に極めて重要であった事実は，「貨幣と国家」という論点を提起している。イギリス産業革命もそうした枠組みにおいて，原材料の調達から製品の販路という輸出入市場の獲得，資金調達の課題を解決し遂行されてきたのであって，産業資本が初めて信用制度を創造したわけではなかった。信用貨幣や信用創造の基礎である支払決済システムが中世初期預金銀行である両替銀行や公立預金銀行において形成され，それらが外国為替手形の発展と結び付くことによって，グローバルに金融市場が展開されていたことに着目することが出来るならば，中世から近代への支払決済システムや信用貨幣の歴史的系譜の豊かな内容を触れることが出来るであろう。

　しかしながら，このような理解を欠いた銀行信用論では，もっぱら真正手形原理や還流の法則が重視されることから，銀行信用や中央銀行は近代における産業資本が展開する商業信用→銀行信用→中央銀行信用，商業手形→銀行券→中央銀行券という発展系列に位置づけられ，1980年代以降，中央銀行の独立性を強調する議論が高まるにつれ，中央銀行と国家との関係を出来るかぎり軽く見なそうとする議論が大勢を占めた。「中央銀行は行政機関ではない，銀行券は信用貨幣であって政府紙幣ではない，金融政策は権力の行使ではない。ここに中央銀行の独立性の究極の根拠がある。」[6] このような貨幣と国家の関係といった問題意識の甚だ希薄な貨幣理解が，近年の異次元金融緩和やレイ等のMMTの議論に理論的に充分に対応できない状況を生んでいるように見える。

　ヨーロッパ中世初期預金銀行業の信用貨幣と信用創造については，旧くはダンバーやアッシャーに，近年にはミュラーによって明らかにされている。預託された硬貨の貸付は，単なる購買力の移転にすぎず，銀行業の本質的活動ではない。要求払い預金が book transfer & clearance のシステムによって支払手

段として使われ，貸付が bank credit（預金通貨）でなされた時に，銀行業が
始まる。「いまや，一般的に合意されているように，真の銀行業は，貨幣貸付
あるいは質屋業からではなく，造幣硬貨の両替業務から発展してきた。」中世
ヨーロッパの商業文言に denari contadi（現金）や contadi di banco（銀行貨
幣），さらには ditta di banco（銀行内振替）といった用語の存在は，そのこと
を明瞭に示している。

　信用貨幣としての預金通貨（帳簿通貨）の流通は，債権・債務の返済可能性
に依存していた。信用貨幣は正貨ストックの延長 extension ではないし，準備
に使われる正貨ストックに依存しているわけでも，代用物でもなかった。両替
商に当座勘定を保有し，勘定を振替えることで，支払決済が遂行されるように
なるにつれ，造幣硬貨の貶質や内外金属貨幣の流通の混乱から求められた支払
手段の安定性の要求も加わり，12，13 世紀以降にヴェネチアをはじめとして
イタリア主要都市で初期預金銀行業が広範に発展したのである[7]。

　かくて，小額の取引にはコインが使われても，大額の取引では造幣硬貨によ
らないで，為替手形や債務証書や信用貨幣たる銀行の一覧払預金債務である帳
簿通貨で決済されるようになった。さらには硬貨の貶質の進行や外国硬貨の流
入等による通貨流通の混乱のため，造幣硬貨と異なる計算貨幣（イマジナ
リー・マネー）により取引が契約され，決済されるようになる。こうした支払
慣行が単に民間取引に止まらず，政府取引にまで広がり，銀行帳簿の記載事項
が公正証書と同じ法的効力をもった。銀行預金による振替が貨幣による最終的
な支払決済と公認され，例えば，ヴェネチアでは1318 年の法律は，これらの
銀行預金の没収を禁止し，預金者を保護する規則を定められるに至る。さらに
は，1355 年のフィレンチェの法令や1452 年ブリュージュの判例に見られるよ
うに，預金振替直後，銀行が倒産しても，預金振替による支払が債権債務を清
算完了させたと見なす商人の慣行を法的に承認する決定がなされた。「もし債
務者が債権者の出席と同意のもとに，銀行あるいは両替商の帳簿で振替によっ
て支払をなしたならば，そのような支払は，銀行あるいは両替商の支払能力の
如何にかかわらず有効である」[8]と。

　初期預金銀行業における預金通貨（帳簿貨幣）による支払決済制度を大きく
支えたのは，遠隔地間貿易の支払手段となった中世為替手形の発展である。中

世為替手形の詳細は拙著（1982年，第1章第2節「中世貨幣市場と為替手形」）に譲るが，為替手形の決済が預金銀行の口座振替で行われることによって，預金通貨の信用貨幣機能が格段に広がることとなった。為替手形や大額取引の諸支払が預金振替銀行での口座決済で行われるようになると，例えば，ジェノヴァのPiccamiglio 商会が1456年から1459年までに受領した為替手形による海外からの支払の受取総額 159,710 Genoese lira のうち，現金での受領は11,753 リラ（7％）に過ぎなかった。残りの93％はすべて銀行内振替でなされていた⁽⁹⁾。国際間債権債務の決済を預金銀行での帳簿貨幣の振替決済で遂行する慣行は，1401年のバルセロナに設立された公立預金銀行 Taula de la Ciutat（Taula de Canvi）がその慣行を強制して以降，多くの公立預金銀行が一般化することとなった。こうした中世の貨幣信用取引のメカニズムが，ヴェネチアやジェノヴァが国際的金融取引の中心地へと上昇していく舞台装置となったのである。17世紀半ばまでのヴェネチアや，18世紀後半までのアムステルダムやそれを引き継いだロンドンが，国際的債権債務を集中集積することで，ハイラーキな国際金融市場の中枢に立つことが出来たのである。

　中世ヴェネチア等での取引が両替銀行（初期預金銀行）の存在なしには不可能であったと言われていたものの，当時の民間銀行の経営基盤は脆弱で，倒産が避けられなかった。T. コンタリーニによると，1584年，103行存在したヴェネチアの個人銀行のうち，96行が破産に追い込まれている。フィレンチェでも1338年に80行あった個人銀行数は，1460年には33行，1516年には8行にまで減少した⁽¹⁰⁾。こうした個人銀行の破綻から，混乱した造幣硬貨の状況に比して，いまや重要な支払手段となった預金振替（預金通貨）制度を守るため，15世紀初め頃よりヨーロッパ各地に多くは民間貸付を抑制したナローバンク型の公立預金銀行が多数設立された。公立銀行は，大市に代わって一年中取引の出来る取引所（bourse, exchange）が設立されるようになると，資産の保管と即座の回収を保証すためにも，必要とされた。

　15世紀初頭以来のバルセロナ（1401年），バレンシア（1408年），サラゴッサ，マヨルカ，Perpinya, Girona, Tarragona, Lleida, Manresa, Tortosa 等々の預金銀行（Taul），ヴェネチアの Banco della Piazza di Rialto（1587-1638年），ナポリの Monte di Pieta 等複数の預金銀行（1584年），ジェノヴァの

Casa di San Giorgio（1404-1815 年），ミラノの Banco di San Ambrogio（1593
年），ローマの Banco del Spirito Santo（1605 年）等，ドイツではフランクフ
ルト（1402 年），エルフルト，ヴィスマール，ブレーメン，リューベック，
バーゼル，コンスタンツ，アウグスブルグ，シュトラスブルグ，ケルン，ハン
ブルグ，ニュールンベルグ等，ネザランドではアムステルダムの Wisselbank
（1609 年），ミデルビュルフ（1619 年），デルフト（1621 年），ロッテルダム
（1635 年）等々に，公立預金銀行が続々と設立された。見られるように，銀行
は，都市国家や商人都市を中心に都市レベルで設立され，民間への貸付は抑制
され，むしろ，支払決済を中心業務とした預金銀行であった。1697 年までに
は，ヨーロッパ中に 25 行の公立銀行が存在していたのである。そして，17 世
紀後半以降，スウェーデン（1657 年），イギリス（1694 年），フランス（John
Law's Bank, 1716-1720 年, Caisse d'Escompt, 1776-93 年），オーストリア
（Banco del Giro, 1703-1818 年），プロシャ（Königliche Hauptbank, 1765 年）
等々の発券銀行が，国民国家レベルで，国家財政ファイナンスを目的に設立さ
れている[11]。

　17 世紀前半までに設立された公立銀行の多くはヴェネチアの事例に見られ
るように，輸入関税等により設立費用が公的に支出され，当座預金や定期預金
の受入れ，預金振替による支払決済業務が営まれ，また 1593 年 12 月の法律に
より，すべての為替手形代金は銀行の預金振替で支払われるべきことが規定さ
れた。主要な支払決済業務は，公立預金銀行に集中独占されるに至る[12]。

　かくして，都市国家は，為替手形による債権債務決済，並びに様々な支払決
済の時間的・場所的集中の上に立つ預金銀行を自己の管轄下に置くことで，こ
れまで商品貨幣たる硬貨の発行・流通段階では外国鋳貨の排除もままならな
かった貨幣制度に大きく関わる手段を手に入れることとなった。国家は預金銀
行を設立し，銀行預金による支払決済システムを取り込み，時には，積極的に
銀行貨幣を利用し，銀行信用と長期政府債を結び付け，公的金融との融合を試
みたのである。

　こうした視点から中世から近代への信用貨幣制度の発展を鳥瞰すれば，中世
末から近代初期にかけての公立預金銀行設立は，重要な意味を帯びてこよう。
預金銀行についてのマルクスの後ろ向きの理解では，中世から近代への貨幣制

度の発展，さらには，中央銀行設立に向けての近代的貨幣信用制度発展の意義，すなわち，支払決済システムの国民経済的集中集積，さらには国際的な多角的支払決済の集中集積，国家資金の安価な調達の意義を見落すことになる。また，マルクスが指摘していた 16-7 世紀に見られた利子率低落の事態（「利子率革命」）[13] をも理解できないであろうし，貨幣と国家ののっぴきならない絆をも見落とすことになろう。

　銀行業と政府長期債発行との結合の成功事例は，ジェノヴァの Casa di San Giorgio，ヴェネチアの Banco del Giro（1619-1800 年），フランスの Caisse de emprunts，およびイングランドの Bank of England の事例が有名である。1408 年，ジェノヴァ共和国は，国家への債権者によって経営される一種の株式銀行の設立を認め，国債を扱わせた。銀行は 1530 年代までに総額 4,000 万 lire（約 800 万ドゥカート）の国債を取り扱い，国債は 100lire 毎の信用証券（luoghi）に分割され，流通した。銀行は 1408 年から 1444 年と，1586 年以降，預金銀行としても活動し，銀行業を国家債務のマネージメントと結合したのである。この方式は，1593 年設立のミラノの Banco di San Ambrogio やヴェネチアの Banco del Giro にも踏襲されることになる。もともと，ヴェネチアの Giro 銀行は，ヴェネチアの国家利付き債券（partite）のみを取り扱うに過ぎなかった。しかし，政府の適切な償還と銀行経常費用の支払に支えられ，1630 年までに 260 万ドゥカート以上の債券発行を取り扱い，債券は概ね 17 世紀を通じて，プレミアムが付くほどの成功を見ると，民間からの国債への投資という形で資金を引き付けた。その後，そうした形の債券勘定の口座振替や債券の引き出しが可能となると，Giro 銀行は人気を博し，1638 年には Rialto 銀行を閉鎖に追い込むほどであった。1666 年にキャッシュでの預金も認められるようになると，一時に 50 万ドゥカートもの預金が払い込まれていた。

　短命に終わったが，フランス，コルベールの Caisse des emprunts（1674 年設立）もよく知られている。1671 年，要求払いでいつでも額面で返済される 7％の利付国債（rentes）が発行され，その取り扱い機関として設立されたものであるが，民間からも預金を受け入れた。預金者が受け取った一種の預金証書（promesse de la caisse des emprunts）は，要求払いで支払われ，間もなく流通性を獲得した。銀行はコルベールの死後，閉鎖され，政府資金の調達

は，かつての徴税請負や官職の売却という手段に逆戻りすることになった[14]。

　1609年設立のアムステルダム銀行では，造幣硬貨流通の混乱が設立の大きな要因であり，ここでも，商人に預金口座を開設させ，大額の外国為替手形にはアムステルダム銀行内決済，すなわちバンク・マネーでの支払が強制された。アントワープですでに行われていた債権譲渡による支払方式よりも，はるかに効率的な預金振替のヴェネチア方式が好まれたのである。そして，商人は良質な貿易硬貨を豊富に供給され，1683年には正貨担保貸付が導入されたことで，アムステルダムはヨーロッパの重要な地金市場となる。ここで注目されるのは，正貨担保貸付の導入後，18世紀に入る頃には，勘定保有者への正貨支払が行われなくなり，バンク・マネーの要求払いでの兌換はいつの間にか行われなくなり，バンク・マネーが不換通貨化したことである。にもかかわらず，バンク・マネーは18世紀を通じて，造幣硬貨に対して常に4-5％のプレミアムを維持しており，アムステルダムは地金市場の重要な中心であり続けた。アムステルダム銀行における銀行内決済の強制（支払決済の集中）という事態を抜きには，こうした推移は説明できないであろう[15]。

　17世紀後半以降の公立発券銀行の設立は，信用貨幣流通の範囲を商人等の口座保有者の狭い範囲から銀行券保有者にまで広げ，信用貨幣流通の領域を劇的に広げることになった。L. R. レイは，クナップ（『貨幣国定学説』）を引用しつつ，以下のように述べている。「非常に初期の頃から，銀行は貸付をなすために債務を発行したが，それが一般に受け入れらてきたので，ジロの規模は増大し，拡大すべき銀行の能力も高められた」。銀行の支払決済システムの規模が大きくなるにつれ，「事実上，銀行は，ジロの他のメンバーの債務に取って代わることが出来る。そのようにして，銀行は他の大部分の債務が通過しなければならない（支払決済の―引用者）頂点になる」。すなわち，銀行制度の発展以前には，銀行の支払決済システムの外部にある支払規模が大きいため，造幣硬貨等への兌換が必要とされたであろうが，銀行の決済システムの包摂する領域が拡大すると，「ジロ・システムの内部では，他の形態の貨幣（例えば，国家通貨）への兌換やジロの外側の通貨は，必要でなくなる。……実際，国家が支払決済のシステムのメンバーになると，国家は，銀行債務がジロにおける他の全ての民間債務に取って代わる過程を促進する」のである[16]。

　中世の隔地間決済手段として発展した為替手形取引と結び付いた初期預金銀行や公立預金銀行に見られた銀行の一覧払預金債務による貨幣機能（信用貨幣）の発展＝支払決済システムの生成・展開，および，国民国家形成のために戦争金融に向けて設立された公立銀行を介しての国家の支払決済システムへの関与・参入は，中世から近代にかけての信用貨幣制度展開へのパースペクティヴを与える。国家貨幣たる造幣硬貨（商品貨幣）に取って代わる信用による支払決済の集中機構（信用貨幣制度）の形成にとって，国家の関与は不可欠であった。国家は貨幣信用制度へ深く関わることで，国家財政のための資金調達に邁進し，財政革命の遂行に信用貨幣制度を奉仕させるとともに，国民的貨幣信用制度の構築を意図したのである。ただ単に public good の役割を演じていたわけではない。かくして，こうした視点から見るならば，17世紀から18世紀にかけてのオランダ・アムステルダム銀行の事例や，17世紀後半から18世紀にかけてのイングランドの事例，すなわち，広範な対外貿易金融を与えたアムステルダムやロンドン金融市場の生成と，他方での「財政革命」と呼ばれる長期国債市場の発展とが，国家の深い関与の下，その基礎をアムステルダム銀行やイングランド銀行を頂点とした信用貨幣制度（支払決済制度）に置いていたことが理解される。

　こうしたパースペクティプの中で W. ロバーズや F. R. ヴェルデらは，中世公立預金銀行を中央銀行の系譜の始点に置き，国家による中央銀行設立の先駆的なものと位置づけ，国民通貨創出への繋がりを語っている。貨幣と国家はのっぴきならない絆で結ばれていたのである。貨幣信用論から国家を排除し，さらにまた，産業革命以前の信用制度の発展を切り捨てる従来の議論に対して，私が中世から近代への貨幣信用制度の展開に長くこだわってきた所以でもある。

　40年も前に拙著での為替手形と初期預金銀行から成る中世貨幣金融市場についての問題提起は，従来の近代的な貨幣信用制度論への「頂門の一針」（田中生夫氏）となったとの評価も見られたが，当時は，大方には荒唐無稽な見解と受け止められていたようである。とは言え，こうした私の見解もいまでは特異なというほどのものでもなく，S. スプフォード，Markus A. デンツェルらの中世貨幣金融市場論（2014年）や，初期公立銀行（1400-1815年）とその近代

中央銀行への系譜を強調する W. ロバーズ & Francois R. ヴェルデらの研究
（2014 年）において，当然の事柄と見なされている。

　P. スプフォードは，「一層重要なことには，12 世紀末にジェノヴァで始まっ
た国際的にも国内的にもキャッシュを用いない支払手段が，北イタリア全体で
展開したことである。……為替手形，小切手，国際的な企業グループ，公立銀
行，国債や債券市場，……海上保険……。ヴェネチアは1680 年代まで国際的
支払センターとして存続し，そして，アムステルダムは……18 世紀後半にま
でその地位を引き継ぎ，その後，ロンドンに道を譲った。19 世紀ロンドンの
金融技術の起源の多くは，アムステルダムを介してヴェネチアに，そして中世
やルネサンス期の北イタリアにまで遡ることが出来る」[17] と語る。

　初期預金銀行の詳細な考察を行ったロバーズとヴェルデも次のように述べ
る。「かくてわれわれは，1814 年までに（依然民間企業であるとは言え）イン
グランド銀行の構造が近代中央銀行の本質的要素の多くを含んでいたことを見
る。われわれの考察から明らかなように，イングランド銀行はそれ自体，400
年以上もの制度的発展の帰結であった。15 世紀から19 世紀までに公立銀行の
概念は，商業都市の狭隘で特別なファシリティを与えるものから一国の金融的
構築物の本質的構成要素というべきものへと発展した。この発展に対応して，
誰もが知っていた貨幣概念も同様に変容した。貨幣は貴金属に具体的に結びつ
けられていた何かから，依然，幾分金属に関係させられているとは言え，より
抽象的な性格の何ものかに変質していたのである。たとえ，依然として，幾分
金属に結びつけられてはいても。18 世紀の論者のひとりは以下のように論じ
ている。『イマジナリー・マネーは，二つの理由からあらゆる国に必要であっ
た。ひとつは，あらゆる民間や公共の計算や国家や商業上の理由から，決して
触れられてはならない正貨の内在容量の減少を避けることであり，他の理由
は，公正で不変の制度において民間契約を維持することである。』（*Carlo Antonia
Broggia, Tratatto de' Tributi, delle Monete, e del Governo Poitico della Sanita,* 1743）」[18]。

　このような観点から歴史を顧みるならば，ルネサンス期から17 世紀前半ま
でと17 世紀後半以降の公立銀行設立の意図は共通しているのである。「公立銀
行設立の推進力になった基本的な動力は，本質的に同じであった。すなわち，
新しく安全な（少なくとも信頼しうる）タイプの資産を導入したいという要求

である。まったくリスクのない資産などはないが，その趣旨は，支払手段として且つ価値の基礎として役立つ十分に信頼でき，あるいは安全な資産を見つけ出すことであった。／その推進力は可能なふたつの方向から発生したのである。即ち，民間部門での破産から派生する支払い問題と，財政問題である。第1に民間の支払システムの機能不全や破綻は，公立銀行の設立によって修正され，第2に非流動的な政府債務は，公立銀行の債務に転換されることによって改善されるのである。」[19] そして，このような中世商人資本らが創出した支払決済システムの安定性確保と，政府債務の流動化というふたつの問題は，中世以来，近代を経て現代にいたる金融の歴史において絶えず相互に結び付き，展開されてきたのである。

　15世紀から18世紀に至る貨幣金融革新を論じたM.デンツェルも，中世から近代への金融の展開を以下のように見ている。「近代初期の時代に決定的な金融・貨幣イノヴェーションがなされたのは，北西部ヨーロッパである。北西部ヨーロッパとは，ここではネザランド，イングランド，北部フランス，並びに神聖ローマ帝国のドイツ北部地域を含むかなり大きな領域と定義される。そしてこれら北海／大西洋に面した領域こそ，1490年代から1620年代の間（長期の16世紀）のヨーロッパの海外拡張から生起した経済的バランスと富の移行により，最も利益を得たのであった。ヨーロッパは一層，大西洋に組み込まれ，こられヨーロッパ北西部の地域は，ヨーロッパを世界経済の最前線に立たせた構造変化のダイナミックな過程において，益々，経済センター，即ち中枢地域へと押し上げられていったのである。そしてこの過程は名実ともに，19世紀に完成することになった。実際，これらの時代にグローバル金融市場へと発展したシステムの内部で中心を占めた金融と財の市場は言うまでもなく，まずアントワープであり，そしてアムステルダムが続き，さらに18世紀に次第にロンドンがアムステルダムに取って替った。ロンドンは長期の19世紀には世界一流の指導的グローバル金融市場へと発展したのである。」[20]

　外国為替手形取引とそれらの支払・決済を担うローカル・レベルでの初期預金銀行業務からなる中世貨幣市場の構造を思い描くならば，中世から近代初期を経て長期の19世紀に至るヨーロッパ各国の貨幣金融制度が，一貫してグローバル金融市場への広がりを意図として展開されてきたことが理解される。

為替手形と初期預金銀行からなる中世貨幣金融市場の発展，さらにそれに支えられた公金融取引の広がりが見られたのである。そうであるが故に，誰もが注目する近代初期の金融イノヴェーションである為替手形の発展に，何を見るのかが問われる。多くの論者が為替手形の裏書譲渡（流通性の確立）を重視するが，為替手形が為替金融契約の枠組みにおいて振り出されているかぎり，手形の引受は取り消し可能で，為替手形の引受人の支払は振出人の意向に左右され安定せず，手形裏書の広がりを見ることが出来ないであろう。中世の為替契約から脱し，為替手形の引受人の支払義務を取り消し不能にする引受信用の確立がなければ，手形裏書の慣行も定着できなかったはずである。

　ところが，ファン・デァ・ヴェーやマンロをはじめ，デンツェルらは，引受信用には全く言及することなく，手形の流通性（裏書譲渡→手形割引）の意義を強調する。とりわけ，ファン・デァ・ヴェーやマンロは，重金主義の重圧下で預金銀行が存在することができなかったイングランドにおいて手形の譲渡性がすでに中世において成立していたと見なし，また，手形の流通性の確立を同様に初期預金銀行が欠如していた16世紀のアントワープに求め，そして，アントワープからロンドンへの経路に近代初期の金融革新の生成を見る。公立預金銀行業務の広範な展開を見たヴェネチア—アムステルダムの経路は，初期（公立）預金銀行の存在が，為替手形の流通性を遅らせ，近代の金融イノヴェーションを抑制するものとなったと位置づけられている。次に検討してみよう。

[注]
（1）浜野俊一郎・深町郁彌編『資本論体系　第6巻　利子・信用』（有斐閣，1985年）での解説で関口尚志氏は，資本論や剰余価値学説史から以下の叙述を踏まえ，「近代的信用制度は，一方では遊休貨幣資本や蓄蔵貨幣を動員して『高利資本からその独占を奪い取り』，他方では信用貨幣の（兌換銀行券）の創造によって『貴金属そのものの独占を制限』したのであり，これによって利子率は大幅に低落し，利子生み資本……は『資本主義的生産様式の諸条件の一つとしてこの生産様式に従属』させられた。」（同上，198頁）と述べられた。産業資本の蓄積に焦点を当て，遊休貨幣の集中・動員，信用貨幣＝銀行券発行による銀行業を論じるという，戦後から1980年代頃までは，もっぱら『資本論』の叙述に沿った近代的貨幣信用制度論が展開されていた。
（2）拙著『イギリス信用貨幣史研究』，九州大学出版会，1982年，24-25頁。
（3）拙稿「銀行信用論—方法と展開—」，『佐賀大学経済論集』第16巻第3号所収，1983年，256-257頁。
（4）同上書，30-31頁。
（5）拙著『貨幣・信用・中央銀行—支払決済システムの成立—』1988年，同文館出版，157頁。
（6）吉田暁「あいまいな存在としての中央銀行」，『武蔵大学論集』第47巻3・4合併号，2000年，

同「決済システム・準備預金および中央銀行—E. F. Fama のアカウンティング・システムの検討」同誌第 37 巻 2-5 合併号，1990 年，同「ペイメントシステムから銀行システムを考える」，『信用理論研究』第 6 号，1989 年参照。

(7) 以下の叙述は以下の文献に拠る。C. F. Dunber, "The Bank of Venice," *Quarterly Journal of Economics*, Vol. 6 (3), 1892, *A. P. Usher, The Early History of Deposit Banking*, 1943, Chap. 1, "Primitive Banks of Deposit", *Reinhold C. Mueller, The Procuratori Di San Marco and The Venetian Credit Market*, 1969, 1977, Chap. 2, Venetian Banks and Banking, *F. C. Lane & R. C. Mueller, Money and Banking in Medieval and Renaissance Venice, Vol. 1, Coins and Moneys of Account*, 1985, Part l, Chap.6, R. C. Mueller, "The Role of Bank Money in Venice, 1300-1500," in *Studi Veneziani*, No. 3, 1979, G. Parker, "The Emergence of Modern Finance in Europe, 1500-1730," in *Fontana Economic History of Europe, Vol. 2, edited by Carlo M. Cipola*, 1974, 1976 参照。

(8) 拙著，1988 年，第 8 章参照。スプフォードによると，13 世紀後半のヴェネチアでは，利子の付かない当座勘定と利付の預金勘定は区別されていた。1330 年代，ヴェネチアのフランチェスコ・コルナイロは，預金勘定には 5％の利子を支払い，商工業貸付には 8％の利子を徴収していた。遠隔地交易への投資に向けられる預金の引き出しには 2 年の notice を求めた。14 世紀までに商人間での口頭指図によるこうした両替銀行の口座決済の慣行は，イタリアだけでなくイベリア半島や低地諸国にも広がり，さらには 1360 年代までにトスカーナでは口頭指図に加え，小切手による口座間決済が行われるに至っている。小切手による指図は，フィレンチェに止まらず，ピサ，ジェノヴァ，バルセロナにおいても見られた。ただ，ヴェネチアでは支払人の銀行での口頭指図あるいは法定代理人による指図を要求していた。(Peter Spufford, "The Provision of Stable Moneys by Florence and Venice, and North Italian Financial Innovations in the Renaissance Period," in *Explaining Monetary and Financial Innovation: A Historical Analysis edited by Peter Bernholz and Roland Vaubel*, 2014, pp. 243-244.)

(9) Spufford, op. cit., pp. 244-246.

(10) Dunber, op. cit., pp. 312, G. Parker, op. cit., p. 537, H. Lapeyre, "Le banque, les changes et le crédit au XVIᵉ siècle," *Revue d'histoire moderne et contemporaine*, No. 3, 1956, p. 289.

(11) William Roberds and Francois R. Velde, "Early Public Banks," *Federal Reserve Bank of Atlanta, Working Paper Series, 2014-9*, August 2014, Id., "The Descent of Central Banks (1400-1815)," in *Michael D. Bordo, Oyvind Eitrheim & M. Flandreau and Jan F. Qvigstad ed., Central Banks at a Crossroads*, 2016 参照。ヴェルデは，15 世紀初期以降の公立銀行設立を 15 世紀から 16 世紀までの第 1 波の都市国家レベルと，17 世紀後半以降の第 2 波の国民国家レベルに分けて，論じている。前者は預金銀行が提供する帳簿貨幣による支払決済手段の安定性を主眼にしたナローバンキングを中心に，後者は財政ファイナンスを中心に発券銀行業務を中心にしていた。ただ，このような二分化とは別に，ヴェルデは，第 1 波に属するナポリの預金銀行群が多様な銀行業務を展開していたことを明らかにしている (Francois R. Verde, "The Neapolitan Banks in the Context of Early Modern Public Banks," in *Federal Reserve Bank of Chicago, Working Paper series WP2018-05*, March 11, 2018, 参照)。ところで，公立銀行設立に関する中世末期の都市国家レベルと近代初期の国民国家レベルの相違については，マルクスも指摘している。貨幣と国家という視点からも興味深い。少し長くなるが引用しておこう。「12 世紀および 14 世紀にヴェネチアやジェノヴァでつくられた信用組合は，古風な高利の支配と貨幣取扱の独占とから自らを解放するという，海上貿易およびこれに基づく卸売業の必要から生じたものである。これらの都市共和国で設立された本来的銀行が同時に公信用のため施設—徴収すべき租税を担保として国家が前貸してもらう施設—として現れるとすれば，忘れてならぬことは，かの組合をつくった商人たちは，自らの国家

の一流人物であり，だからこそまた，彼等の政府ならびに彼等自身を高利から解放すると同時に，かようにして，国家をますます且一そう確実に支配することを利益とした，ということである。だからこそ，イングランド銀行が設立されようとしたとき，トーリ党は抗議して言った，『銀行なるものは共和主義的施設である。繁栄している銀行がヴェネチアやジェノヴァやアムステルダムやハンブルグにある。だが誰か，かつてフランス銀行またはスペイン銀行なるものを耳にしたことがあろうか』と。」（マルクス『資本論』，第3巻下，長谷部文雄訳，青木害店，849頁）。マルクスは第1波で設立された銀行を「本来的銀行」と呼び，その後の銀行を「公信用のための施設」と呼び，ジョン・フランシス『イングランド銀行の歴史』（1848年）から，「現実には，一切の国家収入が彼等（高利貸—引用者）の手を通過した」，「銀行はすでに，高利貸によって搾りとられた政府だけにとっても，我慢のできる利子歩合で，議会の協賛を担保として貨幣を入手するために必要であった」という文言を引用している（同，849-850頁）。

(12) G. Parker, op. cit., pp. 548-549, Lapeyre, op. cit., pp. 289-290, Dumber, op. cit., pp. 320-321.

(13) 『資本論』第3巻下，長谷部文雄訳，青木書店，850頁。

(14) G. Parker, op. cit., pp.539-540, 571-576. ところで政府金融をめぐり公債の発行や債券市場といったイノヴェーションは，極めて早い時代にすでに出現していた。この点でも，ヨーロッパの金融センターであったヴェネチアの事例は注目される。1262年ヴェネチア政府は，短期の借入を永久公債に切り替え，半年ごとの2.5%の金利を間接税から支払い，元金の返済を行わないMonteの発行に切り替えた。こうした永久債での政府金融の方式は，ジェノヴァやフィレンチェにも採用された。さらに，こうした公債は売買されるようになり，活発な流通市場が発達することになった。ヴェネチアでの半年ごとの利払いが停止されることは，1262年から1381年までなかったのである。15世紀初期までには，フィレンチェではメジチ家のような富裕な貴族らの資産は，不動産，事業経営，Monteへの投資とそれぞれ3等分されていたことが明らかにされている（Spufford, op. cit., pp. 246-247）。

(15) J. G. van Dillen, "The Bank of Amsterdam", *History of the Principal Public Banks, Collected by J. G. Van Dillen*, 1934, 1964, pp. 80, 101-102, 104。1619年に設立されたヴェネチアの Banco del Giro は，銀行業生成の事例として極めて興味深い。銀行業は，様々な債権債務の集中集積，その振替による預金通貨の支払決済機能の展開が帳簿貨幣を生み，さらにそれらの貸付による信用創造の展開から生成したのであるが，この事例では，銀行業は国家が商人に対して持つ債務の支払決済への振替運用からも生成したことを教えている。すなわち，ヴェネチアの Salt Office や Grain Office，さらには地金等を買い上げ，造幣硬貨を発行する Mint Office が，商人らの対政府債権を支払手段として他の商人に振り替え，支払決済に利用出来るファシリティを提供したことから，それらを引き継いで Banco del Giro が設立された。キャッシュの流入により，商人の債権回収の要求に対応できている限り，Giro の残高は convertible でありつづけ，政府債務の支払手段機能に支障をきたすことはなかった。その後，預金業務や政府年金証書の販売などの業務が追加されていき，銀行業務は拡大し，1651年には Giro での支払いは 50ducats を超えるあらゆる商業的取引の唯一の支払手段とされている（W. Roberds and F. R. Vede, op. cit., 2014, pp.22-26）。

　国家は自らの債務を貨幣化する方策として，イングランド銀行のごとく，出資金の借り入れの見返りに銀行業の設立を認め，その発行する預金通貨や銀行券に対政府貸付を支援させる方法のほかに，イングランドのタリーにように，政府債務の証拠に発行されたタリーを支払手段としての流通を認める方法や，Banco del Giro の事例のように，国家債務勘定そのものに振替決済機能を与え，債権者である商人らに帳簿貨幣として支払に使わせる方式などがあった。

(16) L. R. Wray, *Money and Credit in Capitalist Economies: The Endogenous Money Approach*, 1990, pp. 26-27.

(17) Spufford, op. cit., p. 249. フランティアーニ＆スピネッリは，ヴェネチアの Banco di Rialto がア

ムステルダム銀行の先行者であったし，ジェノヴァの Banco Giro がイングランド銀行の先行者で
あったことを明らかにし，ネザランドやイングランドで見られた金融革新を先駆的に実行していた
ことを強調している。M. Frantianni and F. Spinelli, "Did Genoa and Venice Kick A Financial
Revolution in the Quattrocento?" in *Oesterreichische Nationalbank, Working Paper 112*, Jun. 18,
2006, pp. 1-2.
(18) William Roberds and Francois R. Velde, op. cit., pp. 83-84.
(19) Id., "The Descent of Central Banks（1400-1815），" in *M. D. Bordo et al., op. cit.*, pp. 47-48.
(20) Markus A. Denzel, "Monetary and Financial Innovations in Flanders, Antwerp, London, and
Hamburg: Fifteenth to Eighteenth Century," in *P. Bernholz & R. Vaubel, op. cit.*, p. 253.

# 第2節　近代銀行業の中世的起源説への疑問

　近代的銀行業の中世的起源を強調する H. ファン・デァ・ヴェーや J. マンロ
の主張は，近代的信用制度をどう理解するかという点からも，興味深い。ファ
ン・デァ・ヴェーは以下のように述べる。「伝統的歴史書は，中世から産業革
命に至る長期のヨーロッパ銀行業の展開に見られた二つの大きな変化を鋭く区
別する。すなわち，中世後期にイタリアで銀行業が成功裡に復活した第1の変
化と，1700 年頃，近代銀行業の生成を含むイングランドで金融技術が決定的
な進展をみた第2の変化とは切り離して理解されてきた。この発想は魅力的で
はあろうが，私の見解では，それではヨーロッパ銀行業の歴史における決定的
に重要な絆を見落とすことになる。この絆こそは，低地諸国が中世末から近
代初期への移行期に創造したものである。／ 12, 3 世紀のイタリア銀行業の復
活と 18 世紀のイングランドの財政革命の間において，低地諸国で銀行技術の
いくつかの重要な革新が見られた。」「低地諸国は近代銀行業の創造で決定的役
割を演じた。低地諸国こそイタリアとイングランドとの間を結ぶ戦略的橋頭堡
であった」[(21)]。

　16 世紀，アントワープ大市では，ヨーロッパ各地を支店で結ぶイタリア商
人らから見ると，イングランドやハンザ，ドイツからの商人たちの旅商的な遅
れた取引方式のゆえに，持参人払の債務証書が広範に使われていた。そして，
それら債務証書は譲渡されたにとどまらず，譲渡を受けた持参人は不渡りの際
には証書の債務者に対し，自ら裁判に訴えることができるようになっていた。
しかし，持参人はこのような法的利益を入手したものの，証書を譲渡した債権

者たちを免責するという金融的不利益を被ることになった。そこで「債務証書の譲渡に債権譲渡（assignment）の原理を適用することによって，この金融問題を一転，解決した。ネザランドではすでに中世において債権譲渡が一般的に認められていたのであった。」そして，このアントワープのイノヴェーションが 1537, 1541 の帝国勅令によって公認され，「持参人条項を持つ債務証書やその他の商業手形の譲渡によってなされたあらゆる支払は，債権譲渡による支払いとみなされた。……16 世紀の最後の三分の一の時期に債権譲渡の技術を使った債務証書や為替手形の譲渡による支払いが，商人間の一般的な慣行となっていた。」「いまや譲渡性（transferability）は，流通性（negotiability）に転換することができたのである。」こうしたアントワープでの債務証書や為替手形の転々流通，裏書による支払い慣行は，「支払手段としての銀行券の導入への道を切り拓いた」として，16 世紀中葉の徴利禁止から高利制限への動きと相まって，「アントワープからロンドンへの」経路において，「近代的割引・発券銀行制度の誕生」が見られたと主張する[22]。

　為替手形の流通性（negotiability）を創出したアントワープは，終に，「最初の，自律的な銀行業と信用制度を創出し，17 世紀末から 18 世紀初期のイングランドの財政革命への道を切り拓いたのである。……これに対して，17 世紀ヨーロッパの最も躍動的な貿易中心地であり，最も力強い貨幣・資本市場であったアムステルダムは，伝統的なイタリア銀行制度を復活させ，旧式の預金・振替技術を洗練されたものにしたに過ぎない。」と言う[23]。

　「近代割引銀行業の基礎は，16 世紀末までにアントワープに築かれたのである。17 世紀にアントワープが衰退しなかったならば，アントワープ貨幣市場は，このイノヴェーションを拡大し，近代的割引・発券銀行業の制度を発展させていたであろう。」[24] 持参人払いの債務証書や為替手形の裏書など商業手形が転々流通することが出来る近代的信用制度の起源は，公立預金銀行が存在しなかったが故に，アントワープにあるというのである。

　同じく，J. マンロも，16 世紀スペイン支配下のネザランドにおける持参人払いの終身年金証書や持参人払の債務証書の流通に，最初の財政革命，金融革命の起源を見るが，さらに踏み込み，ネザランドの動向に大きな影響を与えたのは，15 世紀 30 年代イングランドでの持参人払為替手形を容認した Burton v

Davy（1436 年）の判例であったとする。「近代的流通性に向かう最初の大き
なステップは，後進的と見なされていた 15 世紀イングランドにおいて，すな
わち，ロンドン商人法廷が持参人払いの為替手形の譲渡に関わる 1436 年の判
決において踏み出されたのである。」そして，「この判決に強力な影響を与えた
のは，……13 世紀以来の地金輸出禁止や両替業や預金銀行業を禁止してきた
イングランドの重金主義的政策であった。」とする[25]

　上記の判例は，ブルージュから為替金融契約でロンドン宛に振り出され，ロ
ンドンで引き受けられた後，第三者に譲渡されたが，支払期日に支払を拒否さ
れたため，為替契約の当事者でもない譲受人が関わったロンドン商人法廷でな
されたものであるが，この判例については，「流通性のある為替手形の完全な
発展」，あるいは「流通性への途上にある重要な一里塚」とみなすビューテル
やホールデンと，既存の中世為替金融契約の枠内でのことと捉えるロジャーズ
によって，これまで様々に論じられてきた[26]。マンロは前者の主張を誇張と
しながらも，ロジャーズの見解を批判し，判決は，「満期時に不渡りになった
為替手形の持参人に訴訟を認める決定的な先例になり，……以降，同様な状況
において，譲渡人は手形引受人を裁判に訴えるため，手形金額の受取人当事者
の支援を得ることができた。15 世紀後半からのイングランドの商業記録では，
持参人払い手形はありふれたものとなった」と，高く評価する[27]。

　この判決の半世紀後，リュッベックで 1499 年に，アントワープでも 1502 年
と 1507 年に持参人債務証書の訴訟で，同様な判決が下された。イングランド
同様，ネザランドでも預金銀行業が禁止された状況下で，年に 4 度の大市でア
ントワープ取引所に集中される債権債務の決済効率を高めるため，時には自ら
の債務が譲渡によって自らに戻ってくるほどに持参人払の債務証書の転々流通
が見られ，1436 年のロンドンの判決から一世紀を経た 1536 年にはアントワー
プで，1541 年にはネザランド全体で，債務証書の流通性を認めるカール 5 世
の勅令が出された。かくて，マンロは，「商人たちは完全な流通性を確立した。
すなわち paper credit をキャッシュあるいは銀行預金と交換することができる
ようになった。」[28] のであり，そして，翌々年の 1543 年，アントワープでの
徴利の公認（高利制限）と，1545 年のヘンリー 8 世による 10％を上限とした
同様な措置をみたイングランドとともに，アントワープからロンドンへの経路

において，近代的銀行出現への道が整備されたとみた[29]。

　イングランドやネザランドにおける重金主義的政策による預金振替銀行の禁止措置が，持参人払債務証書やその譲渡，さらには債権譲渡の適用による商業手形の流通，さらには裏書慣行の広がりを生んだとして，近代金融革命や近代銀行業の起源を中世に求めるファン・デァ・ヴェーもマンロも，商業手形をめぐる金融革命で重視するのは，とりわけ為替手形の流通性，為替手形の転々流通，すなわち裏書譲渡慣行である。

　ところが，16世紀中葉以前に手形の流通性（裏書譲渡）が完全に確立し，徴利も高利制限のもとで公認されたとしながらも，ファン・デァ・ヴェーも認める如く，為替手形の裏書慣行が一般化するのは17世紀に入ってからであり，為替手形の割引も同様である。どうしたことだろう。「流通性のある商業手形の新しい制度の中心的特徴としての裏書はやっと1600年に入ってアントワープに出現し，それは為替手形の裏書と密接に結びついていた。その頃になって為替手形の裏書がアントワープで一般的慣行となった。」また，「短期の為替手形の割引が一般的な慣行となるのも，1600年以降であった。」[30] 言い換えれば，公立預金銀行業の不在故に，すでに1430年代にはイングランドで為替手形の持参人の権利を認める判例が見られ，ネザランドでも持参人払いの債務証書の転々流通が広がり，1540年代初めまでに法令においても商人の慣行と承認されていたことが強調され，「金融革命の中世的起源」論が提起されたにもかかわらず，なぜ為替手形についての裏書慣行，転々流通は17世紀初め以降にまで，一般化することはなかったのであろうか[31]。そしてまた，何故に17世紀に入る頃には，一転，為替手形の裏書慣行は広がったのであろうか。

　そして，いまひとつの疑問は，預金銀行の不在ゆえに，アントワープからロンドンへの発展経路の近代性が強調されるのに対して，イタリアの伝統的な預金振替銀行を引き継いだに過ぎず，「近代信用業の発展における一時代を画するものでない」と見なされてきたアムステルダムが，17，8世紀にヨーロッパの卓越した金融中心地となり，アムステルダム銀行通貨バンク・ギルダーを基軸通貨とする「貨幣の世界システム」を構築したことをどう説明するのか。為替手形をめぐる金融革命を，公立預金銀行を前期的と見て，為替手形の裏書慣行や流通性に限って理解していただけでは，こうした疑問には答えることはで

きないのではなかろうか。

　中世為替手形の特徴を振り返ってみよう。M. コーンによれば，中世の大市決済を支配していたイタリア商人らには，債務証書や為替手形の譲渡性や流通性はもともと必要ではなかった。リヨンや特にブザンソンの大市での決済大市は，公開市場と言うよりも，むしろ大商人やマーチャント・バンカーらの 'inside markets' と言っていいほどのものであった。これらの市場では一般商人は参加せず，少数のお互いを良く知る大商人たちは，各々の帳簿上で債権債務額を突き合わせ相殺なり債権譲渡なりをして，さらに未決済額については帳簿上で貸越を与え，次の大市に繰り延べ（大市間預金 deposito，大市間手形 letter de foire），現金決済を極力避けることができた[(32)]。

　また，そうであるがゆえに，ドゥ・ローヴァーは以下のように解説している。「中世の為替手形は，為替契約を遂行する手段以外のなにものでもなかった。……すなわち，為替契約では手形振出人と資金の貸し手の二人が契約の当事者であって，手形の名宛人と手形の受取人は契約遂行の代理人に過ぎなかった。」「実際，通常は，手形の名宛人は振出人とコルレス関係にあり，手形金額の受取人は資金の貸し手とコルレス関係にあった。商取引の世界では，二つの取引先を必然的に結び付けている信頼関係が重要な役割を果たしていた。……裏書慣行は，第三者を介入させることになるので，イタリア商人が極めて重視してきたコルレス関係に混乱をもたらすことになる。……流通性という慣行は当時の社会通念に激しく衝突するものであった。／手形振人に対して遡及することができるのは資金の貸し手であって，手形受取人ではなかった。」したがって，「為替契約の取り消し可能性についても……曖昧なところはなく，資金の貸し手は，名宛人によって引受けられた後でも為替手形の支払に反対する権利を留保していたのである。」「要するに中世ヨーロッパでは為替手形は持参人に支払われることもなく，裏書という方法で譲渡されることもなかったのである。……まさに為替契約の性格それ自体に関わることであった。」[(33)]

　このような中世為替手形の在り方では，15，6世紀のネザランド各地の大市に集うイングランド商人やハンザ商人たちにとって，旅商的なレベルの取引方法しか持たず，また，預金振替銀行が存在しなかったこともあり，支払決済に支障をきたさざるを得なかったと考えられた。「恐らく，この点から多数の商

人らが，債権譲渡や銀行外での振替によって債権債務が決済されることを選好していたのであろう。……バンク・マネーがないのであれば，別な便法に頼らざるを得なかった。アントワープやベルゲン・オプ・ゾームの大市に集まってくる商人らは商品を運んできても，正貨はほとんど持参してくることはなかったからである。」「持参人払いの債務証書の形で債権を流通させ，債権を貨幣化させることは，かれらに好都合であった。」持参人払いの商業手形が一般化し，16 世紀に入って，様々な慣習法において，「訴訟を行う持参人が，原債権者の代理人でも委任された者でもなく，人格的に原債権者であるとして，本人の名前で関与することが規定された。」明らかに，さらに事態が進行すれば，「商業手形の流通性への道を切り拓くものである」と，ドゥ・ローヴァーも説明している[34]。

　ファン・デァ・ヴェーやマンロの評価がもっと積極的であることは，上に見たとおりであるが，この点についてドゥ・ローヴァーは慎重である。「重要なことであるが，1537 年 3 月 7 日の布告は，もっぱら債務証書や約束手形に適用されたのであるが，当時，債務証書が譲渡証書を作成することなしに，単なる引き渡しだけで，商人間を転々と流通していたことを認めている。しかし，そこには為替手形については何ら言及されていない。」「アントワープの状況は，裏書発生に好都合であったが，16 世紀末まで裏書の事例は見つからなかった。」「おそらく，初期の裏書は，実際の譲渡というよりも，むしろ，いまだ現金化の単なる委託にすぎなかったのであろう」[35]と推測している。

　債務証書の流通で有名なのは，ドイツの大商人フッガー家のフッガー・ブリーフ（Fugger Brief）である。信用力のある名前を持った債務証書は，満期まで 10 回も 20 回と持ち手を変え，100 回といった頻度も珍しくなく，あたかも銀行券のように転々と流通し，多くの場合，流通する証書は原債務者のもとに戻ってきて，決済の必要をなくす程であったと言われている[36]。にもかかわらず，為替手形の譲渡や裏書，転々流通は 17 世紀に入るまで例外的であったのはなぜなのだろうか。

　ロンドン商人ジョン・アイシャムの帳簿から，すでに 16 世紀半ばにはロンドン宛なり，アントワープ宛の為替手形が使われており，イングランド商人もアントワープに代理人やファクターを置き，取引を行っていることが知られ

る。彼の帳簿にはトーマス・グレシャムのアントワープ代理人リチャード・ク
ローグ宛に，1559年1月21日振り出された為替手形の事例が見られる。1551
年バルチック・カンパニーの創設メンバーのトーマス・クランフィールドは，
ロンドンのマーサーであるヴィンセント・ランダルの娘婿で，アントワープ・
ファクターとして活動しており，16世紀後半にはイングランド商人たちも持
参人払いの債務証書だけでなく，積極的に為替手形をも利用するようになって
いた。また，「ハンザ商人らも16世紀末までに，為替手形に支払約束形式を与
え続けていた。……これらの手形には，頻繁に持参人払いを認める選択的文言
が含まれていた。同様の事態は，イングランド商人によって振り出された為替
手形にも見られた。」[37]

　とは言え，債務証書が転々流通するのに比べ，為替手形の裏書は依然，それ
ほど進んでいなかった模様である。「1537年5月25日に出された布告のなか
で，……（為替手形の）持参人の権利については何も述べられていない。それ
では，債務証書がしばしば持参人に支払われ，しかも単なる引き渡しによって
転々流通していたのに対して，為替手形は通常，指名された人のために振出さ
れ，譲渡されることはなかったと，結論しなければならないのだろうか。／実
際，事態はそのようであったと思われる。」[38]と，ドゥ・ローヴァーは述べる。
「手形の譲渡性は，為替手形が取り消し可能であるという原理と相容れないも
のであったという事実から説明される」[39]のであろうか。債務証書の転々流
通や持参人払いの選択的文言を持つ為替手形の利用にもかかわらず，為替手形
の裏書慣行は，17世紀になるまで一般化しなかったのである。

　マンロは，「Burton v. Davy（1436年）の真の重要性は，近代の流通性の司
法上の諸条件を確立するための最初のヨーロッパの国家法規に間接的である
が，実質的な影響を与えた」ことであると主張し，さらに，1541年のネザラ
ンドの法令について，「この法令は，あらゆる商業手形が……金のかかる手続
きや原債権者の承認さえも必要とせず，完全な流通性を獲得し，他の資産に転
換されることを意味した。」[40]と，その意義を強調する。「近代ヨーロッパの
流通性にとって真に法的基礎を完成させることにおいてはるかに重要であった
のは，1537年3月と1541年10月のハプスブルグ家のネザランドのEstates
Generalが公布した勅令であった。なぜならそれらは持参人に完全な支払いを

求めて，あらゆる者を，そしてノートのすべて自分より前の債権譲渡した者を
裁判に訴えることを認め，完全に全国的な規模で，持参人の完全な法的保障と
保護を伴った金融的債権譲渡のこれらの原理を確立したのである。」[(41)] という。

　ファン・デア・ヴェーも「流通性のある商業手形の新しい制度の中心的特徴
としての裏書は，1600 年以降しばらくしてやっとアントワープに出現し，そ
れは為替手形の裏書に生成と密接に結びついていたのである。」「持参人払い項
目をもって長期の債務証書の近代的な割引は，16 世紀末以前にアントワープ
で完全に一般的慣行になっていた。……1600 年以降，短期の為替手形の割引
もまた，標準的慣行になっていた。かくて，近代的割引銀行業の基礎は，16
世紀末以前にアントワープにおいて構築されたのであった。」[(42)] と言われるに
しても，為替手形の裏書の出現が，マンロによって高く評価された判例が出さ
れて 150 年以上も時の経過を要することになったのは何故なのか。

　さらに見落とされてならないことは，為替手形の裏書慣行はただ，ネザラン
ドにのみ出現したのではなかったことである。ドゥ・ローヴァーも教えている
ように，「遅くとも 1600 年頃には，当時，トスカーナ地方の三つの銀行都市で
あるピサ，リボルノ，フィレンチェで裏書は一般的な慣行になっていたことは
明確に断言できる。」「イタリアでもネーデルランドでのように，16 世紀以来，
人々は商業手形を譲渡しようとしてきた。恐らく，裏書はフィレンチェで生ま
れたのであろうが，他の都市ではその普及は緩慢なものでしかなかった。裏書
は，16 世紀末までは一般的なものにならなかった。これ以降も，多くの反対
に直面し，ナーポリやヴェネチアでは裏書は追放されてしまった。」イングラ
ンドにおいても，マリーンズの『商業大全』やマリウスの小冊子の叙述から，
「裏書は，1622 年から 1651 年の間にイングランドに導入されたと結論できる。
裏書慣行はこの時期以前には一般化していなかったと思われるが，しかし，そ
れ以前から確実に認知されるようになっていた。」「フランスでは裏書は 1620
年頃には普及していたようである。……クレラックの 1656 年初版の著書で，
指図人払い文言を含む手形の事例が幾つか提供されている。したがって，この
間に裏書が定着したと考えられる。」ドイツについては，「フランクフルトでは
1620 年 5 月 4 日に勅令によって裏書が公に禁止されたことから見て，裏書は
1620 年以前に根を広げていた。1647 年にニュールンベルグでも同様な勅令が

発布されている。したがって，ドイツでもまた裏書は，17世紀初頭以降に定着しつつあった」[43] のである。

　明らかに16世紀後半から17世紀初めにかけて，ヨーロッパの多くの地域で公立預金振替銀行が存在するにもかかわらず，為替手形振出しの根拠である中世為替金融契約を揺るがし，旧来の為替契約の枠組みを打破する事態が進行し，為替手形の裏書，流通性という新たな慣行を発生しつつあったと考えられる。それは何故か。ドゥ・ローヴァーも，ファン・デア・ヴェーやマンロもこの点については，何も答えていない。近代的銀行制度の成立にとって，商業手形の流通性と徴利の公認で十分と考え，イタリアの伝統に忠実なアムステルダムではなく，アントワープ―ロンドンの経路に近代的銀行業の発生が見られると理解していた。「アムステルダムの民間銀行家の事例に追随しながらも，ロンドンはまた，17世紀の経過中に前世紀のアントワープの金融イノヴェーションを取得した。アントワープとロンドンの間のこの継続性は，16世紀におけるロンドン・マーチャント・アドヴェンチャラーズとアントワープ市場との間に存在した固い絆によって促進されたのである。」[44] しかし，強弱の差はあれ，1600年前後に裏書慣行がヨーロッパ的広がりを見せていたことから，金融革新の「中世的起源」からでは説明がつかないのではなかろうか。ヨーロッパ大の規模で裏書慣行が広がっていたことは何を意味するのであろうか。

　ともあれ，ヨーロッパ各地で濃淡の差はあれ，裏書の生成が見られたことは，先進的な商業組織を持とうがイングランドやハンザ都市のような遅れた組織を持つところでも，ドゥ・ローヴァーも指摘するように，「至るところで，商人たちが新たな方法を使って，債権を貨幣化し，手形を転々流通させようと模索してきた。／中世では為替手形は譲渡性をもたなかった。それが転々流通するようになったのは，やっと17世紀の初めになってからである。」「ブルージュやアントワープでは，慣習法は他の都市より自由で，債務証書には譲渡性が早くから認められていた。しかしながら，為替手形の譲渡性の承認は幾分，時間を要したのである。」[45] これはどう考えればいいだろうか。中世の為替手形，為替金融契約と為替手形の裏書，流通性の特質を考えると，問題が奈辺にあるか自ずと明らかになる。

　債務証書の転々流通が16世紀半ば以前に一般的慣行となっていたのも関わ

らず，為替手形の裏書が遅れた「最大の障害は恐らく，譲渡性の原理が為替契約のもつ概念と相容れなかったことであろう。……為替契約には四人の当事者が存在し，二人の契約者が為替手形の発行地で関与し，他の二人の代理人が手形支払場所での契約遂行に必要であった。しかも，手形代金受取人がその権利を譲渡する第三者の参加を予定していなかった。紛争や不渡りの場合には，振出人は資金の提供者に対してのみ責任があり，為替手形，戻し為替，さらには拒絶証書の費用等の支払義務は彼にあった。手形の振出先では，手形金額受取人は，手形を引き受けながらその約束を守らなかった名宛人に対して訴訟できたのである。／これに対して，商業手形の流通性は非常に異なった原理からなる。第一に，手形代金受取人は自己の権利を第三者に譲渡する権能を持ち，第二に，手形に署名した全ての者，すなわち振出人，引受人，裏書人の一人一人が連帯して持参人に支払義務を負っていたという点で，流通性は，為替契約とはいわば全く正反対の原理であった。資金の提供者，すなわち手形金額の貸し手の権利は，持参人の利益のために犠牲にされるのである。この点は，明らかに，為替契約の性質や精神と相容れないものであった。」したがって，「流通性の原理は，時が経つにつれて，為替手形から為替契約がもっていたあらゆる特質を失わせる結果となった。」「金額を提供した者については，もはや言及されなくなり，……資金の提供者の記載はもはやどうでもいいものになった……。」[46]

　為替契約での手形代金支払の唯一の根拠である「資金の提供者の記載がどうでもいい」ということは，裏書がヨーロッパ規模で広がった17世紀の世紀転換期の前後で，為替手形が振出される方式が明らかに変わったことが推測される。為替手形は，いまや為替金融契約に基づいて振り出されるだけでなく，それとは異なった根拠でもって振り出されるようになっていた。このことから為替手形の流通性を商人たちが受け入れたのである。この点については，オランダとゼーランドでの為替手形における本人と代理人の関係の裁判を扱い，引受の意義の変化を論じた W. D. H. アセールの論文（1987年）は興味深い。

　もともと中世の為替契約においては，名宛人（payor）による手形金額支払の根拠は手形振出人（drawer or taker）と資金の貸し手（deliverer or remitter）との為替金融にあるのだから，手形を支払うという名宛人の義務は

手形の引受行為によって創出されたわけでない。引受それ自身は，必ずしも必要な行為であるとは言えなかった。「引受は，おそらく大部分の場合，振出人と彼に金額を与えた人物との間の取引の結果として，既に存在する名宛人の義務の単なる確認に過ぎなかったのである。……なぜなら手形金額受取人，すなわち手形の保有者は通常，第4番目の人物で，代理人，すなわち remitter のコルレスであったからである。」「名宛人＝手形支払人は振出人の同僚あるいは仲間であり，ローンの返済に共同して各々に責を負うべきものであった。名宛人が手形を引き受けようが引き受けまいが，それは振出人が受け取った貨幣を返済する名宛人の義務にとって全くとるに足らないものであった。」したがって，「もし手形振出人と名宛人の間にそのような基礎となる関係が存在しなかったのであれば，手形の引受は，名宛人が手形に記載された金額の支払に自ら関わることを意味することは，何の異論もなかったのである。」[(47)] 換言すると，中世的為替金融契約の根本的枠組みが崩れるならば，引受はまったく新たな意味を持つようになるということである。事実，そのような事態が17世紀に入るまでに進行していた。1601年のアムステルダムの慣習法には，名宛人が手形の引き受けや手形金額の支払を拒否する理由が列挙されている。すなわち，振出人が必要な資金を提供していないとか，振出人が手形金額に見合ったほどの名宛人の債権者でないとか，振出人が名宛人に手形を振出すだけの法的資格も権能もないといった理由が列挙されている。そのため，手形保有者は，名宛人が支払うということが確実になるまで手形を持ち続けることが一般的になり，名宛人が手形金額の支払を引き受けるのか，拒絶するのかを明白にすることが求められた。したがって，「名宛人は手形の上に引受を記載した。その結果，手形を引き受けなければ，名宛人は支払いを強制されないという規則が発展した。／名宛人と受取人との関係について，名宛人は手形を引受けるか拒絶するかは完全に自由になったのである。」すなわち，「振出人と名宛人の間で，命令・権限（mandate）が取り結ばれるということが，一般的に受け入れられたのである。……手形の引受によって，名宛人は手形金額を支払うことを振出人に向かって責任を負ったのである。名宛人が手形を引受けなければ，手形所有者は，名宛人による支払いを請求できなかったのは当然であった。」[(48)]

　明らかに為替契約が取り結ばれても，振出人と名宛人，為替手形を送付する

者と手形金額の受取人の関係は，親子・親戚・親方徒弟といった内輪の者の関係といった中世的枠組みは必ずしも維持されなくなっていることがわかる。手形金額の支払の根拠が為替金融契約にあることが十分に確認できなくなってきた状況では，為替契約では単なる債務の確認に過ぎず，必ずしも必要でなかったと見なされていた引受行為そのものに，手形の支払根拠を移さざるを得ない状況が生まれていたのである。16 世紀の半ばまでにネザランドでは債務証書の譲渡や裏書が公認されていたのにもかかわらず，17 世紀に入るまで為替手形の裏書譲渡が一般化しなかったのは，為替手形の振出しの在り方，さらには為替手形の支払根拠の変容を待たねばならなかったのである。そうした事態の発生により，裏書による第三者の介入が問題にするほどのことでなくなっていたのである。各地での裏書慣行の広がりから見て，そのような事態はネザランドだけでなく，イングランドやイタリアやドイツにおいても，同様に進行していたのであろう。マンロやファン・デア・ヴェーらが，金融革命，とりわけ為替手形に見られたイノヴェーションの「中世的起源」を強調しているが，それだけでは為替手形の流通性は説けない。近代初期に為替手形の為替金融契約の枠組みが揺らぎ，拙著で明らかにしたように，為替金融に代わって，かつては振出人の代理人に過ぎなかった名宛人が融資の一種である引受信用を供与するという金融方式を根拠に，為替手形が振出されるという新たな事態が広がっていたのである。

　したがって，J. S. ロジャーズが商業手形をめぐる金融革命を手形の流通性に求める通説を「流通性の神話」と批判し，イングランドでの裁判でネザランドと同様に，引受の持つ意味が変化したことを明らかにしたことは画期的であった。これに対してマンロは，厳しい批判を浴びせているが，なぜ，17 世紀に入る前後になるまでネザランドで為替手形の裏書が商人の慣行とならなかったかのか，また同じ時期にネザランドやイングランドだけでなく，イタリアやドイツでも為替手形の裏書慣行が広がっていたことを説明すべきであった。引受の意義や為替手形の振出しの有り様が大きく変わり，商業手形での信用供与が中世的な為替金融契約から，近代初期には商業中心地の商人やマーチャント・バンカーらが与える「引受信用」へと変化した経済的背景を考察すべきであった。多くの論者は手形の裏書譲渡や流通性に言及するものの，いま

なお，引受信用の意義を軽視している。マンロらも金融革命の中世的起源よりも，信用状 letter of credit に基づく引受信用 acceptance credit という近代初期のイノヴェーションに着目すべきであった[49]。

　そして，このことは基軸通貨＝「貨幣の世界システム」の生成にとっても極めて重要である。17世紀初め頃までに，為替金融契約での為替手形の振出人と名宛人の関係で見られた本人（principal）と代理人（agent）の関係に変化が見られ，名宛人は振出人の単なる代理人ではなく，振出人に「引受信用」という一種の融資を供与する者として現れた。為替手形は，いまや為替金融契約の付属書類，その執行手段ではなく，独立の証券となった。マリーンズは彼の *Vel Lex Mercatoria*（1622年）で1章を割いて信用状について論じ，信用状の作成が名宛人から振出人への信用供与（a Participation of Credit to another）であると述べている。信用状の発行は，為替代金の支払根拠が為替金融契約から引受信用に移行していることを意味する。イングランドのコモン・ロー法廷での Matthew Reuse v. Charles H.（1605）や Peter de Prill v. Philip Barnardi（1616）の判例でも，明確に商人やファクターがいったん手形を引受けたら，支払義務が生まれるというのが「遠い昔からの」慣行であったと主張しており，かつての為替金融契約では名宛人による支払を振出人が何時でも取り消すことができた権限は，最早問題にならなくなっている。さらに，1630年代初めまでにはイングランドの地方商人の間でも信用状発行が普及していたことは，北部カンバーランド，ウェストモーランドの商人クリストファー・ローザーの書簡から知りうる。引受信用を与えるロンドンの有力な商人やマーチャント・バンカーである為替手形の名宛人が，中世的為替契約の deliverer に代わって，為替手形の振出しや流通に決定的な役割を演じるようになったのである。彼ら有力商人が引き受ける為替手形であるからこそ，フッガー・ブリーフのごとく転々流通するのである。かくて，拡大するヨーロッパ経済での北はバルト海・ロシアから，南はイベリア半島，地中海，レバントまでの貿易関係を，さらにはアフリカから新大陸，東西インドまでの貿易取引を包摂し統合するところの広大な引受信用のネットワークが，アムステルダムやロンドンやその他の商業中心地から放射状に形成されてくることになる[50]。貨幣・信用関係は，世界大に拡張されたのである。

　為替手形振出しの根拠が為替金融契約から引受信用に移行したことで，為替
金融契約レベルの大市間為替手形は衰退を避けられず，16世紀まではヨーロッ
パ各地にいくつも並行して存在していた国際通貨は，17世紀には引受信用の
供与に基づき振り出された為替手形による信用のネットワークの急激な広がり
とともに，基軸通貨となったオランダ，アムステルダム銀行のバンク・ギル
ダーに取って代わられる。「貨幣の世界システム」が出現することになった。
為替金融契約に代わって，引受信用によって，ますます拡大する貿易地域を為
替と信用ネットワークに取り込み，金融中枢に結び付けたのである。そして，
ヨーロッパ世界各地の支払決済の集中・集積は，決済中枢地が与える信用供与
の基盤を一層，強化することになり，17，18世紀には，アムステルダムを，
さらに18世紀末までにはロンドンを世界の多角的支払決済システムの中枢的
地位に押し上げることとなった。公立預金振替銀行の存在が為替手形の変容を
抑制したわけではなかったし，それら銀行の不在が金融革命を生み出したわけ
でもなかったのである[51]。

［注］
(21) H. Van Der Wee, "The Medieval and Early Modern Origins of European Banking," in *Banchi Publich, Banchi Privati e Moneti di Pieta nell'Europe Preindustriale : Administrazione, Tecniche Operative e Ruoli Economici: Atti Del Convegno, Genova, 1-6 Octobre 1990 - Societe Ligure Di Storia Patria*, 1991, pp.1159, 1173.

(22) op. cit., p. 1168-1169, 1170.　銀行外振替（ditta fuori di banco）である債権譲渡とは，「債務者が第三者の債務者に対する債権を自己の債権者に譲渡することで債務を支払う」ことである。「銀行内振替（ditta di banco）と異なり，銀行外振替は必ずしも債務者を免責しなかったのであり──この点が我々には非常に重要なのだが──債務者は，債権者に振り替えられた第三者の債務者に対する債権の支払を保証しなければならなかったのである。したがって，不渡りの際，債権者は債務者への遡及の権利を与えられることがわかるであろう。」（R. ドゥ・ローヴァー，拙訳『為替手形発達史』(4)，『佐賀大学経済論集』第42巻6号所収，2010年3月，88頁。）

(23) Van der Wee, op. cit., p.1160.

(24) *ibid.*, p. 1170.

(25) John H. Munro, "The Medieval Origins of the Financial Revolution: Usury, Rentes and Negotiability," *The International History Review*, XXV, 3, September, 2003, p.547.

(26) 拙著『近代初期イギリス金融革命』，第3章参照。

(27)(28)(29) Munro, op., cit. pp. 552-554.

(30) H. Van der Wee, op. cit., pp. 1169-1170.

(31) ドゥ・ローヴァーも以下のように指摘している。1610年くらいまでは「（為替手形の）裏書慣行はいまだ一般的な慣行にはなっていなかったと思われる。……1640年以降には裏書は一般的なものになったであろう。かくて，1610年と1640年の間には裏書慣行は一般化しいったと確実にい

うことができるであろう。」「要約すると、アントワープでは商業手形の自由な流通を妨げる慣習法や法規は何らなかった。事実、債務証書は単なる譲渡や同じく裏書という方法で、商人の間を転々と流通していた、債権譲渡による支払は債務者を決して解放しなかったので、債務証書の持参人は、彼の前に証書に署名したすべての人に対して遡及する権利を自動的にもつという結果になった。しかし、単なる約束手形に倣って、為替手形を譲渡可能に、すなわち、裏書可能にする一定の環境の下でなされた努力は、16世紀末までには成功することはなかった。……ともかく、裏書慣行が以降30年間のうちに一般化したという事実の確認でよしとせざるを得ない。」 前掲拙訳『為替手形発達史』(4), 106-107頁。

(32) Meir Kohn, "Bills of Exchange and the Money Market to 1600," Working Paper, February, 1999, pp. 21-23, 25.

(33) de Roover, 前掲拙訳, 94, 96-98頁。

(34) op. cit., 102-103, 104頁。

(35) op. cit., 103, 106頁。

(36) Meir Kohn, op. cit., p.26.

(37)(38)(39) de Roover, 前掲拙訳, 105, 103頁, 下線は引用者。

(40) Munro, op. cit., p.553.

(41) Munro, "English 'backwardness' and Financial Innovations in Commerce with the Low Countries, 14th to 16th centuries," in *International Trade in the Low Countries (14th-16th centuries): Merchants, Organization, Infrastructure: Proceedings of the International Conference, Ghent-Antwerp, 12th-13th January 1997/ eds.* by Peter Stabel, Bruno Blonde & Anke Greve, Garant, 2000, p. 152.

(42) Van der Wee, op. cit., p. 1171.

(43) de Roover, 前掲拙訳 (5), 『佐賀大学経済論集』第43巻1号所収, 2010年5月, 78, 82, 91, 93, 95頁。

(44) Van der Wee, op. cit., p. 1170.

(45) de Roover, 前掲拙訳 (5), 96頁。

(46) 同, 96-98頁, 下線は引用者。

(47) W. D. H. Asser, "Bill of Exchange and Agency in the 18th Century Law of Holland and Zeeland; Decisions of the Supreme Court of Holland and Zeeland," in *The Courts and the Development of Commercial Law, edited by Vito Piergiovanni, 1987, Comparative Studies in Continental and Anglo-American Legal History, Bd. 2,* p. 112.

(48) op. cit., pp. 113, 112.113n. とはいえ、手形振出人と名宛人が明らかに代理人関係にあり、名宛人の指図で手形が振出され、すでに裏書譲渡もされた為替手形の引受が拒否された場合の訴訟で、名宛人の支払義務は免れないという判例が紹介されている。Supreme Court, 27 July 1709, Romburg v. De Groot, Supreme Court, 30 September 1744, Van der Giesen v. the V. O. C. (op. cit., pp, 114-116)。

(49) J. S. Rogers, "The Myth of Negotiability," in *Boston College Law Review*, Vol. 31, 1990, *Id., The Early History of the Law of Bills and Notes : A Study of the Origins of Anglo-American Commercial Law*, 1995, 川分圭子訳『イギリスにおける商事法の発展』, 弘文堂, 2011年, 参照。デンツェルも為替手形の裏書譲渡=流通性を強調するが、引受信用には全く無関心である。Markus A. Denzel, "Monetary and Financial Innovations in Flanders, Antwerp, London and Hamburg: Fifteenth to Eighteenth Century," in *P. Bernholz and R. Vaubel, ed., Explaining Monetary and Financial Innovations*, 2014, pp. 254-262.

(50) 前掲拙著『近代初期イギリス金融革命』, 第3章「イギリス近代における為替手形の性格」参照。

（51）中世，近代初期の Flanders や Brabant での公立預金銀行の欠如について考察した E. エールツは，アントワープが中央政府の財政支援に深く関わらされており，その債務の重圧から，公立銀行を設立する機会も資力も存在しなかったことをあげている。とはいえ，預金銀行設立の根拠が安定した通貨の供給と支払決済制度の必要性にあることから，アントワープでもそのような役割を演じた機関が存在したことを明らかにしている。「16，17 世紀幾つかの大きな都市では，とりわけアントワープでは，キャッシーヤのようなマネー・ディーラが公立銀行の役割を引受けていたことを推測することは馬鹿げたことではない。彼らは商人の貨幣の世話をし，素早くいつ何時にでも商人たちに頼りになる硬貨へのアクセスを用意したのであった」と，銀行業を行わない両替業務だけを行うキャッシーヤの存在を明らかにしている。そして，彼らが時には銀行業務や為替や債務証書の取引を引受けていたという。いまひとつ，公立の為替事務所（town exchange office）が商人に信用を供与し，預金や貸付業務を行っていた。「アントワープのような商業中心都市での都市債務の運営が，公立預金銀行設立のいまひとつの理由であろう。しかしここでもまた，そのような事態に至らなかった特別な事情があった。少なくとも，14 世紀以来，town exchange office（stadswissel）が Brabant やまた恐らく侯国の幾つかの大きな商業都市には存在した。富裕な商人たちは当局や民間個人に信用を供給し，また都市の債務を効率的に運営していたのである。」（E. Aerts, "The Absence of Public Exchange Banks in Medieval and Early Modern Flanders and Brabant: 1400-1800 : a Historical Anomaly to be explained," *Financial History Review*, 18;1, 2011, pp. 98, 99, 100, 102, 104, 106, 110 参照）。いまの私には，重金主義の重圧下で預金銀行が存在しなかった 17 世紀初め頃までのイングランドで，王立為替（Royal exchange）office が如何なる役割を行っていたかについての考察を行う余裕はないが，一種の銀行業務を行う town exchange office の存在を考えると，預金銀行の不在が為替手形をめぐる金融イノヴェーションの根拠とするマンロやファン・デァ・ヴェーの主張は再考されるべきであろう。

# 第4章

# 「貨幣の世界システム」の成立

## ──資本主義的信用貨幣制度の起源──

　17世紀オランダに「ヨーロッパに唯一の，群を抜いた」金融市場が出現し（P.スプフォード），アムステルダム銀行のバンク・ギルダーは「貨幣の世界システム」における「覇権通貨」になった。「貨幣金融制度の転換は産業革命に先行していた」（M.ブロック）。その道のりは長く，発端は11，12世紀にまで遡る。イマジナリー・マネー，為替金融契約に拠る為替手形，預金銀行による支払決済システムは，グローバルな信用貨幣制度を生み出し，中世各地で国際通貨を生み出した。しかし，16世紀後半から17世紀初頭にかけて見られた引受信用という金融イノヴェーションの展開は，中世金融市場の在り方を一変させ，アムステルダム銀行通貨を「貨幣の世界システム」の頂点に立たせた。預金通貨は，造幣硬貨を「信用貨幣の小銭」（C.ダヴナント）となし，金属貨幣の価値変動への政策関心を消し去った（M.ブロック）。商人やマーチャント・バンカー，銀行家等の「非国家的支払団体」（クナップ）が巨大化すれば，「銀行組織というものは，国家の借入と密接に結びついているし，およそ最も猜疑の目をもって見られる国家の貨幣発行という機能とも密接な関係をもっているので，政府がその組織をまったく無免許のまま，無統制のまま放置しておくことは，ほとんどありえない」（J.H.クラパム）。国家はグローバル金融市場の発展と近代国家形成のための国債市場創出のために，信用貨幣制度に深く関わらざるを得ない。本章と次章で考えていきたい。

## 第 1 節　資本主義的貨幣信用制度とは何か？

　『なぜドル本位制は終わらないのか』（岡本・楊枝共編，2011 年）に寄せられた論考において，岩野茂道氏は以下のように論じられた。1999 年から 2008 年までの 10 年間，ユーロ域，イギリス，スイスのヨーロッパ諸銀行の US ドル資産が約 2 兆ドルから約 8 兆ドルにまで急増したにもかかわらず，アメリカ合衆国の諸銀行がもつ上記ヨーロッパ諸国通貨建て資産（€，£，SF）は 1 兆ドル以下で推移し，大きな変化は見られない。「この国際銀行業の非対称性は，一言でいえばドルに対する需要が他の先進国通貨に対して予想を超えて強く，そしてそのドル需要の一方的強さは国際資本取引の大部分が US ドルによってなされていることに基づいている。」「アメリカの金融仲介機能は単なる国際流動性としてのドル供給者としてだけでなく安定した金融資産の投資先，というよりも最終的な支払現金としてのドルの safety haven（安全な母港）としての役割を併せ持つ中央銀行機能をもたされる段階に達したと考えられる。」「ドル建て資産に代替しうる条件を備えた他の金融資産は，現在のところ見当たらない。」これら諸事実は，基軸通貨ドルが「貨幣の世界システム」になっていたことを示す[1]。

　わが国では，ニクソン・ショック以来，国際通貨ドル崩壊論が繰り返えし主張されてきたが，海外ではそのような議論を聞くことは稀であった。「ドルがその役割を引き受けている理由は，米国が最大の債務国であるという事実にあるだけでなく，より重要なことは，一般に米国の証券市場，とりわけ，米国国債市場の規模の大きさ，強さと深さによるものである。……金融エンジニアリングでの米国の支配的地位は，米国資本市場の支配的地位と一体となって，ドルを国際的資本フローのための挑戦されることのないヴィアクル・カレンシーにしているのである。」[2]

　「貨幣の世界システム」として存在する米ドルに比べ，欧州共通通貨ユーロの，国ごとに分断された貨幣資本市場のありようは，著しく見劣りする。ECB 理事であった S. ヘメレーネンは，「大陸ヨーロッパの金融市場の発展の遅れの背後にある大きな要因は，各国の厳格なセグメンテーションである。こ

のセグメンテーションは，勿論，伝統や慣行の相違，各国の規則や税制の違い
から帰結したものである」と言う。B. アイケングリンも「ユーロ参加国の
GDP は，いまや US に匹敵する。そして，その債務総額の GDP 比率は，時に
は US を上回るほどである。しかし，政府債のユーロ圏ストックは，様々なリ
スク，異なった収益性，流動性の相違をもつ様々な政府債のごっちゃまぜで，
不均一なこと甚だしい」と指摘する[3]。ユーロ圏の資本市場の現状は，US の
それに量的にも質的にも対抗できるようなものでは決してない。

　1971 年にドルの金交換を停止以降，米国 GDP の世界シェアーは低下し続
け，2016 年には 16.8％に過ぎない（ユーロ圏 15.0％，中国 13.9％，日本 5.0％。
『日本経済新聞』，2018 年 11 月 8 日参照）。しかも，世界はたびたび金融恐慌を経験
したにも関わらず，今日，国際通貨体制は「ドル一強」とまで言われるほどの
状況を呈している。米ドルが国際的な支払決済通貨として受容され，財務省証
券をはじめ，様々な長短の金融資産が活発に発行され需要されるのは，ドルが
「貨幣の世界システム」の中枢に位置するからである[4]。

　世界システムとして生成発展してきた資本主義は，それぞれの段階で，「貨
幣の世界システム」＝基軸通貨体制を必要不可欠としてきた。それでは，国際
的な支払決済通貨であり，同時に国際的な貨幣資本市場を提供する基軸通貨体
制は，いつの時代から出現したのであろうか。国際通貨体制は，19 世紀後半
の国際金本位制を担った英国ポンド体制から語られるのが常識であるが，しか
し国際通貨それ自体は，この時代に初めて出現したのではない。ヨーロッパ中
世において，国際通貨はすでに存在していた。ドゥ・ローヴァーによれば，
「大市通貨はそこに集う各国商人にとっては国際通貨であった。すでに 13 世紀
にシャンパーニュ大市通貨は，イタリア諸都市に対して，為替相場の基準通貨
となっていた。事実，貨幣はイマジナリーであろうとリアルであろうと，為替
相場を決定するのに役立っていたのである。」例えば，1535 年カール 5 世に
よって創設されたジェノヴァ人の大市であるブザンソン大市の，品位 22 カ
ラット，重量 3.48 グラム，純金では 3.19 グラムの観念的貨幣「エキュ・ドゥ・
マルクは，大市の全機構が円滑に機能するためには不可欠であった。……大市
の優越性は，大市が為替の基準通貨を提供し，エキュ・ドゥ・マルクという観
念的で安定した貨幣を基礎にして為替相場が建てられたということに深く関連

していた。」「実際のところ, エキュ・ドゥ・マルクは, 国籍がいずれであろうが, 大市に出入りするすべての銀行家らによって価値基準として受け入れられ, 国際通貨であり, かつ契約通貨であるというメリットをもっていた。」[5]

　15 世紀半ば, ヨーロッパの為替市場のネットワークは, ヴェネチア, ジェノヴァ, フィレンチェ, ミラノ, ピサ, ローマ, ボローニャ, パレルモ, さらにはイタリア半島以外にもブルージュ, ロンドン, パリ, アヴィニオン, モンペリエ, ペルピニャン, ヴァレンシア, セヴィリア等に広がっていた[6]。16 世紀スペイン, フィリップ 2 世時代の最重要為替都市は, 上記イタリア諸都市と, メッシーナ, ナーポリ, アントワープ, ロンドン, リヨン, ルーアン, バルセロナ, サラゴッサ, ヴァレンシア, セヴィリア, マドリッド, メデイナ・デル・カンポ, リスボンに存在した。ドイツやスイスの副次的な為替都市やジェノヴァ人の大市都市を加えると, 中世ヨーロッパの為替と信用のネットワークは大いなる広がりをもつ[7]。

　しかしながら, われわれは最初の「貨幣の世界システム」＝基軸通貨体制の成立は, 17, 8 世紀のオランダ, アムステルダム銀行のバンク・ギルダーに始まり, 資本主義的信用貨幣制度の起源はオランダ共和国にあると考えている。さらに付け加えるなら, 近代最初の基軸通貨であったアムステルダム銀行のバンク・ギルダーは, 17 世紀 80 年代以降に不換化したにもかかわらず, 18 世紀後半までも長きにわたり, 国際的支払決済通貨であり続けた。さらに, 早や 18 世紀後半にオランダ, バンク・ギルダーからイギリス, ポンドへの国際通貨の移行が進み, 遅くとも 18 世紀末には, 4 半世紀もの間, イングランド銀行が正貨支払を制限した時期に, ポンドが国際通貨に上り詰めた事実をも思い起こされる。17, 8 世紀といった時代に, バンク・ギルダーやポンドといった基軸通貨にとって, 兌換それ自体よりも, 「貨幣の世界システム」がもつ国際的支払決済機構とそれに支えられた金融市場の機能が, 重要であった[8]。

　それでは, バンク・ギルダーを嚆矢とする基軸通貨体制＝「貨幣の世界システム」は, 如何にして生成発展したのであろうか。また, それはシャンパーニュ大市, カスティリア大市, ヴェネチア, ジェノヴァ, アントワープ等の中世近世の大市通貨が果たす国際通貨機能といかなる違いがあるのだろうか。そのような問いに答えるためにも, まず, 「信用制度は産業資本自身の創造物で

ある」（マルクス）とする常識の検討から始めよう。

[注]

(1) 岩野茂道「ドル本位制の構造―銀行原理のオープンシステム―」，岡本惠也・楊枝嗣朗編著『なぜドル本位制は終わらないか』所収，第1章，文眞堂，2011年，9，23頁。

(2) J. A. Kregel, "Nationally Segmented Capital Markets and Decentralized Central Banking: What will happen to Banks in Eurosystem?" in *Otto Steiger, ed., The Euro and the Eurosystem are Getting Tangible: Prospects and Risks of a Unified Currency*, Hamburg, LIT-Verlag, 2003. (手稿), p.2.

(3) 楊枝嗣朗「欧州通貨ユーロの桎梏―つなぐ通貨ユーロと粉飾された中央銀行 ECB―」，前掲編著，第6章，186-188頁参照。

(4) 金融危機のたびに繰り替えされたドル崩壊論（「アメリカの世紀やアメリカのヘゲモニーに早すぎる墓碑銘を書かせるといった誤謬」）は，ドル「貨幣の世界システム」，すなわち，ドル基軸通貨体制が持つ「国際金融権力」，貨幣の「構造権力」を理解されないからであるとストレンジは言う。「合衆国の構造的パワーは合衆国の領土内で生産される財やサービスの価値，すなわち合衆国のGDP によっては測りえない。」「出現しつつあるのは，帝国の首都をワシントン DC に置く非領土帝国である。」「この構造パワーは，世界の生産制度や，その中で機能する金融構造や信用機関や市場に対する，さらには知識構造における知識の生産者やコミュニケーションに対する合衆国の構造パワーによって強化されている。」とりわけ，「金融構造によって供給される信用は，最も基本的な生産構造にとって必要条件である。高度に発展した先進工業国の高度に資本主義化された生産構造においては，決定的な役割は，金融構造を通じての信用の供給によって演じられる」(Susan Strange, "Toward a Theory of Transnational Empire," in *Global Changes and Theoretical Challenges : Approaches to World Politics for the 1990s, edited by Ernest-Otto Czempiel and James N. Rosenau*, 1989, pp. 166, 167, 169, 170)。以下ををも参照されたい。Susan Strange, "The persistent myth of lost hegemony," in *International Organization*, Vol. 41, No. 4, Autumn 1987, E. Helleiner, "Below the State : Micro-Level Monetary Power," in *International Monetary Power, ed. By David M. Andrews*, 2006. ただ最近，この構造パワーの乱用や米政治の暴走から，「ドル離れ」の懸念が生まれている。「米財務省の制裁乱用，ドル離れに？」(*The Economist*, 19 May 2018，『日経』2018年5月23日)，エドワード・ルース「ドルが報いを受ける日」(*Financial Times*, 31 May 2018．『日経』2018年6月4日) 参照。

(5) R. ドゥ・ローヴァー（拙訳）『為替手形発達史―14世紀から18世紀―』(3)，『佐賀大学経済論集』第42巻4号所収，2009年11月，135-136頁。

(6) マルクス・A・デンツェル「国境を超える貨幣―14世紀から1914年の現金を使用しない信用システム―」（名城邦夫訳），鶴島博和編『前近代ユーラシア西部における貨幣と流通のシステムの構造と展開（Ｉ）ポスト・ローマ，イングランド，イタリア，ドイツ』，科学研究費基盤（A）報告書，2017年，所収，151頁。

(7) *Henri Lapeyre, Une Famille de Marchands, Les Ruiz, Contribution a l'Ètude du Commerce entre la France et l'Espagne au temps de Philippe II*, 1955, p.290.

(8) S. Quinn & W. Roberds, "How Amsterdam got fiat money", *Journal of Monetary Economics*, 66, 2014. J. クラパム『イングランド銀行―その歴史―Ⅱ』（英国金融史研究会訳），ダイヤモンド社，1970年，第1章「正貨支払停止の時期，1797-1821年」参照。

## 第2節　「信用制度は産業資本自身の創造物である」（マルクス）のか？

　わが国の貨幣信用論研究の多くは，ながらくマルクスの『資本論』や『剰余価値学説史』の以下の叙述に合わせて，近代的貨幣信用制度を論じてきた。「資本制的社会の先行諸段階では商業が産業を支配したが，近代社会では逆である。」「たとえば，イギリスとオランダを比較せよ。支配的商業国民としてのオランダ衰微の歴史は，商業資本の産業資本への従属の歴史である。」「1609年のアムステルダム銀行は，ハムブルグ銀行（1619年）と同様に，近代的信用業の発展における一時代を劃するものではない。これは純粋に預金銀行であった。」「産業資本が，利子生み資本を自分に従属させるほんとうのやり方は，産業資本に特有な形態—信用制度—の創造である。……信用制度は産業資本自身の創造物であり，それ自身，産業資本の一形態であって，それはマニュファクチャアとともに始まり，大工業とともに，さらに仕上げられるのである。」「資本主義的生産が……支配的な生産様式であるならば，独立の諸形態としては両方（利子生み資本と商業資本）ともまず屈服させられ，産業資本に従属させられなければならない。」

　このような理解の上で，マルクスは「信用業の発展を主として産業資本に関連させて考察してきた。」と言う。「私は前にどのようにして単純な商品流通から支払手段としての貨幣の機能が形成され，それとともにまた商品生産者や商品取引業者のあいだに債権者と債務者との関係が形成されるか，をあきらかにした。……資本主義的生産様式が発展するにつれ，この信用のシステムの自然発生的基盤は拡大され，一般化され，仕上げられていく。」「生産者や商人のこの相互前貸が信用の本来的基礎をなすのと同様に，その流通用具たる手形は，本来的信用貨幣たる銀行券・等々の基礎をなす。この銀行券・等々は，貨幣流通—金属貨幣の流通である国家貨幣の流通であるかを問わず—に立脚するのではなく，手形流通に立脚する」と[9]。

　産業資本家間の商業信用（掛売掛買）が「信用制度の自然発生的基礎」であり，その相互前貸に基づき，売り手で商業信用を与えた産業資本が振り出した為替手形が，「本来的信用貨幣たる銀行券・等々の基礎をなす」との認識であ

る。信用貨幣は銀行券においてのみ理解され，預金通貨は全く意識されること
もなかった。産業資本が銀行券という信用貨幣を創造することで，信用制度が
構築され，商人や高利貸資本を自らに従属させることができると考えたのであ
る。大塚久雄氏が主張されていた「近代的商業信用論」(1953 年) もこのマル
クスの理解をなぞったものである[10]。

　わが国の論者の多くは，「近代イギリス社会は産業資本主義社会として，そ
こにおける諸事例の分析が社会科学の理論形成の基本」と考えてきた[11]。そ
して，信用制度論の展開においても，産業資本を中心に信用関係が構築され
てきたと信じていた。名著の誉れ高い『資本と信用』(1953 年) を著された
川合一郎氏でさえ，「信用制度は，資本の，資本による，資本のための制度で
ある」[12] と言われている。言うまでもなく，資本とは，資本制的商品生産者，
産業資本である。それから半世紀近くたっても，このような誤解は正されるこ
となく引き継がれ，「イギリスにおける銀行制度成立の歴史的な過程の構成を
意図する場合には，そこにおける産業（資本主義）発展の担い手に対して光
を投げかければよいのである」とまで言われる[13]。このような発想は今日も
顕在で，産業革命をイギリス「近代の幕開け」とする理解が躊躇なく語られ
る[14]。

　そもそも，イギリス近代の貨幣信用制度は産業資本が作り出したものではな
い。すでに産業革命開始以前に，イングランド銀行を中心として貨幣市場も国
債市場も大いに発展しており，産業革命期の信用制度も，「産業資本自身の創
造物であり，それ自身，産業資本の一形態である」といったものとは程遠い。
「少なくともイギリスでは，もし産業革命が18世紀後半に起こったとするな
ら，近代的金融制度の生成は，産業革命の出現に先行していたのである。」[15]

　L. ニールに至っては，イギリス産業革命と金融革命とはほぼ無関係である
と言う。「イギリスにおける産業革命期の企業金融は，ひとつの変則の事例を
示す。産業革命の何らかの兆候が現われ始めるかなり以前に，金融革命が発生
したことは明らかである。一方で 1688 年から 1750 年に生起した金融技術革新
は，18 世紀中葉以降に現れた工業化の主導的部門（繊維，鉄，石炭，蒸気機
関）から無視されてきたように思われる。金融革命の諸要素は今では十分に理
解されている。……それらは基本的にはネザランドで発展した金融技術に基づ

いていた。すなわち，譲渡可能な証券として交換手段の一部となっていた内外
の為替手形；活発な二次市場で取引される企業の永続的な資本証券である譲渡
可能な株式；そして，デフォルト・リスクからほぼ自由な政府発行の終身年金
証書等々。」「産業革命は明らかに，先行する金融革命との何等の相互作用もな
しに発生したのである。／……金融技術革新は主要産業部門にみられた新しい
企業によって必要とはされなかった。……／ポスタン＝ポラード＝プレスネル
らの見解によると，金融革命と産業革命とは分断されており，両者の相互関係
はほとんど見られなかったのである。」(16)

　ところでマルクスの理解でさらに深刻なのは，為替手形についての誤解であ
る。「信用制度の自然発生的基礎」と重視する商業信用（掛売掛買）に基づき
振り出されると想定されている商業手形（為替手形）にしても，そのような手
形の流通は中世以来，20世紀初めまで，また産業革命期を通じて，存在して
はいなかった。

　ドゥ・ローヴァーは中世の為替手形について，以下のように述べていた。
「何よりもまず指摘しなければならない点は，多くの論者が，中世において為
替手形がほとんど常に商業信用取引と結び付いて振り出されたと考えているこ
とである。こうした理解は勝手な思い込みにすぎず，余りにも単純すぎる。
マーチャント・バンカーの元帳によれば，為替手形の額面金額がほとんどの場
合，100，200，300，500ドゥカート，エキュー，あるいはフローリン等のよ
うなラウンド・ナンバーであったことが分かる。すなわち，為替取引は資金の
貸付取引であったと考えることができる。そのうえ，中世の国際商業は本質的
に，外国のコルレス先か代理人の仲介によって行われる委託販売で，為替取引
と同様に極めて投機的であった。一般に商品は売買契約が成立して搬送される
のではなく，外地の代理人が代わって，有利な販売価格での売却に努めるので
ある。……輸出商は流動資金が必要になると，委託商品の売却を見越して，為
替手形を振り出していた。」(17)

　中世以来の委託販売システムは，産業革命期においても変わらなかった。
「産業資本の起源」を論じた P. ハドソンによると，コミッション・マーチャン
トは「製造業者に貸し付けるため自己宛てに手形を振り出すことを許し，振出
された場合には手形を引き受ける。前貸は時にはキャッシュの形をとったが，

しかし，通常は製造業者によって商人宛てに振り出され，商人によって引き受けられる手形が使われた。これらの手形は一般の手形市場で割引かれ，製造業者に現金を入手させたのである。」[18]

1823年の『商人・エージェント・ファクターの法律に関する特別委員会報告』での証言も，上記の事態を確認している。「わが国の商業のほとんどすべては，ある期間の前貸によって支援されている。多くの場合，まず最初，外国の船主や託送者による外国の所有者への前貸である。ついで，〔イギリスにいる〕受託者による〔さきの〕委託者への前貸である。……そして，その後，すぐに有利な販売を見出すのが難しい結果，ある種のキャピタリストによるファクターへの前出しが行われる。」[19] また，同報告によれば，「グレイト・ブリテンの商人たちは，販売のために彼らのもとに委託されてくる商品に，その金額の 2/3 または 3/4 まで貸付ける習慣にあるばかりか，自らも自分自身の商品や委託された商品を担保に，銀行家やコーン・ファクターやブローカーその他から貸付を受けるのである。」[20]

重要な論点である。「工業地方の商人たちは，通常，港湾のコミッション・マーチャントと取引をした。ウエスト・ライディングの商人は，大部分，リヴァプールやロンドンを介して商品を扱っていた。商品が船積みされる時に入手しうる前貸しによって，ヨークシャの商人はキャッシュや短期の信用で繊維製品を買い続けることができた。しかし，この時期，大抵の製品は3，4ヶ月のトレード・アクセプタンスで購入されていた。商人や製造業者がこの時期，引受手形（アクセプタンス）で頻繁に取引していたことは，信用制度の要となっていた銀行制度や割引市場の重要性が高まっていたことを意味していた。アクセプタンスとは，商人宛てに振り出され，彼らによって引き受けられた為替手形のことであった。そのような手形を振出す目的のすべては，製造業者に資金をすぐに入手させ，生産の循環に必要な資本から生ずる信用供給の負担を軽くしてやることであった。……前貸を受けた当事者は，銀行で割引かれる手形を入手できたのである。」[21]

産業革命期，為替手形は掛売掛買の商業信用の流通用具ではなく，商人である名宛人から振出人である製造業者や商人らに与えられる引受信用（アクセプタンス・クレジット）という一種の融資の手段であり，ロンドン宛為替手形

の広範な流通は，製造業者の商人に対する商業的かつ金融的依存・従属の表現であった。この点，『製造業・商業・海運業』委員会報告（1833 年）の検討からも明らかであった[22]。

『紙券信用論』の著者であるヘンリー・ソーントンも，真正手形と空手形の峻別を批判し，「ロンドン宛てに大英国内の各地からばかりでなく，世界の各地から振出されている為替手形は偉大な額に達する，而してそれらの手形が振出されている根拠はかなり観察から洩れている。それらの大なる部分が融通手形の性質を帯びていることは疑ひない」[23]と。

かくのごとく，産業革命期の商業信用や商業手形についてのマルクスの叙述は，誤解に満ちており，驚かされる。この事実は，戦後 1970 年代頃までの信用理論研究会学会でのマルクス信用論体系をめぐる激しい論争を記憶されている論者ならば，唖然とされるのではなかろうか。商業信用が「信用の本来的基礎をなす」にしても，その手形が「本来的信用貨幣のたる銀行券・等々の基礎」であるといった主張は，その中身を検討される必要がある。もともとマルクスが言うような商業手形は流通してはいなかったのである。当然に「銀行券・等々は，手形流通に立脚」してはいなかったし，マルクスの理解とは異なり，「貨幣流通に立脚」していた[24]。今日も銀行券とはそういうものである。

ここまで来ると，「近代社会では，産業が商業を支配する」とか，「産業資本が……自分に従属させるほんとうのやり方は，産業資本に特有な形態—信用制度—の創造である」といった主張や，「資本主義的生産が……支配的な生産様式であるならば，……独立の諸形態としては両方（利子生み資本と商業資本）ともまず屈服させられ，産業資本に従属させられなければならない」との主張も絵空事に過ぎなくなる。今日までこのような誤解に基づき，近代的貨幣信用制度について様々に論じられてきたのは，残念である。

上述したように，手形が商人やマーチャント・バンカーからの引受信用の供与に基づき振り出され，製造業者が手形割引を受ける機会を与えられていた状況からも分かるように，事実は真逆であった。19 世紀初頭に「イングランドはひとつの梃子をもっており，それでもって世界を持ち上げることができた。その梃子こそ為替手形である」とまで言われたロンドン宛為替手形（Bill on London）は，決して商業信用の流通用具ではなく，広範な引受信用のシステ

ムにおける内外の製造業者やプランター・貿易業者等の貨幣信用調達の重要な
用具であり，内外の多角的支払決済の支柱であった。広大な空間と時間を取り
結ぶロンドン宛為替手形の存在こそ，イギリス近代資本主義における商人の優
先と産業資本の劣後を規定していたのである[25]。

　1823年や1833年の委員会報告やハドソンの研究からも，イギリス産業革
命期における「商人支配（merchants' dominant）」と「従属する製造業者
（dependent manufacturers）」の構図は明らかである。S. チャップマンによれ
ば，「後期ヴィクトリア時代，イギリス繊維産業は商人たちによって支配され
ていた。1820年代から1880年代の急激な成長を見たこの二世代の間に，商人
たちは繊維ビジネスの，議論の余地なき王様になった。これまで木綿や繊維一
般での産業革命について様々に記述されてきたことの後に，製造業者ではな
く，商人が，イギリスの重要な産業を統治していたと断言することは，九分
どおり，反動的であると思われるであろう。」[26]　このような商人階層の経済力
は，(1) 繊維産業の非統合的構造，(2) 統合への散発的な試みが見られたもの
の，全般的な状況にほとんどインパクトを持たなかったこと，(3) その結果
は，信用とマーケティングをコントロールする企業＝商人がパワーを保持
し続けたことに由来する。さらに，マンチェスター，リヴァプール，リーズ，
ブラッドフォード，グラスゴー等の北部の輸入取引センターとの交流にもかか
わらず，ファッションの中心地ロンドンの繊維商人がリーダーシップを維持し
続け，また，シティの強力な金融専門化が進展しても，卸商人の活動の重要性
は，少なくとも1914年まで持続したのであった[27]。

　その上，商人の資本金の大きさは群を抜いていた。例えば，19世紀末，I. &
R. モーリーの資本金は，最大の製造業であったNottingham Manufacturing
Co.の15倍で，140万ポンドに達する。ロンドン最大の商人クックの資本金は
約200万ポンド，マンチェスター最大の商人J. レイランドの場合は約130万
ポンドであった。唯一，対抗しうるのは，最強のマーチャント・バンカーのみ
であった[28]。したがって，商人が中心的役割を果たしていたことを示す最も
説得力のある証拠は，信用制度の中にあった。製造業者の商人に対する相対的
な弱点は，運転資本不足であった。「紡績業者らは，コミッションマーチャン
トから委託販売荷に対する信用供与によって操業の継続，原材料の仕入れ，賃

金支払い等のための運転資本を入手することで，クレジット・リスクから解放されていたのである。」[29] そして，その見返りに製造業者は，仕入れ価格に対する前貸には年6%の利子を，さらにコミッション手数料5%を，コミッション・マーチャントに支払っていたのである[30]。

　1800年1月1日付けのイングランド銀行保有割引手形の総額約660万ポンドのうち，主要な手形は，西インド商人（砂糖・奴隷）手形が約58万ポンド，アイルランド商人手形は約54万ポンド，アメリカ商人，ロシア商人，イベリア半島商人，ワイン・ブランデー商人の手形がそれぞれ20-30万ポンド，その他アフリカ・地中海・バルチック・海峡諸島の手形が約77万ポンドであった。割引総額が324万6000ポンドあった国内交易手形の中心は，リネン商人とマンチェスターの問屋，茶商人，食料品商および精糖業者，ブラックウエルの仲買人や毛織物問屋等々である。銀行手形が除くと，「海外貿易をする商人が総額の半分よりやや少ない額にあずかり，他の商人がその半分よりやや多い額を占めている。」このことからも，ロンドン金融市場の性格は明白である[31]。

　ロンドン証券取引所上場証券にしても，1853年の名目額12億1500万ポンドの内訳を見ると，英国国債が70%，外国政府債5.7%，英国鉄道証券が15.9%，帝国鉄道証券2.6%，銀行・保険・等金融機関が1.1%，公益事業2.2%，商工業・鉄鋼・造船・石炭証券が1.8%，鉱山・石油・茶・ゴム等の証券が0.6%である。1873年には，各々，37.8%，21.4%，16.5%，15.5%，5.0%，1.4%，1.4%，0.4%である。イギリス資本市場における産業資本の上場証券額は，極めて僅かである[32]。

　以上，産業革命期のイギリス信用制度がいかなるものであったかは，容易に理解されうるであろう。すなわち，イギリス金融革命と産業革命の間には大きな断層があった。ロンドン貨幣金融市場の英国全土並びに海外にも広がる信用のネットワークの頂点には，商人とマーチャント・バンカーが君臨し，産業資本は商人の庇護のもとで，前者が創出した信用制度の周辺で二次的な位置づけしか与えられていなかった。別言すれば，イギリス産業革命は商人やマーチャント・バンカーやその他の金融機関らが担う国際的金融資本主義の支配のもとで進行したのであった[33]。

　かくて，イギリス信用制度が産業資本によって創出されたといった思い込み

だけでなく，イギリス・ポンドの国際通貨化，基軸通貨国へのイギリスの飛躍が産業革命によって，産業資本によってもたらされたといった思い込みも，まったくの誤解であった。1832年の委員会で，N. M. ロスチャイルドの発言からも，ナポレオン戦争の終了後には，世界の決済の多くがロンドンで行われていたことを知りうる。「この国は一般に全世界の銀行である。インド，中国，ドイツ，ロシア，そして全世界のあらゆる取引がすべてロンドンに導かれ，この国を通じて決済されるのです。」「なぜならば，イングランドは全世界の決済地です。」[34]

英国の基軸通貨国化について，M. A. デンツェルは以下のように述べている。「18世紀末にはヨーロッパの大部分は信用決済システムに統合された；ロシア帝国，とりわけ，サンクト・ペテルブルグ。さらにオスマン帝国，特にコンスタンチノープルとスミルナ。商業上，産業上そして社会的にも最も発展したヨーロッパの中心として，ロンドンは18世紀中にヨーロッパおよびグローバル金融中心地としてアムステルダムに取って代わることになった」[35]。

ロンドンは長年，アムステルダムの圧倒的な勢力に比べ，二流の金融センターに過ぎなかったとは言え，早やクロムエルや，王政復古によるチャールズ2世の帰国以来，ユダヤ商人にすらロンドンでの金融活動を開放していた。例えば，1671年には Moses モカッタがロンドンに移住し，アムステルダム金市場の補足として，ロンドン金市場で活動を開始し，長きに亘って，地金市場に強固な地位を築いていた。スペインからすでにポルトガルやアントワープ，アムステルダムに移住していたマチャド家やメディナ家のごときセファラディム・ユダヤ人らも，相次いでアムステルダムからさらにロンドンに移り住んでいた[36]。

1660年代中頃から1672年までの金匠銀行バックウェルの元帳には，ユダヤ人の約110もの当座勘定口座が見られる。ロンドン商人の主要な口座にはユダヤ人の名前が記載されないことがないほど頻繁に現れる。例えば，為替勘定（Ledger I, fol. 135）には Decosta, Francisco Dasilva, Samuel Dasiega の名前が，東インド会社口座（Ledger S, fol.82）には Gomes Rodoriges, Da Costa, Rodorigues, Fransia, Jerronomo Fernandes Miranda, Duliviera, Anthhony Gomes Serra 等の名前が見られる。

　ユダヤ人口座をひとつ紹介してみると，ロンドンの商取引，為替取引の多様な姿が見えてくる。マラガのワイン商人で，1655 年ロンドンに移住し，スペインや東西インド貿易に従事し，船舶も所有する Geo & Domingo フランシアの口座（Ledger I, fol. 47, 48）に記載されている人名を記せば，以下のとおりである。貸方：David Griell, Abs. Wesell, Tho. Lewis, Toriano, And. Duncan, Fra. Desilva, Rider, Snell, Wise, Carbonell, Pr. Duliveire, Sam. Mico, Thorrowgood, Sam. Foot, Dan. Arthur, Vadepost, Bonnell, Paravicine, Goodwin, Upton, Dashwood, Burkin, Dacosta, Biddulph, Dan. Arthur, Robert Jeffrey, Jn. Mascall, Ed. Sharan。借方：Frasisco Gomez Decosta, Desau, Thomas Gore, Vega & Nunes, Sam. Mico, Caleboune, Sa. Daviega, X. Willoughby, Ralph Lee, Wm. Rider Skinner, David Dacosta, Jn. Gomes, Dan. Pennington, Tho. Kinge, Dunkin, Thorrowgood, Edw. Mico, Simon Francia, Fra. Desau, Murthwaite, Padrassa, Rog. Hatton, Theo. Biddilph, Mich. Godfrey。

　前掲拙著を参照していただけるならば，これらの名前から，ロンドンの国際金融関係の広がりが早や 17 世紀後半から十分に読み取られることであろう[37]。L. ニールらは，「1720 年秋の南海企画のバブル崩壊の衝撃に成功裏に耐え忍びことができたことで，当時，イングランド銀行はヨーロッパの国際的支払制度の焦点として，アムステルダム銀行を素早く凌駕した」[38] と主張している。とは言え，「ロンドンが金融センターとしてアムステルダムに実際に拮抗し始めるのは，やっとアムステルダムでの 1760 年代，70 年代の恐慌以降になってからであった。」「ヨーロッパの産業や貿易の中心は 18 世紀のかなり早い時期にイングランドにはっきりと移動したにもかかわらず，金融は 1760 年代に至るまでアムステルダムに集中したままであった。」[39]

　事実，アムステルダムの為替取引のネットワークが 16 世紀 80 年代から 1742 年まで，ヨーロッパ 28 都市にまで広がり続けたが，1763 年にはシャドー・バンキング恐慌の影響により，14 都市に激減している。他方，ロンドンは 1763 年以降，アムステルダムを中継せずして，ロシア貿易の決済をロンドン為替で独自に行いうるようになった[40]。「金融中心地としてのアムステルダムの地位にもかかわらず，1760 年代，70 年代の金融恐慌の結果，アムステルダムの銀行家たちは深刻な打撃に苦しんでいた。……アムステルダムの崩壊

の予測から，Gerard ファン・ネックやベアリング家，さらには 1760 年には David リカードの父親 Abraham リカードら銀行家の多くが，他の都市，とりわけロンドンに資産を移転していたことは驚くことではない。」[41]

　アシュケナージ・ユダヤ人の Aaron ゴールドシュミットも 1750 年の直前にはロンドンに移住し，息子の Asher は，Abraham de Mottos モカッタとパートナーを組み，イングランド銀行の地金ブローカーとして活躍する。Goldschmidt 家は 1797 年から 1810 年の間に，イングランド銀行が引き受けなかった国庫証券，330 万ポンドを売りさばいている。アムステルダムの巨大マーチャント・バンカーの Henry ホープも 1794 年 10 月には同地を去り，ベアリング商会は 1760 年代にドイツからエグゼターに移住したが，その後，アレキサンダー・ベアリングは 1795 年 1 月にロンドンに移り住む。その数週間後にオランダ共和国はフランス軍の侵攻で崩壊した。1815 年，A. ベアリングはイギリス国債の 3%コンソル 3 千万ポンドの主たる引受人で，その引き受けに必要な資金を，ペテルブルグ，ハンブルグ，アムステルダム，フランクフルト，バーゼル，ウィーンから引き出していた。「ロンドンは，いまや公信用の中心地となり，アムステルダムはそのサテライトのひとつに過ぎなくなった。」[42]

　かくして，ポンドの国際通貨化，ロンドン国際金融市場の発展によるポンドの基軸通貨化は，南海泡沫の崩壊後から始まり，18 世紀末にかけて達成されたのである[43]。ロンドン金融市場が 17 後半以来，一貫して商人・金融業者の国際的利害に支配されていた，すなわち国際的金融資本主義性格を有していた。このことは，産業革命期にロンドン金融市場に君臨した者がどのような人物であったかからも，歴然としている。先に紹介したロスチャイルド家，シュレーダー家，シュスター家，クヌープ家，リカード家等々，周知のところである。

　産業革命期のイングランド銀行総裁の職にあった人物たちも，圧倒的多数は海外貿易商人であり，またマーチャント・バンカーであった。1771 年から 1806 年まで重役，副総裁，総裁の任にあったサミュエル・ボズンキトは，ユグノー出身のロシア貿易商人であったし，18 世紀末に総裁であったゴドフリー・ソーントンはロシア・バルチック貿易商人である。パーマー・ルールで

著名なジョン・ホースリー・パーマーは，東インド貿易商人であり，船舶所有者でもあった。1845-47 年に総裁になったジョン・ベンジャミン・ヒースは，イタリア貿易商人であった。1838 年に重役になり，1889 年まで職にとどまったジョン・G・ハッバドは，ロシア貿易商人で，1853 年から 55 年に総裁職に就いている。総裁にはならないまでも重役には，ジュネーブ出身でパリの Thellusson & Necker 商会の支援でロンドンに進出したピーター・テルソンや，「シティの大黒柱」「ヨーロッパ第 1 級の商人」と言われたフランシス・ベアリングの息子アレキサンダー・ベアリング，さらにスイス系ロンドン商人のウィリアム・ホルディマンドらが名を連ねている[43]。

　1833 年から 73 年までの 40 年間，イングランド銀行重役会に席を占めていた 82 名のうち，海外貿易商人 56 名 (68%)，これにマーチャント・バンカー 13 名 (16%) と保険・海運業の 3 名を加えると，彼らだけで約 90% に達する。イングランド銀行にとどまらず，ロンドン金融市場がいかなる経済的利害に支配されていたかが想像されよう[44]。

　イギリス近代信用制度の核心は，アムステルダム国際金融市場に依拠し対抗しつつ，ポンドの国際通貨化，イギリスの基軸通貨国化，換言すればポンドを基軸とした「貨幣の世界システム」の構築にあった。そして，このような「貨幣の世界システム」の構築の端緒は，イギリスに先立つオランダ，バンク・ギルダーの基軸通貨体制にあった。資本主義的貨幣信用制度の起源は，17 世紀に現れたオランダ，アムステルダム銀行のバンク・ギルダーの国際通貨化にあると考える。それでは，バンク・ギルダーの国際通貨化，「貨幣の世界システム」は如何に達成されたのか。そして，それは，それ以前の国際通貨であったアントワープやリヨン大市，ブザンソン大市を始めてする大市の国際通貨とはいかなる相違があったのだろうか。

[注]

(9) マルクス『資本論』第 3 部上，青木書店，464-469，473 頁，568-569 頁，6276-627 頁，第 3 部下，850-851 頁，大谷禎之介編『マルクスの利子生み論』第 2 巻，桜井書店，2016 年，159 頁，マルクス『剰余価値学説史』，マルクス・エンゲルス全集，26 巻第 3 分冊，605-609 頁。

(10) 楊枝嗣朗『イギリス信用貨幣史研究』，九州大学出版会，1982 年，第 2 章「大塚久雄氏の近代的銀行制度論—「信用関係の展開」(1953 年) によせて—」参照。

(11) 川北稔「近代イギリス史の二つのパースペクティヴ」，奈良産業大学『産業と経済』，第 11 巻第

2 号，1996 年，9 頁。

(12) 川合一郎『資本と信用—金融経済論序説—』，有斐閣，1954 年，3 頁。

(13) 宮田美智也「イギリスにおける銀行範疇の成立過程」，『金沢大学経済学部論集』，18 巻第 2 号，1998 年，44 頁。

(14) 鈴木俊夫「中世から近世へ—国際金融の始まり—」，国際銀行史研究会編『金融の世界史—貨幣・信用・証券の系譜—』所収，悠書館，2012 年，24 頁。

(15) *R. W. Goldsmith, Premodern Financial Systems, A Historical Comparative Study*, 1987, p.4.

(16) L. Neal, "The finance of business during the industrial revolution," in *The Economic History of Britain since 1700, edited by R. Floud & D. McCloskey*, 1994, pp. 151, 152.

(17) R. ドゥ・ローヴァー，拙訳前掲書，『佐賀大学経済論集』第 42 巻 2 号所収，2009 年，61 頁。

(18) *Pat Hudson, The Genesis of Industrial Capital, A Study of the West Riding Wool Textile Industry, c. 1750-1850*, 1986, p. 170.

(19) *The Report of the S. C. on the Law of Agents and Factors, 1823*, p. 7, cited from *J. H. Clapham, An Economic History of Modern Britain, The Early Railway Age 1820-1850*, 1926, 1967, p. 256.

(20) *Parl. Paper, Report, 1823*, p.11, cited from *N. S. Buck, The Development of the Organization of Anglo-American Trade 1800-1850*, 1925, p. 133.

(21) *P. Hudson, op. cit.*, p.174.

(22) 拙著『近代初期イギリス金融革命—為替手形・多角的決済システム・商人資本—』，ミネルヴァ書房，2004 年，第 4 章「イギリス産業革命期におけるロンドン宛為替手形と商人資本の優越」参照。

(23) ソーントン『紙券信用論』（渡辺佐平・杉本俊朗訳），実業之日本社，1947 年，57-8 頁。近代手形法の発展において，従来，流通性原理（手形の裏書譲渡）が過度に重視されてきたのは，手形が振出される典型的な取引が財貨の掛売掛買（商業信用）であるとの思い込みからである。「しかしながら，実際は，これまで当然と考えられてきたところの，典型的な為替取引が財貨の信用販売だというパラダイムとは大きく異なっていたのである。……手形は，ある人が他の人の勘定に保有するバランスの利用する手段である」（*J. S. Rogers, The Early History of the Law of Bills and Notes; A Study of the Origins of Anglo-American Commercial Law*, 1995, p.171, 川分圭子訳『イギリスにおける商事法の発展』，弘文堂，2011 年）。楊枝，同上書評，『社会経済史学』第 77 巻 3 号，2011 年 11 月参照。

(24) イギリス産業革命期の銀行券流通が手形流通に立脚していなかったことは，私の処女論文でも明らかにしている。「イギリス地方銀行の発券業務の衰退について」（大阪市立大学商学部『経営研究』119 号所収，1972 年，前掲拙著（1982 年）第 3 部「イギリス産業革命期の信用貨幣」参照。銀行信用を預金通貨の視点から展開していれば，このような誤解も起こらなかったであろう。拙著『貨幣・信用・中央銀行—支払決済システムの成立—』，同文館出版，1988 年，第 8 章第 5 節「支払決済システムの生成と信用創造—信用の貨幣化と信用の利子生み資本化—」参照。

(25) 前掲拙著『近代初期イギリス金融革命』，187-188 頁。

(26)(27)(28)(29)(30) *S. Chapman, Merchant Enterprise in Britain; From the Industrial Revolution to World War I*, 1992, pp.181-184.

(31) クラパム（英国金融史研究会訳）『イングランド銀行』第 1 巻，ダイヤモンド社，1970 年，第 1 巻，234-237 頁。

(32) 小林襄治「イギリス」，前掲『金融の世界史』所収，64 頁表 3 参照。

(33) 拙著で紹介したように，1819 年の正貨支払再開に向けての委員会で証言を求められた人々の顔ぶれを下院委員会で見ると，D. Dorrien, C. Pole, J. Harman, W. Haldimand, S. Thornton, W.

Ward, J. Irving, J. Gladstone, S. C. Holland, T. Tooke, D. Ricard, H. Burmester, N. M. Rothscild, A. Baring, I. L. Goldsmid 等々，産業資本家が誰一人として登場しない。クラフトらは，「極端な工業化を達成したイギリスの異常な経験を説明し，この現象を国際的貿易関係の枠組みの中にしっかり位置づけたほうが，……19世紀の経済成長の国際的経験に関する，より満足すべき概念の展開に貢献」できると言う（N. F. R. Crafts & C. K. Harley, "Output Growth and British Industrial Revolution: A Restatement of the Crafts-Hartley View", *Eco. Hist. Rev.*, XLV, 4, 1992, p.700）。

(34) Minutes of Evidence Taken before Committee on Bank of England Charter, 1832, in *British Parliamentary Papers, Monetary Policy General*, 4, 1968, QQ. 4799, 4846, 4866, 4875.

(35) 前掲デンツェル論文「国境を超える貨幣」，153-4頁。

(36) Peter Spufford, "From Antwerp and Amsterdam to London: The Decline of Financial Centres in Europe," *De Economist*, 154, No. 2, 2006, p. 168.

(37) 前掲拙著，第5章「シティ鳥瞰」参照。

(38) Ann M. Carlos and Larry Neal, "Amsterdam and London as financial centers in the eighteenth century," in *Financial History Review*, 18:1, 2001, p.34.

(39) P. Spufford, op. cit., p.168.

(40) 前掲拙著，100頁，第2-6表参照。

(41)(42) P. Spuford, op. cit., pp. 167-169.

(43) 南海泡沫崩壊以降からのロンドン国際金融市場への発展については，L. ニールらが詳細に明らかにしている。Larry Neal, "How it all began: the monetary and financial architecture of Europe during the first global capital markets, 1648-1815," in *Financial History Review*, Vol. 7, 2000, L. Neal and Stephen Quinn, "Networks of information, markets, and institutions in the rise of London as a financial centre, 1660-1720," in *Financial History Review*, Vol. 8, part 1, April 2001, Ann M. Carlos and Larry Neal, "The micro-foundations of the early London capital market: Bank of England shareholers during and after the South Sea Bubble," in *Economic History Review*, LIX, 3, 2006, ibid., id., "Amsterdam and London as financial centres in the eighteenth century," in *Financial History Review*, Vol. 18, No. 1, 2011. 英国の金融革命と産業革命について，ニールは以下のような総括を与えている。「1725年までにイングランドで達成された……財政革命は，産業革命（それがいつ始まろうとも！）の期間中も，企業金融に永続的な影響力を持った。商人・製造業者・銀行家間の信用網は，しかしながら，その範囲や密度と強さで見ても，成長した。1844年の銀行法……までに信用網は，世界のあらゆる貿易地域に入り込んだだけでなく，国内経済のあらゆる領域を包摂するまでになった。イングランド銀行がイングランドで最も卓越した金融機関としての地位を確立し，国家が長期債務の主要な形態として終身年金を発展させた1723年から，この信用網はシティ・オブ・ロンドンに確実の錨を下すこととなった。この錨がなかったならば，イギリス経済は，1760年から1850年までのその移行を特徴づけた技術・生産物・市場の構造転換を成し遂げることができたかどうかは非常に疑わしい。金融革命は，たとえ十分ではなくとも，産業革命に必要であった」（L. Neal, op. cit., 1994, pp.180-181）。

(44) 前掲拙著，214-217頁参照。


# 第3節　近代初期ロンドンからみたアムステルダム 多角的決済システム

17, 18世紀，オランダのアムステルダム銀行が国際通貨バンク・フローリ

ン（ギルダー）を提供することで，汎ヨーロッパ多角的決済システムの頂点に
君臨し，近代最初の「貨幣の世界システム」を構築していた事実に着目し，そ
の構造の一環を担うことで，イギリスの近代的信用制度が形成されたと考える
に至ったのは，30年ほど前，ロイヤル・バンク・オブ・スコットランドのロ
ンバート街支店地下3階で，1670年代前後のロンドン金匠銀行バックウェル
の元帳を筆写する機会を得たことによる。前期的高利貸資本といったレベルで
しか理解されていなかった金匠銀行バックウェルの元帳に広範な国際的な為替
取引や信用関係のネットワークが展開されているのを見て，衝撃を受けた。そ
れらを手掛かりに，17世紀初めのマリーンズ，さらにルイス・ロバーツやマ
リウス，J. スカーレット，18世紀初めのA. ジャスティスらが著した各種の
『商人必携』や『為替論』に当たり，また当時のロンドンや地方商人の国内外
の支払決済の実態を追跡するなかで，いくつかの習作を重ね，拙著『近代初期
イギリス金融革命』（2004年）や『歴史の中の貨幣』（2012年）を上梓するに
至った。

　とは言え，オランダ，アムステルダムを中枢とした「17，18世紀の国際的
支払決済システム」や，イングランドのバルチック貿易に現れた「新しい革命
的支払システム」については，すでに1950年代から60年代初めに，C. ウィ
ルソン，J. スパーリング，J. M. プライス，さらにはSven-Erik エスツロムら
によって，明らかにされていた。そして，わが国でも，早くからアムステルダ
ム銀行に焦点を合わせ，研究が進められていた。にもかかわらず，「1609年の
アムステルダム銀行は……近代的信用業の発展に一時代を劃するものではな
い。」というマルクスの主張や，「近代的商業信用論」を唱える大塚久雄氏の見
解に囚われてか，また，「産業革命を実行できなかったオランダ」というイ
メージも重なり，当時のわが国の研究は，「アムステルダム銀行は近代の壁を
乗り越えられなかった中世の銀行業」「前期的金融業」といった理解に沿った，
言わば，後ろ向きの考察に終始するものであった[45]。

　欧米においても，歴史認識の転換には時間を要したようである。J. ド・フ
リース and A. ファン・デァ・ワウデ著『最初の近代経済—オランダ経済の成
功・失敗と持続力 1500-1815』(1997)，A Financial History of the Netherlands,
ed., Marjolen't Hart, Joost Jonker & Jan Luiten van Zanden, 1997 や S. クィー

ンや W. ロバーズや F. R. ヴェルデらによる一連のアムステルダム銀行研究が現れるのも，1990 年代後半から 2000 年代に入ってからであった。

　アムステルダム銀行を「前期的銀行業」と見る，そのような理解を支えた，いまひとつの要因は，ドゥ・ローヴァーらが，近代の金融イノヴェーションにおいて手形の流通性と手形割引を過度に重視するあまり，内国銀行業務＝近代的，外国銀行業務＝前期的とみなし，アムステルダム預金振替銀行を「中世の銀行業」と位置づけたことや，他方，ファン・デァ・ヴェーやマンロらにより，金融後進地域アントワープでの債務証書や為替手形をめぐる金融革新がイタリアの伝統的金融技術を乗り越える道を模索し，その動きがアムステルダムではなくロンドンへとつながり，近代的信用制度の形成に結実していったと考えられたことも，大きく影響していた。そのためか，オランダ・アムステルダムではなく，イギリス・ロンドンにおける信用関係の展開を重視するわが国の金融史研究においては，歴史認識の転換は遅々として進まなかった[46]。しかし，やっと最近になってわが国においても，名城邦夫氏や橋本理博氏らが精力的に近世・近代期の西ヨーロッパ支払決済システムやアムステルダム銀行について実証研究を進められたこともあって，近代初期のヨーロッパ金融史研究は一変することとなった[47]。

　こうした状況変化には，実証研究の進展とともに，従来の貨幣信用論への批判的検討が必要であった。アムステルダム銀行を中枢とした近代最初の基軸通貨体制，最初の「貨幣の世界システム」の成立という理解が現れるには，為替手形をめぐるフィナンシャル・イノヴェーションの理解，預金銀行論の意義，計算貨幣（イマジナリー・マネー）等々をめぐる，戦後の貨幣信用論研究に長く居座ってきた通説的理解が克服されねばならなかった。まず，近代初期オランダが構築した「貨幣の世界システム」の内実を，近代初期ロンドンから見たアムステルダム多角的支払決済システムについて見ていこう。

　バルチック，アフリカ，東西インド，新大陸を包摂した 16，7 世紀の世界商業の急膨張からくる貿易金融の拡大をファイナンスした金融革命と，近世近代初期のヨーロッパでのたえざる戦争による軍事費の膨張を賄う財政革命を通して，17，18 世紀のアムステルダム預金銀行のバンク・ギルダーは，国際的金融資本主義の中枢として，通貨覇権を確立した。しかし，戦後極めて長きに

亘って，こうした近代初期の信用関係の動向にはそれほどの関心は向けられ
ず，せいぜい，イギリスによって克服されるべき前期的信用関係との理解しか
示されなかった。

　従来の近代的信用制度論では，産業資本に視点を定め，産業資本のファイナ
ンスが如何に形成されてくるのかを論じるため，国際的な領域よりも国内的な
信用関係をもっぱら考察してきた。国際関係を論じるようになるのは，産業革
命が完了して以降の19世紀後半に成立した国際金本位制からである。外国銀
行業＝前期的，国内銀行業＝近代的といったシェーマに囚われていたからであ
る。したがった，イギリスの信用関係の展開についても，17世紀中葉にロン
ドンに金匠銀行が生成し，様々な銀行設立提案がなされていても，その意義は
十分に理解されることはなかった。1694年に設立されたイングランド銀行に
ついてさえも，それが発券業務を行っていることのみが重視されるぐらいで，
イングランド銀行やマーチャント・バンカー，ロンドン銀行等がオランダを中
枢とする国際的国内的支払決済システムの一翼を担い，アムステルダム銀行に
対抗し，その後，18世紀末にバンク・ギルダーに取って代わり，英国ポンド
を国際通貨に押し上げ，「貨幣の世界システム」を構築していった事実に関心
がもたれることもなかった。

　しかし，イングランドの当時の論者たちは，イギリスに重要な意味を持つオ
ランダとの信用関係，オランダ為替の重要性を痛切に意識していた。A. ジャ
スティスの『貨幣・為替概論』（1707年）は，アムステルダムについて以下の
ように述べていた。「オランダは，言わばヨーロッパの為替センターである。
したがって，イングランド自身，たびたび平和時にもアムステルダム経由で，
イタリア，スペイン，ポルトガル，ドイツ，デンマーク，スウェーデン，時に
はフランスにさえ，手形を振出し送金したりする。その結果，オランダの為替
について完全な知識を持つことは，そうした取引を行うすべてのイングランド
商人に絶対必要であると，私自身考えている。」[48]

　したがって，イングランドにとって「この多角的支払決済システムの作動の
如何は，アムステルダムやハンブルグ宛の為替手形の入手可能性に掛かってい
た。」[49] 例えば，17世紀末から18世紀初め，イーストランド会社，ロシア会
社のメンバーであるロンドン商人ヘンリー・フィルは，バルチックからの輸入

代金の支払いを，アムステルダムのティッチ―＆ピーコック商会宛てに振り出した為替手形で行い，同時に彼はアムステルダムでこの手形代金を支払うために，同商会にロンドンのヴァージニア貿易やバルチック貿易商人であるジョン・カーリー宛に為替手形の振出しを指示している。このロンドン為替手形のアムステルダムでの売却代金で，先のアムステルダム手形の支払いが行われる。フィルは貿易相手やファクターを，リガに8名，ダンチッヒに5名，ケーニヒスベルグ（カリーニングラード）に3名，ナルヴァ，モスクワ，ストックホルム，コペンハーゲンに各1名，アムステルダムに4名，ハンブルグに2名，ダンケルク，ポルトガルのセツバル，イタリアのリボルノに各1名という具合に持ち，イーストランド，バルチック，北海，イベリア半島，地中海へと多角的な貿易・多角的支払決済網を広げていた。「ロンドンとイーストランド諸港間の貿易収支は，通常，リガやケーニヒスベルグその他のコルレス先が，アムステルダムまたはハンブルグ宛に振り出された為替手形によって決済されていたのである。」[50]

バルチック貿易における支払決済において，スウェーデンのアブラハム＆ヤコブ・モンマ商会は，1666年から1668年のイングランドへの鉄，鋼，ピッチ，タールの輸出代金£11,305のうち，£10,000を外国為替手形で受け取ったが，その内訳は，アムステルダム宛ロンドン手形が55％，ロンドン宛アムステルダム手形が7％，ロンドン宛ハンブルグ手形が30％であった。同，Laurens de Geers商会の1664年から67年の売上代金のうち，受け取った為替手形の内訳は，ロンドン宛アムステルダム手形は52％で，ハンブルグ宛ロンドン手形は12.6％であった[51]。

コンスタンチノープルやスミルナ，アレッポとの貿易取引においても，アムステルダムとの為替取引ネットワークが不可欠であった。レヴァント商人ダドリー・ノースは，1670年代，80年代に貿易取引の支払決済のため，多角的な為替取引に関わっていた。彼は「多角的取引を決済するため，ヴェネチアとリボルノのガスコーニュ＆アレサンドラ・ディ・パラツィオーニ商会や，アムステルダムとカディスのディーラーであり，彼の銀行家のジョセフ・アンドリュ商会等の仲介者を使っていた。」[52]

その100年後のこの地域の貿易取引においてなお，アムステルダム手形が卓

越した地位を占めていたことが，深沢克己氏によって明らかにされている。18
世紀後半，ギリシャ商人クルムシ商会が振出した32枚の手形のうち，20枚が
オランダ宛で，10枚がイタリア宛，2枚がオーストリア宛で，支払リストの筆
頭にはアムステルダムの，恐らくギリシャ商人のトマサキ商会が合計15枚の
為替手形の支払人である。また，18世紀後半，レヴァント，イタリア，オー
ストリア等と貿易を行っていたイズミルのギリシャ商人マヴロゴルダト系商社
振出しの手形のうち，17枚はアムステルダム宛で，わずか2枚がオーストリ
ア宛に振り出されている。支払人として重要なのはアムステルダムのギリシャ
系商人ステファノ・ディサイ商会や，ミケーレ・ファリエーロ商会，スタマッ
ティ・ペトロ商会であるという。彼らが扱う為替手形の過半がアムステルダム
手形であったことは，「なによりもまずギリシャ人の掌握するイズミル＝アム
ステルダム商業・金融回路の存在が浮かび上がらせる」と言われている[53]。
レヴァントは対ヨーロッパに一方的に黒字であったので，オーストリアのター
レル銀貨やスペイン・ダラーが大量に輸入されていたが，同時に，アムステル
ダム銀貨が同地域で大量に流通していた。

　「為替手形は，バルチック，レヴァント，アイルランド，アフリカ・アメリ
カ貿易を含む，システムのあらゆる所で流通した。そして，明らかに地金は，
貿易取引が実際に行われる所ではなく，支払が決済される，主にアムステルダ
ム＝ロンドン間を行き来したのである。アムステルダム手形とロンドン手形
は，システム全体の中で流通したのである。」[54]「地金の国際的移動は，ただ
単に東方の遠隔地や未開の地で買い付けられた財貨の支払手段であっただけで
なく，当時の，たとえ中心地ヨーロッパから最遠隔地域においてさえ，貿易と
決済の統合された一部であった。」[55]

　イギリスについて1729年のJ. ジーの小冊子で見ると，1723年にイングラン
ドから海外に送られた貴金属のうち，貿易収支が赤字のインドには銀貨
2,143,086オンスと銀地金119,120オンスが送られているが，イギリスの貿易収
支が黒字のオランダに対しても，銀貨1,810,703オンスと金255,753オンスが
輸出されている。「われわれは，ポルトガルとスペインの両国を合わせたより
も大きな黒字をオランダに対して持っている。したがって，オランダから黒字
の支払を受け取らねばならない。ところが，わが国は（オランダ以外の国々か

ら），木材，鉄，亜麻，麻，リネン，絹，薄手のキャンブリック，フランドル・レース，高価な上等のワイン，ベルベット，ブロケード，その他多種多様な品物を驚くほど大量に輸入している。そこで地金は，これらの財貨の支払のためにオランダに送られるのである。オランダは，……そうした国々と貿易を行い，一般に収支は黒字である。」[56]

　オランダへの地金輸出は，ロンドンのジェネラル・トレーダーのトーマス・ロンドン，アムステルダム在住のアンドリュー・ホルドファストなる彼の代理人，ロンドンのユダヤ為替・地金商人のイスラエル・メンデス等の人物を登場させて，以下のように説明されている。すなわち，ノルウェー，スウェーデン，ロシア，シレジア，ロシア，ハンブルグ，ブレーメン，ブルージュ，セント・クィンティン，キャンブレイ，ヴァレンシエンヌ，ボルドー，パリ，ピエモンテなどから様々な財貨を輸入する T. ロンドンは，これらの都市からの輸入品への支払のため，各都市の取引先にアムステルダム在住の彼の代理人の A. ホルドファスト宛に手形を振出すように指図する。と同時に，T. ロンドンはロイヤル・イクスチェンジに出向き，アムステルダムで支払わなければならない上記の手形代金をアムステルダムに送金するため，為替・地金ブローカーの I. メンデスその他に，アムステルダム宛の為替手形を作らせ，ホルドファストに送り，その手形代金をメンデスに払い込む。他方，メンデスらは彼らのアムステルダム宛為替を決済するため，ピース・オブ・エイト（スペイン銀貨）やモイドレス（ポルトガル金貨）や金地金を買い，オランダに輸出するのが彼らのビジネスである。」「これがわが国がオランダに大量の地金を送付する大きな理由である。」[57]

　例えば，1672 年から 1695 年の間にイギリスから北・西ヨーロッパに輸出された鋳貨・地金総額£4,182,655 のうち，その 70.9％の£2,965,674 はオランダへ，12.2％の£511,719 はドイツ・北海諸港へのものであった。その 83.1％はイングランドが貿易収支黒字をもつオランダ，ドイツに向かったのである。収支が赤字であるスウェーデンには，この 23 年間で£25,158 に過ぎず，総額の0.6％を占めるのみである[58]。

　さらに，東インド会社の地金調達においても，オランダ，アムステルダムの重要性は注目すべきである。1697 年から 720 年までの間に東インド会社が輸

出した，主に銀を中心とした貴金属総額£8,326,786の調達地の内訳は，ロンドン£2,249,374（27.0%），アムステルダム£3,738,264（44.89%），カディス£2,145,226（25.76%），リスボン，ハンブルグ，ロッテルダムその他で£193,922（2.33%）である。輸出貴金属の調達先は国外が73%に達し，うちアムステルダムが群を抜いている。興味深いことに，カディスで調達され場合でも，その6，7割はアムステルダム宛の為替でファイナンスされていることである[59]。

　具体的に見てみると，東インド会社総裁であったジョサイヤ・チャイルドの義理の息子であり，自身も総裁になったシティの地金ディーラーのトーマス・クックは，1697年から1702年の間，カディスにいる彼のコルレスのサミュエル・ケズヴィックがロンドンやアムステルダムから振出される為替手形を引き受け，インドに向かう船舶に地金を供給するように手配していた。また，会社と関係の深いカディスのウィリアム・ホッジス商会とアッシュ＝ウェルク＆クック商会は，供給する銀のファイナンスにロンドン宛またはアムステルダム宛為替手形を，会社宛やそのエージェント宛に振り出していた。1697年から99年までのホッジス商会によるそうした取引の42%はロンドンで決済され，そして残りの58%はアムステルダムのベンジャミン・ポール宛に振り出され決済されていた。同期間，アッシュらの商会では73%がアムステルダムのジェラルド・ベルデ＆ロペス・ディアズ商会に振り出されており，残りの27%はロンドン宛であった。このように東インド会社のインド向けの地金の調達が主にアムステルダム宛手形を使って行われていたことは，注目される[60]。

　言うまでもなく，イングランド政府の海外送金もこうした「貨幣の世界システム」抜きには不可能であった。すでに第2章で紹介したが，創設されたイングランド銀行の海外への軍事送金は，商人やマーチャント・バンカー達の広範な引受信用のネットワークに依存していたのである。同行は営業を開始したばかりの1694年10月から95年4月まで，送金額の61%をアントワープあるいはアムステルダム宛に振り出された為替手形で送金している。そして，その手形金額のかなりの額がそこから，ハンブルグやブレーメン宛（20%），オポルト，リスボン，マドリッド，カディス，セヴィリア等々宛（18.5%），リボルノ，トリノ，ジェノヴァ，ヴェネチア等々宛（6.5%）の為替で各地に送金していた[61]。同行の海外コルレス先は，アムステルダムにはマニュエル・エン

リケ商会，ジョージ・クリフォード商会，アントワープにはドゥ・コニンク商会，カディスにはホッジス・ヘインズ商会，マドリッドにはバラード・ストン商会，ハンブルグにはストラドフォード商会，ヴェネチアにはトーマス・ウィリアム商会，リボルノにはウェスタン・バーデット商会らがいた[62]。かくて，「イングランド銀行は，すべてのこれら商業中心地に取引店のネットワークを確立する」ことができたのである[63]。

　アムステルダムでの額面 300 グルデン以下の手形を除くすべての為替手形の決済は，言うまでもなくアムステルダム銀行の口座で預金振替によって行われていた。アムステルダムを中枢とした「貨幣の世界システム」の広がりと為替取引をその地に引き寄せる強制力を認識すべきである。かくて，アムステルダムへの支払決済の集中こそ，各国商人が決済においてアムステルダム宛為替（bill on Amsterdam）を必要とせざるを得ない理由であり，また，地金調達においても，アムステルダム地金市場に多くを依存せざるを得なかったのである。アムステルダム金融市場の信用創造こそ，各国が長期にわたってアムステルダムに金融的に従属せざるを得ない基本的な要因であった。

　橋本理博氏は，1721 年 1 月から翌年 22 年 1 月末のアムステルダム銀行における決済総額を，前期 1 億 3694 万グルデン・バンコ，後期約 1 億 4606 万グルデン・バンコ，合計約 2 億 7000 グルデン・バンコと計算され，当時のオランダの経済指標と比較されている。国民総所得が約 2 億 6400 万〜2 億 7900 万グルデンと推計されることから，「振替銀行における 1 年間の決済総額はオランダの GDP に匹敵するのである。……一国の GDP に匹敵する金額が単一機関内で移動していたことは驚愕に値する」と指摘されている[64]。クィーン&ロバーズも，典型的な 1 件当たりの為替手形の決済額は 3000 グルデン・バンコで，七年戦争期（1756-1763 年）の年間決済総額が GDP の 1.5 倍と，同様な数値を示しており，1868 年のロンドン手形交換所の年間決済総額が UK の GDP の 3.6 倍，1955 年の米国 Fedwire の決済総額が米国 GDP の 2.7 倍と比較しても，遜色がないとしている[65]。

　システムの中心におけるアムステルダム預金振替銀行と，商人やマーチャント・バンカーによる中心と周辺を結び付ける引受信用を与えられた為替手形の振出しとその流通が，オランダを中枢とする汎ヨーロッパ多角的決済システム

の成立に深く結びついたのである。アムステルダムへの支払決済の集中こそ，各国商人がアムステルダム宛為替を必要とせざるを得ない理由であり，そして，それがアムステルダム金融市場の信用創造の源泉でもあった。また，各国が長期にわたりそこで資金調達を行うことができたのであり，アムステルダムに金融的に従属せざるを得ない基本的要因でもあった。16世紀には大市国際通貨によって，北にはアントワープが国際決済の中心地があり，南欧にも依然，ヴェネチアや，フィレンチェ商人やルカ商人のリオン大市，さらにはジェノヴァ人が支配するいわゆるブザンソン大市等の国際決済地が並立していた。しかし，「北にひとつ，南にひとつというのではなく，明らかにヨーロッパに唯一卓越した金融中心地が出現するのは，17世紀になってからであった。」[66]アムステルダム預金振替銀行以前と以降には大きな断層が横たわっていた。

　J. I. イスラエルは，次のように述べる。「オランダはイベリア半島やイタリアとの交易の大きな中継地になった。……その結果，……オランダはスペインの必需品である穀物や木材，銅などのバルチック産品を半島に供給し，ウールや砂糖，塩，染料その他のイベリアおよびスペイン領アメリカ産品を北ヨーロッパに運び，完全にヨーロッパ南部と北部の貿易を支配した……。……オランダのこの貿易支配により，極端な貿易収支の不均衡が生まれ，スペインからオランダへ銀が間断なく流出したのであった。」[67]北部と南部のヨーロッパ貿易の支配とスペイン銀の掌握は，オランダ，アムステルダムの中枢的地位を支えるものであったことは言うまでもない。

　すでに見たごとく，イギリスのバルチックやイーストランド，さらにレヴァントや東西インド等との多岐にわたる貿易取引は，広範な為替ネットワークと地金市場をもつアムステルダムを中心としたこのシステムに依存することなくしては，成立しえなかった。イギリスの対外的支払決済の方向や収支赤字国であったオランダへの地金の輸出は，このアムステルダムがもつ汎ヨーロッパ多角的支払決済メカニズムによって規定されていたのであって，「オランダ商業と信用経済の緊密な網目に，否応なしに取り込まれることない国などは，ほとんどなかった」[68]のである。1609年に設立されたアムステルダム預金振替銀行は，オランダ商人やアントワープやイングランド，イベリア半島等から移住してきた商人たちや他国の商人たちが相互に与え合う引受信用（acceptance credit）によってアムステルダムに集中集積された支払決済業務を独占的に担うことになる。

　「探検と発見と商業がオランダの海外貿易の範囲と規模を急速に増大させていった過程で，新経済体制の中央のメカニズムもまた変貌を遂げていった。休戦の直後，便利な決済手段を求めるオランダ商人の要求に応えて，アムステルダムに為替銀行が設立された。」[69] かくて，アムステルダムへの支払決済の集中と集積こそ，各国商人が決済にアムステルダム宛為替（Bill on Amsterdam）を必要とせざるを得ない理由であって，アムステルダム金融市場の信用創造・供給の源泉であり，各国が長期にわたりアムステルダムに金融的に結びつかざるを得ない基本的要因であった[70]。オランダ「貨幣の世界システム」の成立は，近代初期の為替手形をめぐる金融革命とアムステルダム預金振替銀行の設立によって支えられたのであった。

　橋本理博氏は，この両者の関係について以下のように記されている。「マーチャント・バンカーの金融業務はアムステルダム銀行を通じて結ばれていたのである。加えて，為替手形は送金手段であると同時に信用の手段であったから，アムステルダム銀行は単に振替の機関ではなく信用と結び付いていたとも捉えられる。アムステルダム銀行とマーチャント・バンカーは不可分の関係にあったのである。」「マーチャント・バンカーの引受金融によって世界的に発生する債権債務がアムステルダムに集約され，彼らの取引はアムステルダム銀行の振替台帳上で，実物の金属貨幣とは直接結びつかない帳簿通貨で決済されていたのである。」[71] アムステルダム銀行を「近代的信用業の発展における一時代を劃するものではない」と規定するマルクスの断定が，いかに木を見て森を見ない議論であったかが理解されよう。

　以上の考察に加え，いまひとつ注目すべき論点は，アムステルダム銀行の振替決済が，「実物の金属貨幣とは直接結びつかない帳簿通貨」で行われていたということである。実物貨幣（real money，造幣硬貨）と計算貨幣（imaginary money）の問題である[72]。クィーンとロバーズは，「アムステルダム銀行が高額の支払決済をほぼ独占し」，銀行口座残高とそれを造幣硬貨で引き出す権利を切り離したことについて，「1683年から1780年までほぼ一世紀のもの間，ヨーロッパに君臨し，fiat money の創造に成功した。」[73] ことを強調している。

　しかも，近代初期の国際通貨であるアムステルダム銀行のバンク・グルデン（フローリン）は，「特定の鋳貨，あるいは鋳貨価値とも同義ではなく，ただアムステルダム銀行の口座残高として存在するに過ぎなかった。他の諸都市にも銀行が存在したが，アムステルダム銀行だけが鋳貨に兌換されない貨幣を創造したのであった。この意味で，バンク・フローリンは近代の fiat money に近似していた。」[74] リアル・マネーと直接兌換されない，預金口座上の計算貨幣で，内外の膨大な債権債務が決済されていたのである。クィーンらは，1683年に受領書が導入されて以降に発生した事態，すなわち，fiat の預金通貨が「近代初期ヨーロッパの金属貨幣の世界を支配するに至ったのは，アムステルダム銀行預金がもつ二つの構成要素である口座残高の所有権と鋳貨で残高を引き出す権利を引き離すことによってもたらされた」と言う。「預金残高は請求権を持たず，不換貨幣となり，……個々の残高は，二次市場で口座残高を売却することで，鋳貨を入手することができたのである。」「新しい制度は預金の急増とバンク・マネーの取引額の増大を導き，……アジオ agio として知られるバンク・フローリンの市場価値の動向からも分かるように，……終には，バンク・フローリンは，それと最も競合する大額の金銀鋳貨よりもより流動的とみなされようになったのである。」[75]

　中世ルネサンス期から近代初期にかけては，各地に公立銀行が設立されたが，その多くは閉鎖に至っている。1444年のジェノヴァ，1638年のヴェネチア，1664年のストックホルム，1705年のウィーン，1720年のフランス，ジョン・ローの銀行等々。さらには1468年のバルセロナ，1635年のニュールンベルグ，1672年のミデルブルグ，ハンブルグ，ロッテルダム，1766年のベルリン。このような時代に，1609年に設立された「アムステルダム銀行は，1683年から1780年までほぼ一世紀もの間，ヨーロッパに君臨し，fiat money を創造した」のである。資本主義の新たな時代に，「アムステルダム銀行は，たとえ常に完全に決められた価格ではないにしても，妥当な値段で，広範に受領され，担保にもなりうる貿易鋳貨に自由に転換しうる新しい形態の貨幣を創造したのである。」[76] 預金の引き出しには手数料を課すとはいえ，預金勘定の振替による決済サービスを無料で提供し，高品質の貿易通貨を提供するアムステルダム銀行が設立されたことに加えて，1683年の改革は，「近代初期の鋳貨制度

と計算貨幣をその金属準備と密接に結びつけることに伴う不安定性の弊害を克服することになったのである。」[(77)] まさに，近代初期の為替手形をめぐる引受信用の展開を基礎にして，グローバルな債権債務を集中・集積し，預金勘定での支払決済業務を遂行することで，アムステルダム銀行は，「近代的信用業の発展における一時代を劃するもの」となったのである。

　「実物の金属貨幣と直接結びつかない帳簿貨幣」，すなわち，「伝統的な預金引き出しの権利を奪われた預金通貨」であるイマジナリーな計算貨幣であるアムステルダム銀行のバンク・グルデンが価値の尺度として，国際的・国内的な高額の支払決済を遂行したことに関連して，名城邦夫氏は，計算貨幣バンコ・ギルダーの意義を，「計算貨幣による市場統合」→「覇権通貨の成立」という観点から論じておられる。アムステルダム預金振替「銀行を設立した都市当局や商人団は主として安定した計算貨幣の創造による決済機関を目指していた。そのために，これまで知られていた決済システムや銀行システムの機能を統合し，ひとつの巨大な決済機関を設立することに成功した。イタリア公立銀行・多角的決済システムとしてのカスティリア大市・ジェノヴァ決済大市の計算貨幣による国際決済大市という３つの機能が集大成されることになった。／アムステルダム為替銀行が達成した新たな革新は，当時成立しつつあったオランダ共和国経済圏の存在を前提に域外決済貨幣と域内決済貨幣を抽象的な計算貨幣バンコ・ギルダーで統合した点である。」「銀行貨幣バンコ・ギルダーによる信用決済システムは，オランダ共和国の為替貨幣としてのバンコ・ギルダーの各国為替貨幣との売買によって国際商品の価格を決定すると同時に，バンコ・ギルダーの購買力を基準に各国各都市の為替貨幣の相場決定によってそれぞれの貨幣の購買力を決定した。／バンコ・ギルダーはオランダ国内のみならず国際的な価格形成の基準通貨となり，世界経済取引を需要と供給により決定する価格メカニズムを達成する覇権通貨となった。」[(78)]

　各国，各都市の計算貨幣が為替貨幣として世界各地の市場と繋がり，その統合の中心に君臨するオランダのバンク・ギルダーを，名城氏は「覇権通貨」と表現された。「ヨーロッパ世界経済は資本主義的『世界経済』であり，資本主義は初めから『世界経済』として始まる。……その際，国家形成の競争は主権国民国家の形成に向かう競争となる，つまり，世界経済の中核地帯に自国の優

位な経済システムを保証する商事法制と法治を実現することによってヘゲモニーを獲得することができる国家の出現である。オランダは……アムステルダム為替銀行の銀行貨幣によってヨーロッパ中核地帯の信用決済システムの構築に成功し，銀行貨幣の高い安定的な決済能力によって中核国経済との競争に有利な立場を維持することができた。……オランダは生産・商業・金融の三次元においてあらゆる中核国に優位を保ち，とりわけアムステルダム為替銀行の銀行貨幣，バンク・ギルダーによる世界経済の決済の統合はオランダに決定的地位を与え，ウォーラースティンのいうヘゲモニー国家の地位を与えることになったと考える。」[79]

　ところで，いまひとつ注目すべき点は，グローバルな支払決済システムを構築するアムステルダム銀行の決済口座は，1720年には1625年の1350口座からほぼ3000口座にも増大したが，決済口座を持つ人々はアムステルダム市の人口の約2％に過ぎず，富裕な商人に限られていたことである。彼らの振替金額の平均はごく普通の住民の年収の約10倍に匹敵するほどであった。国際的に広範に展開された債権債務の膨大な金額と，それらを集中集積し決済するアムステルダム銀行の口座保有者が極めて僅かであったという事実は，如何にアムステルダムならびにオランダのグローバルな支払決済システムがハイラーキカルな構造であったかを推測させる[80]。

　バンク・ギルダーが「実物の金属貨幣と直接結びつかない帳簿貨幣」，すなわち，「伝統的な預金引き出しの権利を奪われた預金通貨」であるイマジナリーな計算貨幣であったこととともに，イタリア商人が支配するフランスのリヨン大市やブザンソン大市の国際通貨である大市計算貨幣と異なり，新たな「国民国家」という舞台の上に構築された国際通貨であるという歴史の進展を重視され，それ故に，バンク・ギルダーは「覇権通貨」となり得たとされる氏の主張に，われわれは「貨幣の世界システム」を重ね，理解している。

　A. ジャスティスの著書（*A General Treatise of Monies and Exchanges*, 1707）から，貨幣には imaginary money と real money があり，英ポンドがイマジナリーな計算貨幣であることを知った。当時，各国間の為替平価は，現実に流通する鋳貨 real money から独立したイマジナリー・マネーである計算貨幣によって規定されていた（"the Par of Exchange" とは，"The Proportion that the Imaginary

Monies of any Country bear to those of another" である）。したがって，オランダの為替相場は，イマジナリー・マネーのバンコ・グルデン（ギルダー）で建てられ，例えば，バンコ・グルデン（ギルダー）とイングランドの計算貨幣ポンドの関係に変更が加えられない限り，流通鋳貨に摩損盗削が進行しようとも，直ちに為替平価は変わることはなかった。本位鋳貨は絶えず摩損盗削にさらされ，通用価値は混乱し，価値尺度としては役に立ちようがなかった。フィレンチェのイン・フィオリーノまたはア・フィオリーノ，リヨン大市の écu de marc，ヴェネチアのバンキ・ディ・スクリッタのバンク・マネーであるバンク・ドゥカートや，アムステルダム銀行のバンク・ギルダー等々のイマジナリー・マネーが価値の基準となり，為替相場を決定する為替貨幣の役割を果たし，イマジナリー・マネー建ての預金通貨が支払決済機能を果たしていたのである。「貨幣と鋳貨は，原理上，全く異なる。」というスチュアートの議論が思い出される。アムステルダム銀行のバンコ・グルデン（ギルダー），「この銀行貨幣は，海中の巌のように不動である。この観念的標準によってあらゆる物の価格が規定されるのに，それが何に基づいているかを正確に語りうる人はほとんどいない。内在価値を有する貴金属は，この共通の尺度に照らすとき，他のすべての物と同じように変動する。」[81]

　若き「国民国家」オランダ，アムステルダム銀行のバンコ・グルデン（ギルダー）は，計算貨幣（imaginary money）として，為替貨幣，支払決済手段，そして価格の基準となり，世界市場を統合し，17，18 世紀の世界経済の「覇権通貨」になった。かくて，資本主義的貨幣信用制度は「覇権通貨」，「貨幣の世界システム」を軸にして，各国，植民地を含む各地域の貨幣信用制度と繋がることで成立する。「貨幣の世界システム」の起源は，貨幣信用論的には，為替手形をめぐる金融革命の進行，公立預金振替銀行の存在，イマジナリー・マネーである計算貨幣の機能展開を背景にもち，「計算貨幣の最も輝かしい事例」を提供した近代初期 17，18 世紀のオランダ，アムステルダムにあった[82]。

［注］
(45) 橋本理博「金融史研究におけるアムステルダム銀行の位置」，『名古屋学院大学論集』社会科学編，第 55 巻 2 号，2018 年参照。
(46) 前掲拙著（2004 年），「序―ファン・デァ・ヴェー『近代初期アントワープ金融革命』に寄せ

て―」参照。

(47) 名城邦夫「中世後期・近世初期西ヨーロッパにおける支払決済システムの成立―計算貨幣による市場統合」(『名古屋学院大学論集』第43巻1号所収，2006年)，同「主権国民国家と計算貨幣によるヨーロッパ貨幣史―南欧型貨幣システムから北西ヨーロッパ型貨幣システムへの発展―」(同上誌第52巻2号所収，2015年)。橋本理博「アムステルダム銀行におけるマーチャント・バンカーの決済傾向―ホープ商会の事例―」(名古屋大学『経済科学』第61巻3号所収，2013年)，同『アムステルダム銀行の決済システム―17・18世紀における「バンク・マネー」の意義―』(名古屋大学大学院経済学研究科，2013年度博士学位請求論文)，同「18世紀における国際的決済とアムステルダム銀行」(『証券経済学会年報』第49号別冊所収，2015年)。

(48) *A. Justice, A General Treatise of Moneies and Exchanges: in which those of all Trading Nation*, 1707, pp.316-7.

(49) *Sven-Erik Åstrom, From Cloth to Iron: The Anglo-Baltic Trade in the Late Seventeenth Century*, 1963, p.109.

(50) Jacob M. Price, "Multilateralism and/ or Bilateralism: The Settlement of British Trade Balances with 'The North,'" in *Eco. Hist. Rev.*, Vol. XVI, no. 2, 1961, pp. 262-263.

(51) *E. K. Newman, Anglo-Hamburg Trade in the Late Seventeenth and Early Eighteenth Centuries*, Unpublished Doctoral Dissertation, 1971, pp. 2-16, 41.

(52) *R. Grassby, The English Gentleman in Trade; The Life and Works of Sir Dudley North, 1641-1691*, 1994, pp. 48-50, 81.

(53) 深沢克己「18世紀のフランス＝レヴァント貿易と国際金融―ルー商会文書の為替手形―」(下)，『史淵』，133号，1996年，4-6頁。地金輸出については，同，15-20頁参照。17世紀のオスマン帝国では，多くのヨーロッパ通貨が流通していたが，「1670年代になると，オランダのライオン・ダラーが居住外国商人の間の計算貨幣としてスペイン・ダラーに取って代わった」と，グラスビーは言う。オランダのRix dollar銀貨，Lion Crown銀貨，Ducats金貨等の「貨幣鋳造業はいわば，重要な輸出産業であった」(*R. Grassby, op. cit.*, 341, J. G. Van Dillen, "The Bank of Amsterdam," in *History of the Principal Public Banks, collected by J. G. Van Dillen*, 1934, second impression, 1964, p. 83.)。

(54) J. Sperling, "The International Payments Mechanism in the Seventeenth and Eighteenth Centuries," *Eco., Hist., Rev.*, 2ⁿᵈ Series, Vol. XIV, no. 3, 1962, pp. 460.

(55) *S. Åstrom, op. cit.*, p.89.

(56) *Joshua Gee, The Trade and Navigation of Great-Britain Considered, 1720*, in *Mercantilism, ed., by Lars Magnusson, Vol. 5, The Eighteenth Century*, 1995, pp. 105,106.

(57) *ibid.*, p. 109.

(58) *Sven-Erik Åstrom, op. cit.*, p. 82.

(59) *K. N. Chaudhuri, The Trading World of Asia and the English East India Company, 1660-1706, 1978*, p. 167.

(60) *ibid.*, pp. 171-172.

(61)(62) D. W. Jones, "London Merchant and the Crisis of the 1690s," in *P. Clark & P. Slack, Crisis and Order in English Town, 1500-1700*, 1972, p. 321

(63) *J. H. Clapham, op. cit.*, pp. 27-28, 邦訳，33-35頁。

(64) 前掲，橋本氏の学位論文，28-29頁。

(65) S. Quinn & W. Roberds, "Death of a Reserve Currency : Central banks and crises- historical perspectives," *Deutsche Bunbdesbank*, 8 July 2015 参照。

(66) Peter Spufford, "From Antwerp and Amsterdam to London: The Decline of Financial Centers

in Europe," *De Economist*, 154, No. 2, 2006, p. 159.

(67)　*J. I. Israel, Empires and Entrepots : The Dutch, The Spanish Monarchy and the Jews, 1585-1713*, 1990, pp. 356-357.

(68)(69)　C. ウィルソン『オランダ共和国』，堀越孝一訳，平凡社，1971 年，45-48 頁。

(70)　*Charles Wilson, England's Apprenticeship 1603-1763*, 1965, pp. 272, 333, 参照。

(71)　橋本理博「アムステルダム銀行におけるマーチャント・バンカーの決済傾向―ホープ商会の事例―」，『経済科学』第 61 巻 3 号，2013 年，47-48 頁。

(72)　拙著『歴史の中の貨幣―貨幣とは何か』，文眞堂，2012 年，「後編，貨幣論の再生―貨幣の抽象性と債務性―」参照。

(73)　S. Quinn & W. Roberds, "How Amsterdam got fiat money," in *Journal of Monetary Economics*, No. 66, 2014, p.11.

(74)(75)(76)　S. Quinn & W. Roberds, ibid., pp. 1-2, 11-12.

(77)　op. cit., pp. 1-4. クィーンやロバーズらの研究は従来のアムステルダム銀行の歴史的意義を転換させた。「為替手形市場は，ただ安定した貨幣が入手し得る所でのみ繁栄した。……アムステルダムはバンク・ギルダーを信頼できる低コストの貨幣にすることで競争に打ち勝つことが出来た。」「バンク・ギルダーの便利さと価格の安定は，大規模なマーチャント・バンキングが展開し得るアムステルダム為替市場を大いに深化させた。……制度はバンカーたちに海外のエージェントらが手形を引受けるように采配し，かくて債権者は手形が決済されるであろうことを確信することが出来た。アムステルダムのマーチャント・バンカー等は，システムの頂点に立つことになった（reversed the polarity）。ハンブルグやロンドンやさらに他の諸都市の顧客はアムステルダムのバンカー宛に手形を振出し，債権者らはオランダのバンカー等がその手形を引受け，清算決済することを固く信じていた。マーチャント・バンカー等はアムステルダムに手形を吸引し，そして，その様な流れが一層，アムステルダム貨幣市場を深化させたのである」（S. Quinn and W. Roberds, "The Bank of Amsterdam through the Lens of Monetary Competition," in *Explaining Monetary and Finacial Innovation : A Historical Analysis, eds., by P. Bernholz and R. Vaubel*, 2014, pp. 285, 295-296）。

　　「アムステルダム銀行の創設により，最終的には商業信用と貶質硬貨の絆が断ち切られることになった」が，さらに注目すべき点は，「1659 年にアムステルダム銀行のバンク・フローリンの公的承認に続く 100 年にも亘る驚くほどの貨幣的安定が見られたことである。」その間，アムステルダム銀行はキャッシーヤらの行う預金受領書の取引市場に介入し，流通硬貨（current guilders）に対するバンコ・フローリン（bank guildres）の価値をオープン・マーケット・オペレーションで維持してきたことである（Quinn & Roberds, "The Bank of Amsterdam and the Leap to Central Bank Money," in *The American Economic Review*, Vol. 97, No. 2, 2007, pp. 264-265）。かくして，彼等は以下のように結論する。「オープンマーケットで預金受領書 receipts と預金残高 balances が自由に取引され，この市場での取引により，アムステルダム銀行はバンク・フローリンの価値の完全なコントロールを維持できたのである。」「中央銀行は，商業取引の決済のための信頼できるキャッシーヤ，すなわち"exchange bank"である初期のタイプの機関から展開されたのである。アムステルダム銀行すなわち Wisselbank は，預金振替銀行と後の中央銀行との間の決定的絆を形成したのである。……Wisselbank の成功に寄与した決定的なことは，いかなる特定の硬貨にも結び付くのではなく，公的銀行の債務に結びつけられた独自の計算単位が創出されたことであった。……／われわれは，Wisselbank によってもたらされた価格の安定性は中央銀行設立の自動的帰結であると言おうとしているのではない。<u>Wisselbank の成功にとって決定的なことは，それが享受した強力な政治的支持であった</u>」（S. Quinn & W. Roberds, "The Big Problem of Large Bills: The Bank of Amsterdam and the Origins of Central Banking," *Federal Reserve Bank of Atlanta*,

*Working Paper Series, 2005-16*, 2005, pp. 11, 35, 下線は引用者)。収益のすべては市当局に手渡され, 元本の返済も利子の支払も期待されない貸付が州政府やアムステルダム市当局に対して行われていたが, 上記のアムステルダム銀行のオープン・マーケット・オペレーション行動が, 1772, 3 年の George Clifford and Sons の破綻による金融恐慌に際して, 救済基金 (Fund for the Maintenance of the Public Credit) の創設に導いたのであろう (W. Roberds & R. Velde, "Early Public Banks," *Federal Reserve Bank of Atlanta, Working Paper Series*, 2014-9, 2014, p. 37)。中央銀行論は再考されねばならない。アムステルダム銀行は, 「究極的には貨幣の性格に革命をもたらした。17 世紀後半, 為替銀行貨幣はコインを引き出す権利を失い, 振替銀行は, 要求払での預金支払の義務を持たなくなった。今日の fiat money regimes の先取りである。計算単位バンク・フローリンは, 特定のコインとの結びつきを持たなくなった。振替銀行に保有されている残高の価値は, 債務を決済するその能力から生まれることになった。この発展は, まさに貨幣の性格の歴史的シフトを表すものである。かくて, アムステルダム銀行は, 最初の真実の中央銀行としての振替銀行と見なすことが出来る。」(S. Quinn & W. Roberds, "An Economic Explanation of the Early Bank of Amsterdam, Debasement, Bills of Exchange, and the Emergence of the First Central Bank," *Federal Reserve Bank of Atlanta, Working Paper Series 2006-13*, September 2006, p. 3)。

(78) 名城邦夫「主権国民国家と計算貨幣によるヨーロッパ貨幣史—南欧型貨幣システムから北西ヨーロッパ型貨幣システムへの発展—」,『名古屋学院大学論集』第 52 巻 2 号, 2015 年 80-81, 83 頁。

(79) 同上, 64-65 頁。

(80) W. Roberds and F. R. Velde, "The Descent of Central Banks (1400-1815)", op. cit., p. 32. とはいえ, ニールによると, 「アムステルダム市は欧州中の商業的信用のための集散地になった」が,「ネザランドはその政治的分断構造の故に, 一国の課税当局によって支えられた真実の国債を発行することが出来ず」,「様々な公的当局によって発行される証券の流動的で, 透明性のある二次市場に欠けていた。」(L. Neal, "How it all began: the Monetary and financial Architecture of Europe during the first global capital markets, 1648-1815," in Financial History Review, vol. 7, 2000. pp. 121, 122, 123.) アムステルダム銀行設立後, キャッシーヤの取引が禁止されたが, 徐々に復活し, 17 世紀半ばまでにキャッシーヤの振替銀行への転換が徐々に進行し, 同世紀後半には完了していた。ただ, キャッシーヤでの内国為替手形や少額支払取引の決済は造幣硬貨の計算貨幣建てで行われていた。Erik Aerts, "The absence of public exchange banks in medieval and early modern Flanders and Brabant (1400-1800) : a historical anomaly to be explained," in *Financial History Review*, 18:1, 2011, p. 102, n.36 参照。

(81) J. スチュアート『経済の原理—第 3・第 4・第 5 編—』, 小林昇監訳, 名古屋大学出版会, 1993 年, 9 頁。

(82)「奇妙なことには, 17 世紀以降は, …（鋳貨価値変動の—引用者）調整の努力が放棄されてしまった。……なぜ, こうした変化が起こったのだろうか。……この非常に重要な問題は研究の現段階ではまだあきらかではない, とマルク・ブロックは言う。／……18 世紀になって貨幣変動は停止し, 貨幣は安定した。……この時代は支払手段の相対的に豊富な時代になった, との結論が許されよう。この支払手段の増加は, 大部分, 信用に発達に負っている。……この世紀全体を通じて, 種々の信用証書, とくに為替手形が非常に広範に使用されていた。……要するに, これが貨幣的側面からみた現代の資本主義制度の秘密である。その発端がいかに遠くまでさかのぼれようと, それは 18 世紀にはじめて開花した。頻繁な貨幣変動が一時姿を消したのは, この制度の到来とともにである。」(宮本又次・竹岡敬温「紹介：マルク・ブロック『ヨーロッパ貨幣史概説』」,『大阪大学経済学』, 第 11 巻 3 号, 1962 年, 12-130 頁)。

　国家鋳貨の貨幣価値変動調節の努力が放置されたのは, 本稿で見た資本主義信用貨幣制度の生成

発展が，国家鋳貨を「信用貨幣の小銭」に貶めたからである。クナップの言う「貨幣は国家の創造物」とする国家による計算貨幣建ての real money たる鋳貨流通の混乱に直面した商人・貨幣資本家らは，国内外の交易や支払決済の円滑な遂行のために「非国家的計算貨幣」である imaginary money を制定し，預金銀行を設立し，その計算貨幣建ての預金通貨を創造したのである。(1) 国家は国家への支払手段を apocentically に決定し，(2) 国民は，国家が決めた thing を使って，国家への支払を epicentically に行い，(3) そして，国民同士は税支払手段となったもので支払を paracentically に行うというクナップの行政的視点からの貨幣の階層構造（J. Bonar, "Knapp's Theory of Money," *The Economic Journal*, March 1922, pp. 30–40 参照）は，資本主義的信用貨幣制度のもとでは逆転する。古代貨幣の計算貨幣と造幣硬貨の有り様からみて，国家は商人らが新たに生み出した支払決済システム＝信用貨幣制度に参入せざるをえなくなる。そして，健全な債権に支えられる限り，準備の裏付けなしに無制限に創造される信用貨幣は，資本主義経済体制の強靭性を支えるひとつの柱となったのであった。

# 第 5 章

# 貨幣と国家

## ——近代イギリスの事例に寄せて——

　中世および近代初期に両替商の預金が果たす決済機能，さらに約束手形の譲渡性や為替手形の流通性，さらには小切手，銀行券の支払が絶対的貨幣として，債権債務を終わらせ，最終的に決済するという社会的慣行や規範を，商人裁判所やコモン・ロー法廷が承認し，また法となった事実[1] からも，インガムの言うように，「資本家的信用貨幣の起源と歴史は，国家のような，単独か共同してかは別にして，権威的基礎なしには，貨幣が安定しないということを教えている」という側面は否定できない。とは言え，「資本家的貨幣制度の特殊性は，民間で契約された信用関係が国家とその債権者すなわち中央銀行と，銀行制度の間の絆によって日常的に貨幣化される社会メカニズムを内包している」[2] と言えるのであろうか。商人，マーチャントバンカー，民間銀行らが創り出した信用貨幣は，中央銀行と国家を介して初めて貨幣化されたわけではない。

　われわれは貨幣の存在は国家の関与を不可避とする関係にあると考えるが，とは言え，「通貨の使用は本質的に発券当局の権力に基づいている」というグッドハートらカルタリスト的見解に与することが出来ない。貨幣をめぐっては，「政治的・財政的権力と貨幣創造との絆こそが中心的であり，……定義により，国内通貨主権債務にはクレジット・リスク（デフォルト・リスク）はないし，流動性リスク（買い手の一時的不足のリスク）もない」[3] と主張されるが，国家は債権債務関係を超越した存在であろうか。

　これまでに見てきたように，すでに中世の両替銀行や初期預金銀行の段階で，ファンタッチが二重通貨制度と呼んでいるように，預金通貨と造幣硬貨の流通領域は分断されることになった。17 世紀後半のロンドンではダヴナント

が指摘するように，銀貨は信用貨幣の小銭に過ぎなくなっており，預金通貨が広げる信用のネットワークに入らずして国家は統治活動を遂行できなくなっていた。造幣硬貨は信用創造を担う預金通貨の侍女たる補助貨とされたのである。国家は貨幣制度から疎外されつつあった。国家は貨幣のおける失地を回復せずして，近代の国家形成を行うことが出来なかったのである。

　それゆえに政府は設立を承認したイングランド銀行から借り入れを行うとともに，国債という債権債務関係を纏い，信用貨幣の世界に参入しなければ，財政資金の調達もままならなかった。公債償還への信頼に揺るぎがない限り，国家は信用のネットワークによって支えられている信用貨幣の創造に深く関わることできるのである。かくして国家は貨幣信用制度のあり様そのものに大きな影響力を行使することが出来るようになる。国家は民間金融の諸結果を受け止める存在に過ぎず，「市中銀行の対民間与信行動がシステム作動の始発点である」とばかり言い切れないのである。

　膨大な戦争金融を担わなければならない近代の国家は，造幣硬貨が信用貨幣の小銭・補助貨に貶められたままでは，「信用貨幣の潜在的には供給の無限の可能性」という特質をもつ資本家的信用貨幣に関与し，それを取り込まずしては，国家活動を展開することは出来なかった。国家自らが国庫証券のような政府紙幣を発行するよりも，商人らが広範囲に展開していた信用貨幣のネットワーク＝支払決済システムに，設立した公立銀行の通貨を核貨として注入することで，国家自らも参入せざるを得なかったのである。国家は公立銀行発行の一覧払債務証書である銀行券を徴税手段として受領することで，単に債務であることを超えて，キャッシュとして流通するペーパーマネーを支え，さらに徴税に裏打ちされた公債を貸し手・投資家に引き受けてもらうことにより，国債市場の発展を生んだ。国家の信用貨幣制度への参入は，ただ信用制度の一員になったと言うだけでなく，以下に見るように，イギリスの場合，国家が信用貨幣制度のあり様に大きく関わることになった。

　イギリス近代初期の戦争金融（財政革命）の成功は，イギリス信用貨幣制度の有り様に大きな影響を与えた。国家は，第1にイングランド銀行通貨をイギリス貨幣信用制度の核貨とすることで，貨幣市場に大きな影響力を行使する橋頭堡を作り上げた。第2に国債市場の成功的展開のために，貨幣金融市場に介

入し，18世紀後半にコンソル国債を基軸としたグローバルなロンドン貨幣資本市場の形成に大きく寄与する一方，企業金融や産業革命に向かう資本に対してあからさまな「金融抑圧」を行った。イギリス近代貨幣・資本市場の構造は，国家との関連を抜きにしては解き明かすことは出来ないのである。

[注]
(1) 拙著『イギリス信用貨幣史研究』，第3章＆結び参照。
(2) Geoffrey Ingham, "The Emergence of Capitalistic Credit Money," in Credit & State Theories of Money, etited by L. Randall Wray, 2004, p. 212, 213.「為替の真に非人格的な領域のための本質的な貨幣空間は，事実上国家によって提供されたのである」(op. cit., p. 202)。
(3) C. A. E. Goodhart, "One Government, One Money," Prospect, March 1997, pp.10-11, Id., "Two Concepts of Money: Implications for the Analysis of Optional Currency Areas," European Journal of Political Economy, No. 14, 1998, pp. 407-432 参照。

# 第1節　核貨としてのイングランド銀行通貨の創出

「発券は，イングランドで自生的発展を遂げた古典的銀行機能のなかで最後のものあって，これはヨーロッパの銀行業の発展に対するイングランドの主たる貢献であった」とクラパムは指摘した。ロンドンでも17世紀後半には小切手を使って預金勘定の付け替えによって支払決済を行い，手形割引などを行う金匠銀行業務が展開されており，「ダドリー・ノースが，1680年にロンドンに戻ってきて，いかに多くの支払が金匠宛に振り出された手形（小切手—引用者）によって行われていたかを見て驚いた」と言うほどであったが，1672年に見た国庫の支払停止により，金匠銀行業務は大きな打撃を蒙るとともに，1ポンド，2ポンド，および5ポンドのイングランドにおける最初の政府紙幣であった国庫支払指図書を永続的な国家紙幣にすることも不可能となった。「もっと支払能力があり，信用される政府の下であったならば，政府の支払指図書から，正規の国家紙幣制度がおそらく発展していたであろうし，後のイングランド銀行の主要な機能のひとつである発券ということは必要にならなかったであろう。」「最大の金匠たるヴァイナー，バックウェルが倒産した後は，ある種の強力な中央機関の必要性が高まってきた。」[4]

18世紀初頭までのキャッシュとしてのペーパーマネーの確立について，ホー

スフィールドは，「金匠銀行券は最終的決済手段とは明らかにみなされていなかった。そうした受領のあり様から見て，金匠銀行券を貨幣と見做すことには無理があった。」「われわれの結論は暫定的なものであるが，……18世紀の初期までにはイングランド銀行券は，債務の最終決済に一般的に受領され得るものと見做されるようになっていたと言ってもいいだろう。こうした展開は，明らかにそれ以前から流通していた金匠銀行券や恐らく地方銀行券のようなものに人々が慣れ親しんでいたからであろう。」[5] と述べ，イングランド銀行券においてやっとキャッシュとしてのペーパーマネーの流通が確立したと見ている。ただ額面が高額であったことから，日常的の小売取引の場面での購買手段として使われることは少なかったと思われる。拙著で見たように，金匠銀行券や小切手は現金請求がある時間内に行われないかぎりという条件付きで，キャッシュとして通用していた。ただ18世紀初頭前後の金匠銀行券を手に取って見たかぎり，預金受領書としての性格が色濃く，転々流通していたようには思われない[6]。

　重要な点は，生成期のイングランド銀行券が一覧払の支払約束書（債務）であるというよりもキャッシュとしての存在を確かなものにする上で，国家が大きな役割を演じたということである。そして，このことはイングランド銀行券が中央銀行通貨を潜在的核貨へと発展させる上で極めて重要な意義をもったのである。商業銀行と中央銀行では，信用貨幣の生成を同列には論じられないということである。それゆえ，「銀行券は，中央銀行預金を核貨とし，預金通貨を大宗とする現代通貨体系の中で，いわば補助的役割を務めている。……銀行券の二重性，つまり預金通貨の変形としての補助貨性と，中央銀行預金の変形としての潜在的核貨性とを，明確に認識しなければなるまい。」「銀行券が持っている潜在的核貨としての重要性に着目すると同時に，預金通貨を現代信用体系の中心と見做し，銀行券を補助的存在として捉える」[7] という横山氏の指摘を繰り返し引用しておこう。

　こうした銀行券の嚆矢は，1694年に設立されたイングランド銀行に見いだすことが出来る。1694年5月，歳入法（Ways and Means Act）を根拠に設立されたイングランド銀行は，120万ポンドの政府貸付に対して，6％の法定最高金利を上回る8％の金利と4000ポンドの運営交付金を与えられ，さらに発

券その他の銀行業務を認められた。設立当初，イングランド銀行の紙券の存続が危ぶまれたにもかかわらず，ほどなく，イングランド銀行の利子の付かない銀行券発行額は，1709年には利子付きの債務証書としての銀行券発行額を上回り，それは支払約束書としてではなくキャッシュとして授受されるようになった。C. デサンは以下のように論じている。「イングランド銀行によって発行された銀行券は，あらゆる税金や歳入において受取られる。なぜなら『イングランド銀行券の基礎は政府の上に置かれている』からである。」「以上の描写は，政府と，政府が借り入れに選んだイングランド銀行との間のパートナーシップの特異点を実証しているのである。」それに対して，「貸し手・借り手の純粋に民間同士のパートナーシップは可能であったが，それでは普遍的に受領される貨幣を生み出すことは出来なかった。ある個人は金匠銀行から長期に借入れ，金匠銀行宛の短期の要求払い銀行券の形でローンを受取ることが出来だろうが，借り手も貸し手も，自分たち以外の者が金匠銀行券を，現金化することなく受け取り，保有するとは考えることは出来ないだろう。特に，最大の債権者である政府は，様々な銀行家たちによって発行された銀行券を受け入れる理由はない。……もし政府が金匠銀行券を受け取らないならば，その銀行を知っており，信頼している人々か，その銀行と取引している債権者のコミュニティ内で活動している人々以外では，銀行券は受け取られ保有されることは難しいであろう。換言すれば，金匠銀行券は信用として機能しても，普遍的に受領される信用の特殊な形態である貨幣にはなれなかった。……／ここではパートナーシップの区別は重要である。『貨幣』の発展は，非常にたびたび描かれているように，民間の慣行から派生し成長した現象ではなかったことは明白である。」「政府はイングランド銀行券の形態で民間が貸し付けた『信用の資金』宛に資金を借り入れ引き出すのである。かくして流通手段が生み出されるのである。かくて（イングランド銀行設立の）提案は，利付の公債を貨幣創造に結びつけたのであった。」「債務と現金創出の結合は，全計画にとって極めて重要であった。政府への120万ポンドの貸付は，正貨ではなく，正貨支払約束書 promises-to-pay specie，すなわち法令がイングランド銀行に発行を認めたバンクビルや銀行券でなされたのである。」「事実上，貨幣は，発明されたと全く同じ条件の下で，再び発明されたのであった。緊急時の政府の命令は，当局が

拡大する税債務の支払手段として受領し，民間個人間での交換支払手段として間もなく認める価値単位で生み出され支出する仕組みを作り上げる助けとなった。近代ではそれら価値単位は，短期の債務—支払約束書すなわち銀行券—の形態で銀行からの長期借入によって創造された。」[8]

　かつての国庫支払いを停止した政府ではもはやなく，重い税負担を了承し，公債の元本・利払いを保証する議会の支えを得た名誉革命後の新政府と，公債を買い支えるイングランド銀行や東インド会社その他の投資家との共同作業と見做しうる絆により，硬貨と共に政府への支払手段となったイングランド銀行券はもはや支払約束書というよりは現金そのものと見做されるようになったのである。「イングランド銀行券の購買力を支えるのに必要な徴税はまたこの時期，驚くほどに急増した。……1670 年から 1810 年の間に，税収は実質で 16 倍に跳ね上がり，イギリス人はヨーロッパでもっとも重い税金を支払う国民となった。この税の負担が紙券通貨の大きな拡大を支えたのである。実際，イギリス人は架空の通貨という形態での fiat currency を発明したのである。」「事実上，近代資本主義の夜明けにあっては，見えざる手などというものはない。実業界やより大きなコミュニティならびに国家当局者らの手型の跡が新しい流通手段の上にはっきりと残っていた。イングランド銀行通貨は，貨幣化される支払約束書を創造し，互恵的な関係の網の中に官僚と民間の投資家を一体化させることによって流動性を累増させようとして政府が借入れんとした営為のなかに，その推進力を持ったのである。新しい流通手段は正貨と同質のステータスを獲得したのである。」「かくて，メイキング・マネーとは直接に投資家の決定に依存していたのである。」[9] イングランド銀行通貨は，単に植民地政府が発行する tax-drive-money ではなかった。

　国家は投資家でもある money interests の協力を得て，イングランド銀行券を先兵として，核貨としてのイングランド銀行通貨の誕生を導き，信用貨幣制度の中に国家の重要な橋頭保を築いたのである。商業銀行通貨と中央銀行通貨の生成のあり様は大きく異なっていた。従来，私も含め多くの貨幣信用論者が説いてきたように，中央銀行の成立は，商業信用—銀行信用—中央銀行信用といった発展系列の上で展開されたのではなかったのである。

　このようにイングランド銀行券のキャッシュとしての流通は，かつての貶質

硬貨の国内流通と重なる。国内流通では絶えず貶質されてきた硬貨は金属内容の減少にもかかわらず，額面価値で流通し続けた。それに対して，国際間で流通したフローリン金貨やデュカット金貨は，5 世紀以上にわたって，重量品位とも大きく変更されることもなく，計算貨幣建てで流通した[10]。国内でと国外での金属貨幣の流通のあり様の違いを想起すると，造幣硬貨は国境の外では貨幣でなく地金に過ぎない。それゆえ，金銀は国家の政治的関りにおいてのみ「貨幣」になる。造幣硬貨が国内では額面 extrinsick value で流通し，国境外では内在価値 intrinsick value が重視される所以である。造幣硬貨の国境の内と外での流通のあり様が異なることの意味を考えるべきである。国家の関与なしには「貨幣」の誕生はありえない[11]。すなわち，「硬貨が国境の外ではその地金内容に従って取引される理由は，まさにそのようなところでは，造幣硬貨は "*money*" ではなかったのである。貨幣は国内問題 a domestic affair であった。貨幣は，造幣し，支出し，課税し，判決を下し，価値を決め，債務を清算し，国内で流通する価値を決める方法に従って働かせる諸制度に立脚した政治的プロジェクトであった。このインフラストラクチャを取り払ってしまえば，すなわち，*money* として流通させている機構の外では，造幣硬貨は事実，ただの地金であった。」[12] かくて，古代であろうが，中世であろうが，現代であろうが，「貨幣は本質的に nation-building であった。」[13] とデサンは言う。

　造幣硬貨を信用貨幣の小銭に貶められた国家は，公立銀行を設立し，それが発行する銀行通貨が債務であるにもかかわらず，硬貨と同様に税支払手段としてキャッシュと取り扱われ，核貨として信用貨幣制度の中に深く埋め込むことを得ずして，国家形成が覚束ないのである。信用関係に立脚する信用貨幣制度に，国家は自らも債権債務関係を纏って参入せざるを得ないのである。

　政府の勘定をもつイングランド銀行のおかれた現実は，国家の強力な保護の下，高利制限を遥かに超える 8％の金利を政府から与えられ，さらには 1697年には「イングランド銀行が存続するかぎり，銀行の性格を有するいかなる他の法人，組合，団体，会社または組織もこれを設立または設置し，許可し，黙認し，承認すべきない」という株式銀行の特権を独占的に付与され，その上，イングランド銀行紙券の偽造には，国王の貨幣の削取りとか偽造に対する罰と同じ死刑が課されることなど，戦争金融の必要から，強力な国家の保護と支援の

下にあった[14]。1696 年 11 月の貸借対照表をみると，総資産£2,101,187 の 90％
近くは対政府貸付から成っており，その業務の大半は「政府に融資する機関と
して機能していたことは明瞭で，同行の通常の商業業務はきわめてわずかで
あった。すなわち，同行の資産はほとんどすべて政府証券であった。」[15] イギ
リス政府が自ら硬貨や国庫証券（政府紙幣）を発行するだけでなく，イングラ
ンド銀行に銀行券を発行させるに至ったのは，議会が用意した税収を当てに発
行された公債に投資するロンドンの商人金融業者の支えを背景に，イングラン
ド銀行券を税支払手段として受領し，また支払手段として払い出し得たからで
あり，そのようななかでイングランド政府はイングランド銀行を介して貨幣信
用制度における失地を回復し，徐々にその地歩を築き上げていったのである。

　イングランド銀行通貨は手形割引等の民間信用との関わりよりも，キャッ
シュとして徴税・納税の手段とされ，ロンドンの money interests 階層の支え
る公信用との深い関りから生成した。デサンが強調するように，「財政制度が
健全に機能することが，……実質的な購買力をもつ貨幣を創造するのである。」
公債発行額は 1697 年£16.7 百万から 1748 年£76 百万，1783 年£245 百万へ
と急増したものの，重い税の徴収でそれらはデフォルトすることはなかった。
「イングランド銀行の歴史が明らかにしているように，イングランド銀行券は
公債の一形態であった。それらは政府に代わってイングランド銀行によって発
行された価値の支払約束書であった。政府が銀行券の保有者から納税義務をは
たすのに妥当なものとして銀行券を受取る時，政府はその価値を確証したので
ある。全操作は金に転換されることなく行われ得た。むしろ政府がイングラン
ド銀行券を受け入れた時，政府はイングランド銀行に銀行券を戻し，その債務
を返済することが出来たのである。……国内の政治関係がますます明確に貨幣
を創り出したのである。国内政治関係が確実にそのように行う限り，成功裏に
遂行できたのである。財政革命は信用の信頼度 the credibility of *credit* の問題
であるだけでなく，貨幣の信頼度 the credibility of *money* の問題でもあっ
た。」[16]

　イギリス近代初期に見られた信用貨幣制度における核貨としての中央銀行通
貨が国家と投資家の深い関与のもとに生成したという事実は，国家と貨幣の関
係を考えさせる近代的信用貨幣制度の形成という第 2 の論点にも深く関わる。

すなわち，戦争金融を成功裏に遂行するため，国家は貨幣・資本市場に深く関与することで，「産業革命での金融の不在」をもたらし，イギリス近代貨幣金融市場のあり様を大きく規定したのである[17]。

[注]

(4) クラパム，前掲書，7，15，16，17頁。

(5) J. K. Horsefield, "The Beginning of Paper Money in England," in *Journal of European Economic History*, Vol. 6, number 1, Spring 1977, pp. 123., 131.

(6) 拙著『貨幣・信用・中央銀行—支払決済システムの成立—』，同文館，1988年，第8章5節参照。

(7) 横山，前掲『現代の金融構造』，72，73頁。

(8) *Christine Desan, Making Money: Coin, Currency, and the Coming of Capitalism*, 2014, pp. 299-300, 301, 303-4, 306.

(9) *ibid*., pp. 319, 320, 328, 329.

(10) C. Fantacci, op. cit., pp. 58, 59.「ペニー貨は貴金属の固定的内容を持っていなかったので，それらが組み入れられる計算単位は厳格に 'material' でさえなかった。したがって計算単位は金属標準ではなく，夫れ自体，標準であった。」「かくて小額貨は，金属内容の如何を問わず，その価値を維持しえたのである。さらにまた，小額貨は自らを価値の尺度とみなしえたのである。」(ibid., pp.58, 64)。大改鋳で旧平価での改鋳を主張したロックの見解は，国際間で大額硬貨の流通価値はその金属重量品位に規定されるというあり様を国内の流通する硬貨にも適用し，中世以来の計算貨幣と交換手段との分離を打ち砕き，イギリス貨幣制度を言わば，国際取引に焦点を合わせて作り替える，極めて政治的な試みであった。しかし貨幣流通の実態は，造幣硬貨から預金通貨や銀行券に多くは置き換わっていた。金本位制は造幣硬貨の流通において形成されたのではなく，信用貨幣が貨幣の大宗を占めるようになって初めて出現したのである。「ルネサンス期の貨幣制度では，あらゆる実体的な貨幣は，ただ計算貨幣との関係でのみ存在していた。計算貨幣はあらゆる債務と契約が建て成される尺度であった。」かくて，流通硬貨の価値を一定の重量品位に結びつけた1696年の大改鋳は，「貨幣史でのルネサンス期の制度を終わらせる決定的な転換点となった。」(ibid., p.71)

(11) 債務証書である銀行券が現金に転化するという事態の進行については，かつて戦後まもなく，川合一郎氏が論じておられた。その場合，デサンのごとく国家との関わりには，まったく論及されることなく，銀行の支払能力への大きな信頼から，裏書されて流通していた銀行券が裏書なしに流通するようになると，銀行券は現金支払約束書ではなく，現金そのものとみなされ，企業間の商業流通から出て，消費者の一般流通に入ってくると論じられている。「銀行の支払能力に対する信頼がますます強くなってくると，将来における銀行からの返済ということが殆ど念頭にのぼらないようになり，銀行券さえ受け取れば今現金をもらったも同然とされ，したがって……銀行券は現在の貨幣たる購買手段とみなされるようになってしまう。……いわば銀行券なる紙片自体が現身の貨幣商品そのものとみなされるようになってくる。」「かくて手形はその譲渡にあたって裏書＝保証義務が免除されるにいたったその瞬間から後日における一切の義務より解放されるから，『現在の貨幣』，一般的な購買・支払手段となる。」(川合一郎『資本と信用』，86，88頁) その後，氏の議論は，銀行券の一般的購買・支払手段化の進行，銀行券の「原始的購買手段化」(W-G なき G-W)，銀行券の減価の可能性，信用貨幣の中立性の否定，さらには一般的等価の一元性から発券集中の必然性へと，華麗なほどの展開を見せるのであるが，国家への言及は出来る限り控えられる。「商品流通社会的にはどんな紙片が価値表章になってもよいが，実際にはかかる信用関係を基礎にもち，その象徴である紙片，すなわちこのような信用の債務証書でなければ価値表章にはなれないのである。貨幣の節約はすべて信用にもとづくのである。／このかぎりでは価値表章の二つの主要形態た

る銀行券と政府紙幣は共通している。ところが債務証書が購買手段として流通手段になりうるためには，よほど強力な信用，強力な支払能力に対する信用によって支えられ，……すなわち裏書による保証債務を免除されていなければならぬ。強大な社会的規模での信用が紙片流通を支える前提である。」「資本が商品生産をとらえ，自己の足でもって立つにいたって，すなわち商品生産者が資本制的生産者となるにいたって，はじめて商品生産者は，自ら社会的物質代謝を支配し，自らの代表をもち，そして自ら貨幣商品金を空費と感ずる衝動をもつにいたって，ここにはじめて，商業手形を購買手段として流通手段たる貨幣商品金の表章としても兼用させることができるようになる。銀行券がこれである。国家がこれを公認して法定支払手段としたとしても，この国家は……資本制商品生産者たち自らの国家であるから，銀行券は国家のこの措置によってはじめて一般的流通手段にしてもらうのではなく，すでに自らの力で一般的流通手段とした銀行券のあり方の確認にすぎないのである。銀行券は商業手形と紙幣とを止揚したものである。」（同，102, 104 頁）

　極めて興味ある見解であり，銀行券を「商業手形と紙幣とを止揚したもの」という指摘には，若いころ躍動感を覚えた。しかし，すでに別稿で指摘したが，氏の見解は多くの疑問を孕む。国家の関与を出来るかぎりネグリジブルなものとみなし，商業銀行の銀行券の展開の先に中央銀行の出現を構想する理論展開では，いかなる国の中央銀行通貨の歴史も説明することは出来ないではなかろうか。信用制度におけるコインに代わる核貨の存在は国家の関りなくしては説明できないからである。拙稿「マルクス信用理論体系再考」，『佐賀大学経済論集』，第 51 巻 1 号，2018 年参照。

(12) C. Desan, op.cit., p.347.

(13) C. Desan, ibid., p. 350.

(14) クラパム，前掲書，59 頁。

(15) A. フェヴィヤー /E. モーガン，前掲，161 頁。52 頁。1694 年 7 月 27 日開催のイングランド銀行初の理事会で決定された事項のひとつは，後に近代的イングランド銀行券の先駆と見なされる預金受領書としての running cash notes の発行である。額面はかなり高額で，1725 年に £20 券が発行されるまでは，最低額面は £50 であった。その後，1759 年に £10 券，£15 券が導入される。18 世紀末のナポレオン戦争を契機に £1 券，£2 券が発行されるまでは，銀行券の額面は高額で，日常生活品の売買に使われる現金と言うよりは，かなり高額取引での現金支払手段であったと思われる。そのため，イングランド銀行券流通額も多額に上り，振替勘定残高の 2-5 倍に達していた。ロンドン銀行間決済は，1854 年にイングランド銀行宛小切手でなされるまでは，イングランド銀行券で行われていた。Bank of England, "The Bank of England Note: a short history," in bankofengland.co.uk./-/media/boe/files/quarterly-bulletin/1969/the-boe-note-a-short-history. pdf), pp. 211, 212, 214, Appendix. クラパム，前掲書，付録 C, pp. 335-340 参照。

(16) C. Desan, op. cit., p. 386. イングランド銀行券を支払約束書としてではなく現金として受け入れた 17 世紀末のイングランドの貨幣思想について，デサンは以下のように論じている。「若干の論者は硬貨それ自体を信用の一種と概念化した。……ニコラス・バーボンは硬貨の表面に記された政府による刻印が硬貨に含まれる金属量を証明するものだという考えを引っくり返してしまった。……硬貨の価値はそれを受領するという政府の義務に，すなわち公的債務としての政府のステータスに依存しているのである。」「信用として貨幣を概念化する論者らがその論理を硬貨に適用すると，論者らは，都市国家での貨幣の働きを，国家債務としての政治的アイデンティに依存した通貨と重ね合わせる古代の理解にたどり着いたのである。…バーボンや当時の信用理論家たちは硬貨と紙券通貨を同一視する論理を最新のものにしたのであった。」（C. Desan, op.cit., pp. 334-335）

(17) ニールは，近代貨幣信用制度の形成について，以下のように指摘している。貨幣制度や信用制度のあり様は，国家政策と深く結びついていた。「1648 年のウエストファリア条約は，その後，欧州の政治風景を特徴づける近代国民国家を創出した。……その結果生じた政治環境が金融資本主義の長期的成功の舞台を設定したのである。ミュンスター条約以降，欧州に出現した数多くの政治単

位の諸政府は，それぞれ自分たちの合法性を確立し，領土を固めようとして，様々な貨幣制度を試みたのであった。その後の1世紀と3分の2の長きにわたる戦争が継続した時代，各国は30年戦争の圧力とともに現れた金融革新を拡大し，完成させたのである。」「当時のグローバル資本市場の発展は，……ミュンスターからウィーンに至る時代のヨーロッパの歴史的経験に関わっていた……。」(Larry Neal, "How it all began: the monetary and financial architecture of Europe during the first global capital markets, 1648-1815," *Financial History Review*, 7, 2000, p. 117)。

# 第2節　財政革命と「金融抑圧」

　かつて私は，イギリス近代貨幣信用制度が，産業革命による「産業資本の完全支配」，産業資本への「商業資本や利子生み資本の従属」をもたらした産業資本によって創造されたといったとマルクスの理解は，まったく虚構に過ぎず，むしろ逆に，商人資本や金融利害を基軸に構成されていたことを論じた。17世紀末までにアムステルダムについでロンドンが広範囲な外国為替のネットワークを広げ，また18世紀中葉以降，アムステルダムを凌駕し，イギリスがロンドンを世界市場の中心とする世界貿易のネットワークを広げつつあった事実を想起すると，近代イギリスにとって，産業革命金融よりも，帝国の形成，基軸通貨国への上昇を支えることのほうが重要であって，それ故に，イギリスが一貫してポンドの価値の安定を追求し，国際的な信用のネットワークの上に，いち早く金本位制を確立した事実こそ重要であったと考えていた。「イングランドはひとつの槓子をもっており，それでもって世界を持ち上げることが出来た。その槓子こそ為替手形である。」[18]

　イギリス近代貨幣信用制度の展開は極めて複雑であり，ひとつの観点からだけでは理解が困難であろう。例えば，1620年代までは為替管理が厳しく，銀行業は存在できず，金匠銀行の生成もピュリタン革命期にまで見られなかったにもかかわらず，1660年代には早や金銀地金や外国造幣硬貨の輸出入の自由化，自由鋳造（鋳造手数料の廃止）が進められ，1694年にはイングランド銀行の設立，96年には摩損著しい銀貨の旧平価での改鋳が決定され，その後の銀貨・銀地金の流出，金貨・金地金の流入により，18世紀初めまでに事実上，造幣の中心は銀貨から金貨に移っていた。そして，近代的金融制度の形成は，

産業革命に先行した。われわれはそれらの事実を，商人やマーチャントバンカー，金融業者の国際的貿易・金融利害から理解しようとしてきた。その様な視点から，「イングランド銀行の存在は，国家の長期借入政策を支えると同時に，東インド会社，南海会社とともにロンドン証券市場の発展に重要な貢献を果たした。」「戦争金融のためのイギリス財政革命の成功に導かれたロンドン証券市場の確立は，信用貨幣（イングランド銀行通貨）が事実上鋳貨と同様の地位を占めるに至っていたことと相まって，産業革命の端緒において，ロンドン金融市場の骨格の形成に大いに貢献したのである。」[19] と論じた。しかし，近代初期の政府資金の「大量・優先的・低金利」での調達を目的とする戦争金融（財政革命）が企業金融に如何なる圧力をかけたかについて，無関心であった。

　近代初期のイギリス最大の課題であった財政革命，戦争金融の成功のためには，劇的に拡大する公信用を当時の貨幣・資本市場に受け入れさせることが必要であり，そのため，国家はあからさまに民間の企業融資に「金融抑圧financial repression」を加えたのであった。その結果，この国家政策は製造業の資金調達を「クラウディング・アウト」し，産業革命にとってファイナンスが大きな役割を演じる余地を奪ってしまった。「イギリス産業革命のための金融の驚くべき不在」は，国家の貨幣信用制度への関与抜きには考えられないと，テーミンとヴォッシュは主張する。「公信用と銀行が18世紀に速やかに成長したことは注目に値する。しかし，両者の絆が初期の産業資本家に新たなイノベーションのための資金調達の正常なチャネルとなるべきものの外側を進むことを強制した事実こそ，遥かに注目されなければならない。加えて，組織的な金融は産業革命と時を同じくした戦争の時期に，これら新たな生産者に資金の欠乏を強いたのである。他の枠組みにおいて経済成長には有用な金融は当然重要であっても，政府借入れにおけるイングランドの財政革命においては，同時に為された政府の活動，政策は産業革命期の経済成長を遅らせ抑制することになったのである。」[20]

　それでは，産業革命期における広範で急激な技術変化は当然，経済の急速な成長を予測させるものであったにもかかわらず，なぜそうはならなかったのか。急激な技術変化と緩慢な経済成長のパラドクスは，民間金融の役割を検討すれば消え去ると言う。すなわち，「高いリターンを求める民間の貯蓄を産業

に利用させることが出来なかった三つの制度的要因は，高利制限法，バブル法，戦時借入れであった。頻繁に起こった戦争は 1690-1815 年の長期の 18 世紀（名誉革命からウォータールまで時代）の経済と金融制度に影響した。戦争は政府の借入需要を高め，膨大な規模で民間投資をクラウディング・アウトした。この関連においてこれらの要因が重なって，イギリスは民間金融を妨害する公的借入れにおける革命を経験することになったのである。イギリス軍事国家は，民間金融が国家借入れと競合することを不可能にする諸規制を通過させたのである。」[21]

　17 世紀末以降，戦争金融での政府支出と政府債務の急増はよく知られたことであるので，ここでは高利制限の変更とバブル法について見てみよう。テーミンとヴォッシュは，ロンドン金匠銀行の勘定を詳細に分析し，貸付最高金利を 6% から 5% に引き下げられた 1714 年の高利制限法の変更を境に銀行業務が大きく変化したことを明らかにしている。「生成期のイギリス銀行制度に大きな圧力となり，その影響はマイナスに働いた。」具体的には，それまで増加していた無担保貸付は後退し，担保付き貸付を増やすことになり，また，貸付の多様性は消え去り，「明確な理由もなしに貸付金額は増大し」，「信用は少数の富裕な借り手の手中に一層，集中させることになった。」また，「生成期の産業の拡張期には長期の関与が必要である」にもかかわらず，それ以降，ローンの継続期間は短縮化した。「高利法は最も特権的グループ以外への貸付を困難にした。また担保貸付から無担保貸付への移行を遅らせることになった。高利法のために信用は最高金利での割り当てになった。高利制限法の最高金利の引き下げは信用市場を後戻りさせた。……平均貸付期間も短縮化し，長期のプロジェクトを信用でファイナンスすることは遥かに困難にされたのである。」「個人銀行が貸付にそれなりのリスクプレミアムを請求することができなくなり，そのことが担保貸付の重要性を高めることになったことは，ただ，イギリス国家が金利を低く保ちたいという欲求のゆえである。」「財政革命の目的は言うまでもなく，政府債務の市場の改善であるが，貸付のプロセスへの国家の執拗な介入がなければ，さらに利子率規制の破壊的な効果がなければ，イングランドの民間信用市場はどのようなものになっていたであろうか。」[22][23] 高利制限法の規制はその後も一世紀以上に亘って継続し，1833 年に短期手形については

免除されたものの 1854 年まで廃止されることはなく，戦費調達に資するべく，商業銀行の産業企業金融を抑圧し続けた。

　いまひとつ，民間企業に対し「金融抑圧」の働きなした要因として，株式会社設立を抑制した 1720 年のバブル法があげられている。「南海バブル期に成立した株式会社設立の制限と結び付いて，国家の規制や経済活動は，18 世紀イギリスの民間企業のファイナンスは大いに押し殺されることとなった。」民間企業は銀行融資や証券市場での資金調達の道を否定された一方で，「政府は自由に信用へのアクセスを享受できたことは経済発展を遅らせることになった」という[24]。

　しかし，ただ，18 世紀の民間企業の多くが銀行融資すら満足に享受できなかった状況で，バブル法があろうがなかろうが，民間企業が積極的に株式による資金調達を行いえたとは想像できない。事実，「18 世紀初めまでに，効率的株式市場を特徴づける制度的構造のすべてが整えられていたにもかかわらず，……民間企業は株式市場を利用しなかった点には経済史家のほとんどが同意している。」「単位当たりの固定資本の規模も大きくなく，大部分のファイナンスは短期で内部金融に頼っていたこともあり，企業は大規模なファイナンスを必要としなかった。」それ故，「バブル法が如何なる企業にも株式会社形態の採用を禁じておらず，また，企業金融にほとんど影響しなかった」という議論もあるようである[25]。とは言え，南海バブル崩壊以降，18 世紀を通じて，株式市場のあり様が殆ど停滞的であったと言うのはどうしてであろうか。

　P. ミロウスキーによると，投資トラストのミリオン・バンクの保有資産の大部分は政府債（国債・年金債等），三大特許会社（イングランド銀行，東インド会社，南海会社）の証券が大部分を占め，たとえ短期間でも他の企業証券の取引は見られなかった。18 世紀の金融界の中心に位置した民間保険会社の Hand-in-Hand Assurance Company, Sun Fire Office, London Assurance ですら，保有資産の構成は同様で，そのほかに不動産等がみられるくらいであった。Scotch Mines Company の 1773 年のバランスシートも主要な資産の 58％がイングランド銀行証券で，他は東インド会社年金証券（31％），為替手形（2％）で，他の企業株は含まれていなかった。商人の William Braund の金融資産も 18 世紀半ば，政府債，イングランド銀行，南海会社，東インド会

社，サン火災保険等の株式であった。17世紀末から金融市場の情報誌が発行されているものの，注視されていたのは上記国債と三大特許会社程度で，いくつもの株式会社が議会法で設立されはいても取引は活発でなく，情報誌はそれらにはほとんど関心を示していなかった。Million Bank, Royal Exchange Assurance, London Assurance の株価も時には記載されないこともあった[26]。

　「イギリス株式市場は1720年以前の活発で効率的な取引のピークを過ぎると，後退を続け，貧弱なものとなった。……発行額に比べ，取引の出来高は，1700年代から1750年代までほとんど持続的に低下した。……株価も1710年から20年までは一般的に上昇したが，以降，反転し，1725年から1755年頃まで基本的に停滞していた。」「株式市場は18世紀の進展とともに益々使われなくなった。そして，資金は地元の事務弁護人 attorney や時々の企業間信用や親族らによって事業に向けられたのである。」[27]

　こうした株式市場のあり様は，バブル法の存在によってはすべて説明されないかもしれないが，国債等の政府証券やイングランド銀行等の三大特許会社の株式や債券の圧倒的の存在なしには説明出来ないのではなかろうか。

　かくて，財政革命によるクラウディング・アウトの結果，「銀行の役割はイギリス産業革命に対してきわめてマージナルな存在であった。……政府の規制と戦時借入れにより銀行は産業革命のわき役に追いやられたのである。」ロンドン金匠銀行は，「1730年代以降，バランスシートを着実に拡大し，経営と収益を安定に転換させたにもかかわらず，ほとんどの年で貸付はスローダウンし」，「投資をファイナンスするには小さなチャンスしか持たない」「退屈な銀行業務 Boring Banking」に転換してしまったと言われる[28]。

　アシュトンは次のように述べていた。「しかし，18世紀には不動産担保貸付や証書貸付の金利の幅は制限されていた。……高利制限法は，貸し手にも借り手にも1714年までは6％，以降は5％以上の金利を禁止していた。利子率のこの上限の存在は，この時期の変動を理解するのに極めて重要である。一旦，危機的な点に到達すると，それ以上の借入は不可能になるであろう。……このことが非常に多くの製造業者の関心を自らの内部に，すなわち，利潤の再投資によってファイナンスすることに向かわせたひとつの理由である。」[29]

......................................................................................

　ルネサンス期以来の計算貨幣と支払手段の分離，信用貨幣の生成発展とそれに伴う造幣硬貨の小銭・補助貨への転落は，ウエストファリア条約により創出された近代国民国家にとって由々しき事態であった。その後，2世紀近く続いた戦争金融の圧力のもとでの国家形成のための政府資金の大量調達の要請は，近代の貨幣・信用制度に決定的影響を与えることになった。すなわち，貨幣制度上の国家の失地回復なくして，近代国家形成は不可能であり，そこに国家の橋頭保を築くことは緊急の課題であった。貨幣と国家の関係は，ただ単に商品交換・貨幣流通の場の設定といった問題ではなく，近代貨幣信用制度のあり様そのものに決定的な影響を与えた。

　イギリスの場合，17世紀半ばまでに内外の商人や金匠銀行が形成した信用のネットワークの中で，流通性を獲得した為替手形，金匠銀行券や小切手（drawn note）の流通により，造幣硬貨は信用貨幣の小銭に貶められていた。こうした事態において，戦争金融のため財政革命を遂行しなければならない名誉革命により成立した政府は，政府資金の「大量・優先的・低金利調達」のため，信用貨幣制度に深く関与せずして，その国家形成は覚束なかったのである。イギリス財政革命こそ，イングランド銀行の設立と貨幣制度での核貨としてのイングランド銀行通貨の生成，ならびにイギリス国債の発行市場にとどまらず，流通市場の発展と国家資金の大量・優先・低金利調達による民間銀行信用の抑制と銀行信用の差別的信用割り当てという特質をもった近代イギリス信用貨幣制度の骨格を形成することとなった。

　このことはかつてわが国の国債問題を考察された中島将隆氏が『日本の国債管理政策』（1977年）において指摘されていたことを思い起こさせる。「公信用の膨張は，今日の金融構造，金融政策，証券市場政策に決定的影響を与え，この問題は現代金融論，現代証券市場論の中心的課題となっている。……したがって，国債管理政策を検討することによって現代金融現象の最深部に到達でき，現代の複雑で入り組んだ制度，機構，政策をそこから解明することが可能になる。」[30] 氏の指摘は，近代イギリスの貨幣信用制度の特質と国家の深い関係をも的確に言い当てている。国家政策や政治が貨幣信用制度や貨幣金融市場

のあり様に大きく関わっていた。本章で検討した「貨幣と国家」の考察からは，イギリス近代貨幣信用制度の特質に近代最初の「国債管理政策」を見る想いである。イギリス財政革命こそ，イギリス近代の金融構造，イングランド銀行の行動様式，ロンドン証券市場，企業金融，さらには誕生したイギリス投資社会の内容等に大きな影響力を行使してきたことは明白である。

　中世以来，民間信用ネットワークの展開の中で造幣硬貨を信用貨幣の小銭に貶められた国家は，(1) 貨幣制度上での失地回復のため，1694年のイングランド銀行の設立を承認し，その銀行券を硬貨同様に納税手段とし受領することで「支払約束書」としてよりもキャッシュとなし，イングランド銀行通貨を信用制度の「核貨」としたこと，さらに保有資産の大部分が対政府貸付・対政府債券であったイングランド銀行に株式銀行業の独占の付与したことで，民間銀行業を小規模なままに止め，国家の貨幣制度上の失地回復に大きく貢献したこと，(2) 政府自ら債権債務関係を纏い，増税で支援された公債の増発による政府資金の「大量・優先的・低利」調達のために，1714年に高利制限法を改正し，最高金利を6%から5%に引き下げ，商業銀行の民間貸付を抑制し，クラウディング・アウトをもたらし，民間銀行を退屈な銀行業務 boring banking に押し込み，「産業革命での金融の不在」を決定づけたこと，(3) 国債の大量発行や1720年のバブル法の制定により，民間株式会社の設立を抑制し，産業企業の株式による資金調達を妨害することになり，ロンドン証券市場での産業株式のシェアーは19世紀後半になっても，僅かなままであった。

　戦争金融のための財政資金の大量・優先的・低利調達がイギリス近代貨幣信用制度のあり様に大きな影響を与えたことは明白である。貨幣信用制度と国家との関りを問わないでは，イギリス金融史に多くの空白を残すことになろう。

　E. ヘレイナーは，如何に国家が貨幣金融市場の動向を加速したり抑制したりすることを明らかにしたが[31]，それに止まらず，国家は信用制度に政府が公然と支援・保護する，いわば「半官半民」銀行の信用貨幣を核貨として注入し，自らも公信用という債権債務関係を纏い，信用貨幣制度に参入し，様々な規制を加えることで，貨幣・金融市場のあり様そのものを大きく規定してきたのである。

　かつてクナップは，「全支払制度は法制の創造物である。吾々は今やこれに

付加して，その国家的なると私的なるとを問わず，団体に於ける法制の創造物であると言ふ。簡単に解すれば此の命題は，<u>支払制度は統治現象である</u>」[32]と指摘した。貨幣信用制度のあり様は，ただ諸資本の動向，産業の革新に対応する金融の革新によってのみ規定されるのではなく，国家も貨幣信用制度のあり様に大きく関与してきたことを肝に銘ずべきである。貨幣と国家は，言わばのっぴきならない絆で結ばれている。「貨幣は信用である」（イネス）という視点に加え，「支払制度は統治現象である」（クナップ）という視点の重要性を強調したい。

［注］

(18) 前掲拙著『近代初期イギリス金融革命』および，本書第 4 章「貨幣の世界システムの成立」参照。

(19) 前掲拙著，196 頁。

(20) *Peter Temin & Hans-Joachim Voth, Prometheus Shackled: Goldsmith Banks and England's Financial Revolution after 1700*, 2013, p.6.

(21) *ibid.*, p. 158.

(22) *ibid.*, pp. 84-89, 93-94.

(23) イギリス政府債の劇的累増によるクラウディング・アウト→「金融抑圧」という議論を，L. ニールは，ブリュアの研究によりながら否定している。「国債の増大・累積による圧力・重圧については，18，19 世紀を通じてエコノミストによる警告にもかかわらず，イギリス経済は繁栄し拡大した。この明白な経済成長は，国内総生産の年々のフローに対する国債残高の比率が相次ぐ戦争とともに上昇したにもかかわらず，起こったのである。イギリス国債の規模の周期的な増大が民間投資をクラウド・アウトしなかったことは明らかである。実際，GDP に対する投資比率はその増大と関連していたのである。……要するにクラウディング・アウトは発生しなかったのであり，クラウディング・インが生じたのである。」国債の発行の成功は徴税制度の効率化によってもたらされたという。「最も重要なことは，国内生産に比べ，国債発行額の急増が 18 世紀最後の 25 年に見られた産出量における投資支出のシェアーの緩やかな増大に抑止効果をもたなかったことである。……この驚くべき出来事を如何に説明されるべきか？」（L. Neal, op. cit., pp. 125-126）。とは言え，18 世紀の経済構造に特徴的に見られた，17 世紀中葉からの急速な都市化，非農業部門に雇用される人口比率の高まり，農業生産の成長，地域市場をつなぐ輸送サービス業の整備にもかかわらず，ブリュアの挙げている実質生産額の成長率は，1700-60 年は年に 0.69％，1760-80 年は 0.70％，1780 年 -1801 年は 1.32％で，長らく信じられていた 18 世紀イギリス経済の急成長は，今日では，見直されている。そしてまた，ブリュアが注目したのは商人や商人銀行家の急成長と彼らの信用取引であった。「国内が商業ネットワークに編み込まれようとしていたその時，経済は遠距離＝大規模な国際市場との結びつきを強めつつあった。なかでもとくに重要だったのは，17 世紀末以来，着実に拡大を遂げていた非ヨーロッパ世界との貿易である。」「連鎖する国際市場がどれほどの経済機会を提供したか，そして 18 世紀ブリテン最大の経済セクターだった国家がいかに大きな経済機会を与えてくれたか，その実態が浮かび上がってくる。」（J. ブリュア『財政＝軍事国家の衝撃—戦争・カネ・イギリス国家 1688-1783 —』大久保圭子訳，名古屋大学出版会，2003 年，186-187, 190, 192-193 頁）イギリス貨幣信用制度は産業革命金融にではなく，国債取引と貿易金融を軸と

したグローバルなロンドン金融市場にこそその重心を置いていたのである。ニール自身もまた，ロンドン金匠銀行が産業貸付業務よりも，多くの投資家の trustee 業務を重視していたことを指摘している。そしてそれをイングランド銀行設立に対する対応と見ている。「イングランド銀行設立への実りある対応は，政府債や特許株式会社の株式保有やそれらへの投資等の新たな活動への移行であった。金匠銀行は富裕な顧客のためのポートフォリオ管理や，ブローカーなりディーラーとして生成しつつあるロンドン資本市場に益々関わっていった。」(Neal, op. cit., p. 124) このような金匠銀行の業務内容な変貌は，テーミンとヴォッシュが主張した政府資金の「大量・優先的・低利」調達のために発生したクラウディング・アウトの結果，生じた事態である。信用の差別的「量的割り当ては産業革命期におけるイングランドの信用市場の基本的特徴であった。」大きな技術進歩や経済・社会構造の変化をもたらした産業革命の進行にもかかわらず，経済成長率は低く抑えられたままであった。戦時の借入の増大→顧客預金の引き上げ→政府債投資→大きなクラウディング・アウトの発生→銀行貸出の減少，貸出の引き上げ，差別的信用割り当て，新規貸出の拒否→貸出量の減少→工業の成長率の低下→イギリスの工業転換の遅れという因果関係において，政府借入れの影響は明白であって，産業金融や経済成長に抑制的に作用したと思われる（*Temin & Voth, op. cit.*, pp. 173-4)。「金匠銀行は 18 世紀，近代的商業銀行に発展することはなかった」ことが強調されている（*ibid.*, p.35)。彼等の金匠銀行の業務勘定分析を見るかぎり，80 年以上前のポスタンの指摘はいま有意義である。「不十分であったのは蓄積された富の量ではなく，それは行動であった。貯蓄は十分に蓄えられていたにも関わず，産業の車輪とそれらを結びつける導管はほとんどなく，あっても粗末なものに過ぎず，産業企業に注ぎこまれた富は驚くほどわずかであった。」(M. M. Postan, "Recent Trends in the Accumulation of Capital," in *Economic History Review*, Vol. 1, No. 1, October 1935, p. 2)。

小畑二郎氏は，「金融フロンティア理論」において，「産業と金融における革新の相乗効果がなければ，長期にわたる経済発展はありえない」とされ，「産業の革新のためには，それを支援する金融の革新がなくてはならない」と言われているが，イギリス産業革命期，金融は産業金融に十分な役割を演じなかった。確かに近代初期の為替手形をめぐる金融革命は重要であったが，イギリス産業革命に見られたロンドン商業銀行の短期貸し付け原則は，明らかに上で見た財政革命のための国家による民間金融に対する「金融抑圧」，「産業革命での金融の不在」の結果でないかと推測される。「預金銀行の技術は古く，18 世紀のはるか以前には十分に知られていた。効率的金融制度を運営していくに必要な技術の大部分は，18 世紀の英国で広範に運用されていた。……銀行業のサービスに対する明白な需要にもかかわらず，国内銀行部門は全体として小規模に留まった。借入れは少数者の特権のままであり，銀行は長期投資を促すことは何もしなかった。……銀行業部門の主要機能は，モーゲージを介した建築や農業改善，上流階級の消費の円滑化や商人のための貿易等のファイナンスであった。／世界がかつて見たこともない最大の経済転換において民間の（金融）仲介のこの顕著な不在は何故なのか？」（*Temin & Voth, op. cit.*, p. 176)。

金融のあり様は国家との関連からも問われねばならないように思う。イギリスの商業銀行からドイツの産業銀行，さらにアメリカの投資銀行のあり様は，ただ産業と金融の革新や相互作用からのみ明らかにされる問題であろうか。貨幣信用制度は極めて政治的な存在であると考える。ご教示を得たい。小畑二郎「産業と金融の革新について―ヒックス資本理論からの展望―」，立正大学『経済学季報』，第 70 巻第 3 号，2020 年 12 月参照。

(24) *Temin & Voth, op. cit.*, pp. 94, 95.

(25) Philip Mirowski, "The Rise（and Retreat）of a Market : English Joint Stock Shares in the Eighteenth Century," in *Journal of Economic History*, 41（3), pp. 576, 577.

(26) *Ibid.*, pp. 560-562, 566.

(27) *ibid.*, pp.576, 577.

(28) *Temin & Voth, ibid.*, pp. 125, 126, 148, 149.

(29) *T. S. Ashton, Economic Fluctuations in England, 1700-1800*, 1959, pp. 86-87.

(30) 中島将隆『日本の国債管理政策』, 東洋経済新報社, 1977 年, i, ii 頁。

(31) E. Helleiner, "Below the State: Micro-Level Monetary Power," in *International Monetary Power, edited by David M. Andrews*, 2006, Id., "Explaining the Globalization of Financial Markets: Bringing States Back in," in *Review of International Political Economy*, 2: 2, Spring 1995 参照。

(32) クナップ『貨幣国定学説』, 宮田喜代蔵訳, 岩波書店, 大正 11 年, 218 頁. 下線は引用者。

# 第6章

# 国家は信用貨幣を廃止できるのか
## ——新通貨学派の信用貨幣批判に寄せて——

## 第1節　現代信用貨幣制度批判とその広がり

　1990年代前後から貨幣供給の内生性に立脚した信用貨幣を中心に現代貨幣制度を理解する見解が定着しつつある一方，まさに同時期に，J. ユーバーやS. ザーレンガらは，商業銀行の一覧払債務 debt money が貨幣機能を果たし，それがマネーストックの大宗を占めている事態こそ，今日の貨幣・金融の根源的不安定性の要因であるとして，商業銀行から貨幣創造機能を取り去り，貸付に伴い創造される債務貨幣である信用貨幣の廃止を主張していた。国家の貨幣大権 monetary sovereignty を国家（中央銀行）に取り戻し，貨幣創造・発行は国家・中央銀行にのみ許され，貨幣は debt-free な現金であるソヴリン貨幣に限定すべきであると主張する。

　自らを新通貨学派と呼ぶJ. ユーバーは，貨幣と国家の関連について，次のように問題を提起した。「通貨学派と銀行学派との決定的な相違は金本位制をめぐってではない。それは，一国の貨幣発行と貨幣供給のコントロールの大権が誰に帰属するのかを問うものである。すなわち，銀行業の基盤（banking position）は民間契約にあるのか，国家当局にあるのか，国家がコントロールする制度的取り決め（currency position）は公法に基づくのか，さらに，以下の問いも含む。すなわち，貨幣は公共善と見なされるものなのか，国家の貨幣大権は憲法上の必然性から由来するものなのか，あるいは，貨幣は民間のコントロールに置かれ，民間が取り扱う商品なのか。」[1]

　彼によれば，貨幣発行は国家の貨幣大権に属するものであるにもかかわらず，今日の状況は，民間銀行セクターが国家の貨幣大権を取り込んでおり，主

権通貨制度とは程遠く，国家が支援する銀行ルール（a state-backed banking rule）の上で展開されている。かくて，民間銀行が利付き貸付により創造する債務貨幣 debt money（預金通貨）によって構成されている現代の貨幣制度は，経済的・金融的循環に歪みを生み出し，money safety を危うくし，恐慌に向うことになる貨幣金融の不安定性を本質とする。銀行業の部分準備制度において幾多の秩序破壊の事例が見られたにもかかわらず，今日なお，貨幣制度は政府と銀行のほぼ解き難いほどの相互依存の土台の上に維持されている。それは膨大な債務を積み上げる政府とオーバーシュートする貨幣供給を創造する諸銀行と金融投資の著しい不均衡を作り上げていると言う(2)。19世紀末から20世紀初期には預金通貨は M1 の3分の1を占めるに過ぎなかったが，今日，欧州先進国では 80-97％ までも占めており(3)，金融機関の統合が進み，寡占化した大銀行が自らの預金債務を貨幣として流通させうる現代の信用貨幣制度の下で，「グローバルな貨幣制度における今日の状況は，かつてハイエクが思い描いた世界（"denationalization of money"―引用者）に近似している。」(4) と断定する。

　現代の貨幣制度は，「銀行貨幣（要求払い預金）によって事実上，独占されており，銀行業は，貨幣創造の全過程を掌握しており，そこでは，政府は貨幣主権を奪い去られ，銀行に多額の債務を負い，従属させられている。」「財務省は依然，造幣硬貨を供給し，中央銀行は銀行券や準備を供給しているが，しかし，それらはマネーサプライのただ僅かな部分を供給するに過ぎず，（しかも）銀行が最重要な信用需要を能動的（pro-active）に供給しているのに対して，中央銀行のそれは，ただそれらへの受動的（re-active）なものに過ぎない。国家は銀行貨幣の上でオペレートしているのであって，ソヴリン貨幣の上で活動しているのではない。部分準備銀行業の現実は，国家が巨大銀行業を支援する役割を担うに過ぎないものとなっている。」(5)

　したがって，「銀行に対する中央銀行のコントロール」や「銀行貨幣に対する中央銀行のソヴリン通貨の卓越」という多くのエコノミストの常識はまったくの誤解であり，「イニシアティヴは proactive な銀行業にあり，中央銀行は銀行が需要するものを fractionaly にリファイナンスすることで react しているのである。……中央銀行は銀行の銀行として行動することで，いつでも手を

差し伸べる用意がある。したがって，その結果，適切な意味での貨幣供給のコントロールは存在しないのである。」「信用や預金創造の支配的独占は商業銀行にあるのであって，彼らが創造するものが，準備に対する fractional demand を決定するのである。」「中央銀行は商業銀行の求めに応じて準備を貸し付けるのである。」「貨幣供給の決定的オリジネーターは，銀行であるということである。」[(6)]

　　こうしたユーバーの見解を，レイ等の MMT やインガムの見解と対照すると，新通貨学派は次のように位置づけられよう。MMT は，現代の信用貨幣制度を国家貨幣制度と見て，何らそこには問題は存在せず，インガムも MMT に近似し，資本主義的信用貨幣は国家貨幣と銀行貨幣の融合と見なしている。彼らに対して，ユーバーは，現代の制度は民間商業銀行が国家の貨幣大権を簒奪しており，そのことが現在貨幣制度の脆弱性の源だと見なしているのである。貨幣と国家の関係をどうとらえるのかが問われているわけだが，長くこの問題は積極的に取り上げられてこなかった。

　　こうした新通貨学派の現代信用貨幣制度の理解それ自体は，1970 年代以来，わが国の内生説の先駆と見なされる横山昭雄氏らが強調されてこられた現代貨幣認識と大筋は変わらない。「すべては銀行の信用創造行動から始まる。」「マクロ的に見るかぎり，貸出と無関係な，いわゆる本源的預金なるものはそもそも存在しない。」「マクロの全銀行組織（信用創造機構全体）をとって考察する時には，あくまで銀行が貸せば，というより貸す時にのみ，それと見合いに預金ができるということの本質・論理を見失ってはなるまい。」「銀行預金総量は銀行貸出総量と一致する。」「預金はすべて与信の見返りである。」「さて，各銀行は，中央銀行に積み立てさせられる bM（準備預金）をどう調達するのか。それは，マクロ的には，中央銀行の資金需給に俟つ以外にないのである。なぜなら，……マクロ的には，市中銀行の総融資量を超える預金量は存在しない……からである。bM の供給は，法律によって中央銀行がオペレーション等のチャンネルを通じて，独占的にこれを行うことが義務付けられているのである。……原理的には，bM 供給は中央銀行に俟つ以外にないとの，ことの本質はかわらない。」[(7)]

　　しかし，両者の現代貨幣制度の理解については共通するものの，現代貨幣の

貨幣内生説に与する論者の多くが，信用貨幣創造の技術的説明に終始するのに対して，ユーバーらは，現代貨幣制度の内生説を認めるものの，そのあり様を厳しく批判する。すなわち，銀行の貸付によって創造される信用貨幣（債務貨幣 debt money）は，「貨幣と債務を同一視する」ものであり，このような同一視が「銀行原理の混乱」を生み，「制度の機能不全を生む根本的原因である。」「現代貨幣は債務貨幣として過剰発行され，流通に投ぜられるのではなく，むしろ通貨当局によって流通に debt-free で購買手段として支出されるべきである。」「いかなる通貨の教義においても最もファンダメンタルな要素は，貨幣供給のコントロールを銀行業や金融市場から分断することである。」貸付（信用供与）業務と貨幣創造業務を結合する銀行業から，貨幣創造機能を奪い，「中央銀行を国家の銀行となし，（債務ではなくキャッシュとしての—引用者）ソヴリン・マネーを直接発行することが，新通貨主義の基軸的前提である。……かくて，新通貨主義は……国家の完全な貨幣大権の再興のための貨幣改革を提唱する。」⁽⁸⁾信用貨幣制度を廃止し，国家貨幣に置き換えるべきであると，ラディカルな主張が展開される。

　「すべての貨幣供給は独立した国家機関によって創造され発行されることになる。……それは政府の第4部門，即ち，立法，行政，司法の諸権力を補足する貨幣的国家権力である。／中央銀行は一国の貨幣大権の守護者として，……貨幣的国家当局として，独立した法的基礎の下に，金融政策を追求する貨幣的国家権力となる。」「中央銀行と，議会／内閣との権力の分割により，金融政策と財政政策の分離が維持される。中央銀行は貨幣供給の方法や量を決定し，政府に貨幣発行益をもたらす。さらにこの発行益に加えて，政府への中央銀行信用供与や政府債の購入でソヴリン貨幣を供給する。」「と同時に，中央銀行と商業銀行との2層の機能分割により，銀行業から貨幣創造機能を取り去ることになる。中央銀行の任務は，一国の貨幣供給を創造し，その量のコントロールを調整し，外貨準備を運営することである。他方，商業銀行は，自己宛債務で裁量に基づいて貨幣供給を行うことを除いては，これまで通りに行動することになる。……銀行は，顧客や企業やインターバンクマーケットから，また必要なら中央銀行からも貨幣を調達する程度に応じて貸付，投資することになる。……銀行は貯蓄する者と借り手との間の，川上と川下との間の仲介者というこ

とになる。」⁽⁹⁾

「銀行貨幣はもはや存在しない，あるのは勘定の上のソヴリン・マネーである。確かに既存貨幣の振替という単なる簿記的意味では貸方借方記入を伴う。そしてマネーサプライの追加として中央銀行からなされる商業銀行への貸付は，ちょうど，今日の準備の貸付のように利子付きのソヴリン債務貨幣の貸付ということになるであろう。ある程度，これは短期の金融政策の手段として残ろう。これとは対照的に，もし，よく考えられた金融・財政政策に従って，マネーサプライへの長期的な追加が，政府支出を介して，流通に投下するために政府の財布に移されるのであれば，これは貸付ではなく，単に debt-free なソヴリン通貨の供給である。」⁽¹⁰⁾

　ユーバーによれば，国家によってキャッシュとして支出されるソヴリン・マネーである中央銀行発行貨幣は，利子を取って発行されるわけでも特定の満期もないにもかかわらず，簿記上は信用と扱われ，財務省への言わば，永久の信用 permacredit として，中央銀行の債務とされようが，ほとんど懸念することはない。「ソヴリン・マネーの非債務性は中央銀行のバランスシート上に反映される。すなわち，銀行券やデジタルマネーは，財務省の硬貨が今日，取り扱われているのと同様な扱いを将来，受けるであろうからである。」「実際的な，統計的な理由からもこれらの債務は，流通にある硬貨や紙幣やデジタル通貨に形を変える。中央銀行のバランスシートに debt-free permacredit の記帳は債務としてではなく，一国の貨幣的 equity の一部，言わば，一国の貨幣基金として扱われると言う方が適切であろう。」「debt-free のソヴリン・マネーは返済約束書ではなく，生産的であることの約束書であり，貨幣供給をコントロールする約束書である。したがって，生産性の現実のレベルに照応して，貨幣供給は過大にも過小にもならないのである。」⁽¹¹⁾

　かくて，適切に発行され，国有化された中央銀行通貨は債務貨幣ではなく，返済義務のないソヴリン・マネーであり，商業銀行は預金や市場で調達した資金で貸付を行い，信用貨幣を創造しない金融仲介機関となっており，債務貨幣は無くなり，取付や恐慌の発生はなくなり，最後の貸し手といった中央銀行機能や預金保険機構も必要ではなく，それ故，too big to fail 問題は発生しないと見る。

こうした主張の意図について，リーマン・ショックとその後の景気後退という事態の推移を見つめつつ，改革案への共感を示す M. クロールは，以下のように説明する。確かに，最後の貸し手や資産価格の安定装置としての中央銀行の介入なくしては，かの大恐慌時の銀行制度の崩壊は避けられなかったし，量的緩和策の成功もなかったが，しかし，長く維持される超低金利政策が資産バブルに繋がり，景気後退の克服策としては限界があった。「なぜなら，現代の制度は，誰かが銀行からの借り入れを欲するのでなければ，貨幣供給が増えることを許されないのであるから，貨幣創造を介して経済を刺激することはほとんど不可能である。」そこでは，「新たな貨幣が銀行からの追加的な借り入れを通してしか供給されないし，大いに必要とされ，経済的にも活気づけられる公共投資の資金調達のための debt-free money の創造も許されない。」「現代の信用貨幣制度の世界では，貨幣量は経済の貨幣需要によって内生的 internally, endogenously にきめられる」ので，ブーム時には過度の貨幣創造が行われ，景気後退期には貨幣供給が過度に収縮する。かくて，「中央銀行と商業銀行から構成されている現代の貨幣制度は根本的な危機に直面しているのである。」そこで，「国家が貨幣供給への支配権を持つことで，過度の貨幣供給を防止し，景気後退期には貨幣供給を縮小させない」体制を作り出すと言うのである。かくて，「貨幣改革論者らは，銀行の信用創造能力を禁止し，債務を積み上げることなく新しい貨幣を創造し，国家のスペンディングにより景気循環に注入する構想を展開したのである。」[12]

1996 年に American Monetary Institute を設立し，現代信用貨幣制度を厳しく批判するザーレンガも同様な主張を展開しているが，イネスの貨幣論をも検討している。まず，「貨幣とは信用であり，信用以外の何ものでもない」，「貨幣は債務だ」と主張する A. M. イネスの見解を批判して，「信用と貨幣の間には大きな違いがあり」，「貨幣の法的性格について，もっと認識すべきである。」「貨幣は法に基づく抽象的社会制度である。」「政府貨幣は信用ではない。いかなる他のものでも返済される必要はない。……銀行の信用は政府貨幣ほど健全ではない。」イネスが「貨幣が抽象的パワーであることやスミスの貨幣金属説の誤りをはっきりさせ，さらに歴史の重要性を強調したこと」は評価し得るが，「貨幣が抽象的な法的パワーであることを見逃し，その結果，政府の必然

的な役割を見ることが出来なかった。」と批判する。「銀行信用は法によって貨
幣形態となった」のであって，「貨幣は信用よりもより上位の支払手段であり，
価値である。……貨幣と信用貨幣には本質的な差異があり，この点の無理解が
貨幣と信用の理解に混乱をもたらした。／政府マネーはほぼ無条件の支払手段
であり，公共の福祉の向上にとって遥かに適した手段である。」と見る[13]。

　そして同時に，こうした貨幣と信用（債務）の混乱が「道徳的問題を引き起
こしている」と見る。民間銀行が貸付により創造された一覧払預金債務が貨幣
として通用し，「政府が創り出した貨幣に代えて民間銀行の bank credits に依
存する社会は，道徳的には泥沼のように作動することになる。なぜなら，その
様な社会は，全体として人々に害を与えずにはおかない銀行家たちに権力と貨
幣の特権を与えることになるからである。／……それはアメリカ憲法の精神に
反することである。……この immorality こそが深刻で危険な状況を生み出し
ているのである。……信用の貨幣化，とりわけ民間銀行信用 credits の貨幣化
は，ろくな結果を生まない」と，金融市場の破綻，恐慌，戦争等々を挙げ，商
業銀行による信用貨幣の創造に代え，「政府による貨幣メカニズム」を社会に
提供しなければならないと主張する[14]。

　ザーレンガの「現代経済における貨幣の本質」の理解において，「貨幣権力
への考察」は重要な位置を占める。「貨幣がどう定義されるかということは，
誰が貨幣をコントロールするかによって決められる。」「今日の世界で一般的に
行われているように，社会が信用／債務を貨幣と定義するなら，銀行家が貨幣
のコントロールを入手するであろう。」「富と定義される貨幣，信用／債務と定
義される貨幣は，貨幣を創造し支配する富とパワーを集積することが出来ると
ころの貨幣制度を介して社会的不公正を導くことになる。」[15]「貨幣は銀行が
貸し付ける時に創造される」という事実こそ，まさに「今日の貨幣制度を誰が
支配しているのかを考える key question である。」この FMC（Financing
through Money Creation）モデルこそ，「準備の量は貸付，すなわち貨幣創造
の結果であって，原因ではない」ことを示している。「貨幣は銀行に入ってく
る準備や預金によって制限されないのであって，貨幣創造の利潤予想に関する
銀行の経営的予想によって制約されるだけである。これこそ制度の実際の乗数
である。それが銀行業や経済の変動を引き起こす不安定要因である。」した

がって,「貨幣制度を支配する者が国を牛耳っている」のであって,「債務に基づく貨幣制度は, ますます少数者の手に富を集中させる。／さらにそのように集中される金融的富は金融中心地に引き寄せられる。」経済の金融化は製造業やインフラ整備活動へのファイナンスよりも, レヴァレッジのかかった金融投機活動への融資に重心を移させ,「教育, 住宅, 医療サービス, 雇用, 安全等での人種的格差を導いている」と批判する。「貨幣制度は, 公正, 不公正を支えるものの中で最も重要なものである」にも関わらず, 論者の多くは,「問題の深部に, 自らの債務を一国の貨幣に置き換える銀行の社会問題」への考察を怠っている[16]。こうした認識が, ユーバーらと共に, ザーレンガが債務貨幣 debt money を廃して, 政府発行の debt-free なソヴリン・マネーに置き換えるべきだとの主張を支えているのである。信用貨幣の政治的, 社会的意義をも問う問題提起である。

　銀行業から貨幣創造機能を取り去り, 銀行の債務貨幣をソヴリン貨幣に置き替えるというユーバーやザーレンガらの改革案は, 1930 年代の合衆国でのシカゴプランに始まり, S. ダウ, G. ジョンセンと A. モンタニョッリらによって紹介されているように, 今日, 幾つか提起されている改革案と共通している[17]。しかし, 貨幣制度の改革や再構築についてのアカデミックな議論は極めて低調なままである。この点について, M. クロールは次のように指摘している。「伝統的な学者は, ネオクラシカルなモデルに疑問を呈する改革案の経済概念にほとんど関心を示さず, また, ポストケインジャンも改革案がマネタリストの経済理論であることから Vollgeld（ユーバーの改革案—引用者）概念の貨幣改革提案に関わることを避けて来た。したがって改革に賛成する者以外, 改革案への未だ十分に批判検討する議論はなされないままである。」[18]

　とは言え, われわれが当然のことと理解してきた信用貨幣（商業銀行の一覧払預金通貨, 銀行債務貨幣 debt money）を否定する主張は, ただラディカルであるからだけでなく, ザーレンガのイネス批判（「貨幣は債務か？」）に見られるように貨幣論の構成にも関わり, したがって, 信用貨幣の理論的歴史的意義を再考する上でも興味深い。深刻な問題を抱える現代貨幣制度は, マクロプルーデンス政策といった視点からばかりでなく, 貨幣論の視点からも問い直されているのである[19]。

　一見，過激とも思われる彼らの主張は，異端的とみなされかねないが，2007，8年の金融恐慌を受けて，元イングランド銀行総裁M. キングや*Financial Times*（FT）紙のM. ウルフ（chief economics commentator）らによっても共有されている。

　2010年10月25日，ニューヨークでのバジョット記念講演で，キングは以下のように発言した。今日，英国の銀行部門の資産規模は急拡大し，GDPの5倍を超え，米国でもトップ10行の資産規模もGDPの60％にもなり，50年前のトップ10行の6倍の大きさである。先進国の銀行のバランスシートの拡大と共に，そのレヴァレッジ比率（総資産・総負債÷資本金）も，危機の直前には天文学的数字にまで上昇するとともに，金融機関の寡占化が急激に進行していたなかで，大恐慌が発生したのである。「2008年9月の銀行制度の破綻時，政府による膨大な流動性の供給と資本投入でさえ，世界中で見られた信頼の喪失と産出量の著しい縮減を防ぐことが出来なかった。したがって，絶対に必要なことは，如何にすればわれわれの銀行制度をより安全なものにすることが出来るかという疑問に答えを見いだすことである。」[20]

　かくて，キングは，まず金融制度の巨大なリスクを減らす改善策として，税金，資本比率の引き上げ，重要な金融機関との特別協定の締結などを挙げるが，「それらすべては欠点があり，完全な仕事が出来ない」として，ふたつのプランを紹介している。「ひとつは規模に応じて，遥かに高い資本比率のレベルを割り当て」，「銀行がなす投資のあらゆるプールを，満期のミスマッチがないミュチュアルファンドに変えてしまうことである。そうすれば，錬金術をなくすことが出来よう。」そしていまひとつは，機能の分離である。より「根本的な事例は，支払制度をリスキーな貸付活動から切り離すことであろう。すなわち，部分的準備銀行業を廃止することである。」「われわれが最早続けることが出来ないことは，銀行経営者が自己勘定で取引し，リスクを取り，それらをファイナンスしながら，納税者の暗黙の保証によって損失から守られる制度の継続である。」「支払決済制度や他の金融インフラの決定的部分を支えるのに使われる（商業銀行の）同じバランスシートの上で，リスキーな貸付活動を行うことは，まさにギャンブルを認めているようなもので，危険極まりない。かくて，部分準備銀行業を排除することは，リスクのない預金がリスキーな資産に

よって支えられるという言い訳が錬金術以外の何ものでもないということであろう。」(21)

　キングも，銀行業から貨幣創造機能を奪い去れと主張するユーバーやザーレンガらと現代貨幣制度についての理解を共有している。「問題への広範な解答は，極めてシンプルであるように思う。銀行は短期債務よりもむしろエクィティによりはるかに多くをファイナンスされるべきである。Much, much more equity; much, much less short-term debt. ……われわれが承服できないことは，銀行の経営者たちが自己勘定で取引し，リスクを取り，ファイナンスしながら，損失をそれとなく納税者の保証によって保護されている制度の継続である。困難は改革を実現するまさに実際的な方法を見つけ出すことである。提起されたプランの幾つかは，論者により，非現実的で，絵に描いた餅の如きものである退けられてきた。私はケインズの格言を思い出す。『自分自身は如何なる知的な影響も受けていないと信じる実務家は，たいていは誰か過去の経済学者の奴隷である。』（ケインズ，1936）今日，われわれが持つ銀行業は，銀行業を作り上げるあらゆる方法の中で最悪のものである。」「社会が金融制度を錬金術に委ねていることは，社会の合理性にとって余りにも嘆かわしい。」(22)(23)

　*FT* 紙のエッセイのタイトル "Strip private banks of their power to create money"（「民間銀行から貨幣創造のパワーを剥ぎ取れ」）からも，M. ウルフの見解は，ユーバーらと変わらない。ウルフは以下のように述べている。「銀行は貸付の副産物として預金を創造する。英国ではそのような預金がマネーサプライの約97％を占める。……銀行業は，それ故に正常な市場活動とは言えない。なぜなら，密接に結びついたふたつの公共財，すなわち，貨幣と支払決済ネットワークを提供しているからである。銀行のバランスシートの一方はリスキーな資産であり，他方には公衆が安全と考えている債務がある。このため，中央銀行が最後の貸し手として行動し，政府は預金保険を提供し，エクィティを投入するのである。そしてまたそれは銀行業が厳しく規制されねばならない理由である。しかしなお，信用循環は極めて不安定である。」そこで，規制の強化や自己資本の拡大が求められているが，さらには「貨幣創造の独占を国家に与える」ことすら考えられる。すなわち，銀行ではなく，国家（中央銀行）があらゆる必要な取引通貨を供給し，銀行はいわば投資信託の如きものに転化

させられるというのである。その勘定口座は支払手段として使われることなく，また発生する損失は投資勘定の保有者が引受けることになる。「中央銀行はインフレを促進しないように，必要な貨幣創造を行い，貨幣創造の決定は政府の独立機関に委ねられる。」経済への貨幣の供給は，課税や借入に代わって，政府支出のファイナンスや，国民への直接支払い，国債残高の償還，さらに，銀行や他の金融機関への貸付等の方法で行われる。「貨幣創造が金融仲介機関から切り離すという制度への移行は，……膨大な利益を生む。……銀行業でのtoo big to fail を終わらせ，貨幣発行益を国にもたらす。」「信用の欠如で経済は死に絶えるという反対論に，かつては共感していたが，いまや英国の銀行貸付のたった10%しか，企業投資に回っていないことを思うと，そうした反対論は成り立たない」と言う[(24)(25)]。

　このようなラディカルな見解がイングランド銀行総裁やFT紙の著名な論者にそれなりの共感を呼んでいるようであるが，そのような提言や改革案が理論的に妥当で，現実的にも実行可能なものと言えるのであろうか。debt money 信用貨幣を debt-free money である国家貨幣に置き換えるという発想は，何故に銀行の一覧払預金債務が貨幣機能を果たし，貸付により創造され，国家貨幣に取って代わり，国家貨幣を信用貨幣の小銭にしか過ぎない地位に貶めたのかを問うことがない。ユーバーらの主張は，同じ内生説に立脚しながらも，信用貨幣の基礎的なところの理解に瑕疵があると思われる。

[注]

(1)(2) *Joseph Huber, Modern Money and Sovereign Currency*, www. Sovereignmoney.eu/modern-money-and sovereign-currency, June 2013, pp. 15, 5, 9.

(3) *J. Huber, Plain Money: A Proposal for Supplying the Nation with the Necessary Means in a Modern Monetary System*, 1999, ISSN 0945-7011, p. 37. このテキストは，Huber の著書 *Vollgeld*, 1998 の要約である。

(4) *J. Huber, Modern Money and Sovereign Currency*, ibid., p. 14.

(5) J. Huber, Modern Money, Interest-Bearing Credit or Debt-Free Currency? A Discussion of Modern Monetary Theory and New Currency Theory, Paper prepared for the American Monetary Institute's 9th Annual Monetary Reform Conference, Chicago, 19-22 September 2013, pp. 14-15.

(6) *J. Huber, Modern Money and Sovereign Currency*, op. cit, pp. 32, 34, 75, 77.

(7) 横山昭雄『真説　経済・金融の仕組み』，日本評論社，2015 年，80，84，86，111 頁。

(8) *Huber, Modern Money, Interest-Bearing Credit, op. cit.*, pp.18, 19, 22.

(9) *ibid.*, pp. 67-69.

(10) *ibid.*, pp. 68-69.

(11) *ibid.*, pp. 69-70.

(12) Matthias Kroll, The Monetary System in Crisis, Monetary Reform Proposals, and a Simple Suggestion for a more Effective Monetary Policy. Future Finance-Discussion Paper, No. 1, 07/2015, available at www.worldfuturecouncil.org), pp. 3-4, 6-7.

(13) S. Zarlenga, "Critique of Innes' Credit Theory of Money", 2002（available at http://www. monetary. org/critique-of innes/2012/06), part 5 of a 33 page essay by Stephen Zarlenga titled "The Development of United States Money", pp. 5, 7, 8.

(14) ibid., p. 6.

(15) Stephen Zarlenga and Robert Poteat, "The Nature of Money in Modern Economy— implications and Consequences—", *JKAU: Islamic Econ.*, Vol. 29, No. 2, July 2016, pp. 57, 59.

(16) ibid., pp. 64-68. ザーレンガ等は,「マルクスが貨幣と金とを同一視したため, 公式理論は紙券通貨を金の代替物と見なし, 預金通貨を無視することになった」という George ガルヴィ論文（"Money, Banking and Credit in Eastern Europe", Federal Reserve Bank of New York, 1966）を引用し, 預金通貨を欠如したマルクス貨幣論は信用貨幣考察の手がかりを持たないと見ている（op. cit., p. 66）。したがって, 信用貨幣をマルクス貨幣論に取り入れるという J. J. フンケの試みは, 困難を極めているように見える。J. J. Funke, "Demystifying Money; Fictions of Capital and Credit", *Human Geography*, Vol. 10, Number 1 2017 参照。

(17) S. Dow, G. Johnsen and A. Montagnoli, "A critique of full reserve banking", *Sheffield Economic Research Paper Series, No. 2015008*, March 2015, The University of Sheffield, p. 21.

(18) Mathias Kroll, "The Monetary System in Crisis, Monetary Reform Proposals, and a Simple Suggestion for a more effective Monetary Policy", *Future Finance-Discussion Paper*, No.1, 07/2015, available at www.worldfuturecouncil.org　p. 18.

(19) 貨幣とは何かについては, 拙著（『歴史の中の貨幣』, 文眞堂, 2012 年）第 6 章「貨幣の抽象性と債務性」で論じた。現代貨幣の大宗を占める信用貨幣が商業銀行の一覧払預金債務（預金通貨）であることからも, 信用貨幣の債務性は明白であり, したがって, その流通は債務貨幣への信頼に基づいていることは自明である。とは言え, 貨幣の起源が債権債務関係の展開に求められるとはしても, まず最初に生成を見たイマジナリーな計算貨幣は債務性を帯びているわけではなかろう。この点について, ユーバーらも以下のように論じている。「社会学的, 民族学的視点から, 貨幣は社会的債務や様々な社会的義務や債務の枠組みにおいて歴史的に発展してきたということができそうである。……債務や信用が計算貨幣単位より早く存在していたし, 前者が後者の発展を寄与した。そして計算単位は造幣硬貨よりも早く存在し, 前者が後者の存在に貢献した。これは重要なことである。とは言え, このことが貨幣の性質が信用や債務であるという証拠になるだろうか。貨幣が信用や債務を扱う道具であることは自明である。しかし, 貨幣それ自体は, 信用であり債務であると言えようか。債務を同種類の他の債務で支払うという考えは, ただ, 銀行業務の枠内での議論でのみ意味をなすにすぎず, しかしその枠組みの外では, そうとは言えないのではないか。／かくて, 貨幣と信用の強引な同一視は, まさに銀行学派の教義に混乱を生み出すことになる。」(J. Huber, "Modern Money, Interest-Bearing Credit or Debt-Free Currency?", A Discussion of Modern Money Theory and New Currency Theory, Paper Prepared for the American Monetary Institute's 9th Annual Monetary Reform Conference, Chicago, 19-22 September 2013, p. 18.)。ここから, ユーバーらは「debt money は必ずしも必要ではなく」,「国家が裁量に基づき自由に発行し得る debt-free money である」ところの, 2500 年以上前から存在していた国家貨幣の復活を主張するわけである。しかしながら, 少なくとも中世の商業復活以来 1000 年に亘って, 何故に国家貨幣は資本が創造した債務貨幣である信用貨幣に取って代わられ, 信用貨幣の侍女の位置に貶めら

れたのかを先ず問うべきであろう。

(20) Mervyn King: Banking from Bagehot to Basel, and back again, Speech by Mervyn King, Governor of the Bank of England, at the Second Bagehot Lecture, Buttonwood Gathering, New York, 25 October 2010, p. 1-2.

(21) ibid., pp. 8-9.

(22) ibid., pp. 9-10.

(23) ユーバーやザーレンガ等は，現代の信用貨幣制度への考察を，イニス貨幣論への批判を踏まえ展開しているが，ただ，欧米でもわが国でも貨幣論への関心は低い。キングも以下のように述べている。「近年，多くの経済学者は『貨幣』という言葉を使おうとはしなくなっている。」「経済学が洗練されていくに従って，貨幣について語られることがすくなくなっていったというのは，驚くしかない。」（M. キング，（遠藤真美訳）『錬金術の終わり─貨幣、銀行、世界経済の将来─』，日本経済新聞出版社，2017 年，102-3 頁）ただ，ケインズの「古代通貨草稿」の刊行以降，イネスやクナップへの関心が高まり，貨幣の歴史的理論的研究が海外では活発に展開されている。

(24) M. Wolf, "Strip private banks of their power to create money", *Financial Times*, April 25, 2014 参照。ウルフは，2010 年 4 月 21 日のエッセイで，銀行部門では過去 40 年間に，銀行資産が GDP の 50％から 550％以上に急伸し，資本集中・寡占化が大きく進行し，資本収益は高まったがよりヴォラタイルになり，とりわけ，資本比率が急落した。恐慌時には「（債権者を守る）国家保険と（株主を守る）有限責任が一体となって，銀行業を金融的最終破壊兵器にしてしまった」と論じ，この最終破壊兵器を止めるには，金融制度の構造に向けた政策を根本的に変える必要があるという。M. Wolf, "The challenge of halting the financial doomsday machine", *Financial Times*, Apr. 21, 2010 参照。

(25) キングやウルフらがユーバーやザーレンガ等の主張に共鳴して，大方，同一の立場に立つのをみると，現代の貨幣金融制度の問題解決には，金融機関のガバナンス改革やマクロプルーデンス政策をも重要であろうが，「銀行業から貨幣創造機能を分離せよ」といった信用貨幣制度そのものを否定する「根本的に異なったアプローチ」が主張されるに至ったことは，現代貨幣金融制度への理解に大きな変容が見られるようになったことを意味しよう。私も含め，マクロ貨幣・金融エコノミストの多くは，「信用・金融市場をただ経済的諸側面としてマクロ経済的に考察してきており」，「信用市場における金融権力のダイナミズム」からの観点は希薄であった。ザーレンガが強調する「誰が貨幣をコントロールするのか」という「貨幣権力への考察」は十分に意識されてはこなかった。「貨幣制度は，公正と不公正を支えるものの中で最も重要なものである」，「貨幣制度を支配する者が国を牛耳る」，「債務に基づく貨幣制度は，ますます少数者の手に富を集中させる。……このように集中される金融的富は金融中心地に引き寄せられる」等々の指摘は，リーマンショックの勃発とそれ以降の推移によって一層鮮明となっている（S. Zarlenga & R. Poteat, "The Nature of Money in Modern Economy", op. cit., pp. 57-59, 66-68）。

　　ヘインツ＆バラクリシュナンは，2008 年の金融大恐慌を「債務関係に体化された金融権力のダイナミズム」，「信用市場における権力のダイナミズム」，「金融制度の構造的不平等」という観点から考察し，現代金融市場におけるマクロ経済ガバナンスへの「経済的社会的公正という枠組みの重要性」を強調する（James Heintz & Radhika Balakrishnan, "Debt, Power, and Crisis: Social Stratification and the Inequitable Governance of Financial Markets", *American Quarterly*, 2012, Vol. 64-3, pp. 387-388）。過去 40 年間の金融資本主義の広がりとともに，「金融動機，金融機関，金融利害の支配の高まり」を背景に，金融危機の責任は，危機を導いたグローバル金融機関の行動よりも，貧困層や周辺途上国等の過大に債務を積み上げた借り手の馬鹿げた行動に帰し，「危機の調節のための負担を，既存の階層構造でのより力のない借り手に負わせている。」（p. 391）。すなわち，「信用・金融市場の働きは既存の格差構造と結び付いており，調整コストを経済的に従属的

な人々に割り当てながら，金融利害の経済的地位を強化するような明白な配分結果を生みだしている。」(p. 393)。ヘインツ＆バラクリシュナンらは，その事例として，(1) サブプライム・モーゲージ，(2) 国家債務危機，(3) ラテンアメリカの債務危機，(4) アフリカからの資本逃避の事例を挙げる。物語は常に，ラテンアメリカや欧州周辺諸国の「過剰借入，政策の誤謬，マクロ経済運営の誤りであり」，「危機に対する金融機関の過剰貸付の責任は，政策対応に反映されることはない。」むしろ「銀行は無謀な借り手の無責任な行動の犠牲者になったというものである。」(p. 399)。アフリカからの資本流失についても，汚職で富裕化し，人々の犠牲のもとに資本逃避から利益を得て来たアフリカの政治的経済的エリートについて語られることがあっても，「語られることがないのは，そのことにおける，主に北の国々の国際的銀行や金融機関の役割である。資本逃避の際には彼らの共同補助は不可欠であって，北の金融機関はそうすることが彼らの利益になるため，資本逃避を促進している。加えて，彼らは資本逃避に責任のあるエリートらの資産とアイデンティティを守っている。途上国の金融危機における彼らの役割はたびたび不問に付され，差別化された債務の重圧の責任は問われることがない。」(p. 400)。金融資本主義の深化とリーマンショックの勃発は，金融機関や金融市場の規制や統治の新たなアプローチとして，「ファイナンスの増大する権力を抑制する」(p. 405) ために，「経済的社会的公正という原理」の重要性を強調する。「ただ安全ネットや生活の基本的財やサービスの提供に止まらず，経済がオペレートするルールを変更する」(p. 403) ことが重要であると言う。かくて，「国家が守らねばならない権利として，経済的社会的公正を認識することは，市場経済のための今日の制度的土台を提供している私的所有の権利を優に乗り越えていくことになる。このことは信用市場での権力のダイナミズムを変更することになろう。われわれが論じたのは，信用と金融市場における権力の非対称性がこの種の金融危機の原因であり，この危機の劇的に不均等な結果を証明しているということである。」(p. 404)。

　債務が貨幣として機能する現代の信用貨幣制度の下では，「ファイナンスの増大する権力」の前に，経済的社会的公正が蹂躙されているとの認識が，ユーバーやザーレンガ，さらにはキングやウルフらの「銀行から貨幣創造機能を切り離せ」という提言の背景にあったと思われる。「貨幣論」において，「債務関係に化体された権力のダイナミズム」が問題にされるのは，貨幣の生成が商品交換ではなく，債権債務関係の展開とそれへの国家の関与を伴うからであろう。最近，「貨幣の起源」を巡り，かなりの数の論文が公表されている。「実際，最近の考古学研究は，初期の社会が物々交換経済から貨幣に到達したといった考えに疑問を呈し，代わって，貨幣は既存の信用関係の記録を保持するために生じたと主張している。」(Serge Svizzero & Clement Tisdell, "Barter and the Origin of Money and some Insights from the Ancient Palatial Economies of Mesopotamia and Egypt", *Economic Theory, Applications and Issues*, Working Paper No. 81, July 2019, The University of Queensland)

　今日の深化する金融資本主義における債務の膨大な累積とその破綻は，「経済的社会的公正」を揺るがし，貨幣をめぐる権力のダイナミズムという視点からの考察を重視せざるを得ない事態を出現させている。債務の観点から社会変化を論じているミランダ・ジョセフの以下の論文は参考になった。Miranda Joseph, "Making Debt", *Occasion: Interdisplinary Studies in the Humanities*, Vol. 7, Nov., 2014, Id., "Theorizing Debt for Social Change: Review of Graeber, D., The First 5000 years, 2011", *Ephemera, Theory & Politics in Organization*, Vol. 13 (3), 2013, available at www.ephemerajournal.org

## 第 2 節　ソヴリン・マネー復活論への疑問

　ユーバーらの主張を積極的に取り上げ論評することが少ない中で，批判的論評を加えたのはダウ，ジョンセンとモンタニョッリである。銀行から貨幣創造機能を取り上げる改革案の骨子は以下のとおりである。(1) 銀行の過剰な信用創造による過剰な貨幣供給が恐慌の原因であるから，貨幣と信用を切り離し，銀行から貨幣を創造する能力を奪う。(2) 貨幣供給は国家（中央銀行）に委ね，中央銀行が「インフレのない成長を促すに必要な新しい貨幣を創造する」ことになる。(3) 銀行は当座勘定口座を取り上げられ，純粋な金融仲介機関となれば，預金保険も必要でなくなり，銀行取り付けを防ぎ，モラルハザードを減らすことができる。(4) 最後の貸し手の保護もなくなるので，過剰なリスクをとるインセンティヴは最早，なくなる(26)。

　ダウ等は，こうした「提案は貨幣や金融部門についての彼らの理解から派生する深刻な欠陥を伴う」と，いくつかの疑問を提示する。(1) まず，インサイドマネーを否定し，公共部門に支援された完全にアウトサイドマネー制度に回帰する発想には，「公共部門の債務は如何なるリスクを伴わないと見なされており」，通貨発行を一手に担う中央銀行は「経済の正しいモデルをもち，経済に投入される貨幣レベルについても正しい判断をする」と想定されている。しかし，資本主義経済の「根源的な不確実性のゆえに，正しいモデルあるいは真実のリスク計測は存在し得ない。」のであるから，国家貨幣の非弾力的供給の危険性から，「国内的国際的ショックへの対応が遅れ，そのためショックの否定的な結果を抑制するよりもむしろ悪化させることにもなろう。」(27) (2)「100％準備銀行業の場合，リテール銀行業における低い利潤機会の問題は深刻になるので，部分準備を終わらせることは銀行業の終わりを意味し，金融活動を当局の規制と保護の外側に追いやる」ことになり，「まさに金融は，一層，シャドーバンキングに追いやられ，制度は一層，リスキーになろう。」したがって，「銀行は価値の良好な貯蔵所とみなされなくなり」，「貯蓄のリスク評価ができると期待され得ない一般大衆は，預金保険なしで金融的破綻に耐えられるとは思えない。」(28) (3) 提案者らは「セキュリティ問題を監視する中央

機関の助けにより，金融部門の安定性や資産市場の安定性を確保する金融部門の能力について，驚くほど楽観的である。最後の貸し手の保護や預金保険等が「もはや適用されないのであれば，過剰なリスクを取るインセンティブはなくなる」と見ている。しかし，「恐慌はモラルハザードの結果である」というより，「むしろ資産価格についての完全に非現実的な一連の期待によって引き起こされたのである。金融部門はそれ自体，膨大な不安定性を生み出すことができる。」「銀行は確かに資産市場に信用を供給したが，究極の問題は資産市場それ自体であった。」[29]（4）提案者は，「市場の効率性への信頼を反映」して，「信用の成長を抑えることによって，市場が非常に不安定になり，金融危機を引き起こして崩壊する能力を押しとどめるのだと論じている」が，「規制の網の外で新しい貨幣が発展してくるだけでなく，信用の新しい源泉もまた生まれてくるであろう」から，むしろ「金融制度が展開される方法や，資産市場での傾向に詳細な注意を向け，それを基礎にしたマクロプルーデンスな規制が全金融制度にとって必要とされる」とする[30][31]。

　改革論者は今日，貨幣の圧倒的部分を「銀行貨幣（要求払い預金）事実上独占しており，銀行業が貨幣創造の全過程を完全に掌握しており，そこでは，政府は貨幣主権を奪い去られ，銀行に多額の債務を負い，従属させられている」と嘆き，「すべての貨幣は債務か？」「貨幣は債務を形成しなくともあり得るのか？」「貨幣は債務である必要があるのか？」と問い，この「貨幣と債務の強制的な同一視が銀行原理に混乱を生んだのである」と，イニスやクナップらを批判した[32]。そして，改革案採用後は，「貨幣の創造と発行は，貸付返済償還といった金融取引を伴う必要もなく行いうる。過去2500年間，伝統的コインの発行は，debt-free で発行されてきた。国家支配者によって，貸し付けられるというよりは支出されて流通に投じられてきた。」と，造幣硬貨や国家紙幣等のソヴリン・マネーに着目する。「2500年のコインの歴史を見よ。コインは貸付の対をなすものとして流通に投じられたのではない。国家の支配者によって，debt-free で流通に投じられたのである。国家支配者は造幣とシーノリッジの貨幣高権を国家のために保持していた。」[33]

　ザーレンガにしても，「はっきりしていることは，一国の貨幣を提供するのは国家であって，銀行ではないはずだ。」「銀行が貨幣創造権力を使うことがな

ければ，すなわち，銀行が貨幣として債務を使うことがなければ，不動産価格がこれほど高騰することはなかったであろう。」とういう。「利子を取って貸付け，貨幣を創造するファイナンス（financing through money creation）モデルが問題だ」と繰り返し強調し，「債務でないエクイティである政府発行のソヴリン・マネーに置き換えるべきだ」と主張した(34)。

　銀行貨幣（信用貨幣）に替えて，債務ではないキャッシュたる国家貨幣を発行せよという発想は，多くの貨幣改革案に共通している。合衆国のレーガン大統領時代の高金利下の状況について，J. ホツソンは，"Ending the Debt-Money System" と題して，以下のように主張していた。「合衆国の中央銀行，すなわち Fed は，政府によってではなく，それがコントロールしていると思われているまさに商業銀行によって支配されているのである。これらの銀行家らは財務省，すなわち Fed によって利子なしで，debt-free で生み出されるわれらの総貨幣供給の部分を大いに縮小してしまった。かくて，われわれは銀行から高金利の債務貨幣（debt money）を借入れなければならないのである。」「Fed の貨幣は健全な貨幣である。なぜならそれは……利子や返済のフローをもたらさない。最近，Fed は自らは余りにもわずかしか貨幣を生み出さず，他方，効率の悪いメンバー銀行が，政府や社会に余りにも高いコストを負担させて，全く大量の貨幣，すなわち貨幣代替物を創造するのを認められてきた。……銀行は悪い貨幣である。なぜならば，銀行は利子や返済のフローを生み出すからである。」「この改革プラン（100％準備のシカゴプラン）は債務貨幣制度を終わらせるであろう。われわれの現在の経済においては，あらゆる貨幣は，転々流通するコインや通貨さえも，誰かが銀行に利子を払い借り入れられる限りにおいて供給されるのである。大部分のエコノミストは，この制度を自然なものと見なすことに慣れている。しかし，そうではない。なぜならインフレーションを引き起こす以外に維持することが不可能な返済のフローを作り上げているからである。／貨幣は債務である必要はない。政府は Fed を通じて貸付を介して供給するよりはむしろ，財務省を通じて，新たな貨幣を支出して供給できるのである。」(35)

　民間銀行から貨幣発行特権を取り戻せという主張は，金融資本主義の今日になって盛んに議論されるようになったというわけではない。歴史を振り返れ

ば，たびたび繰り返えし主張されてきた。キングによる，19世紀初めにはトーマス・ジェファーソンが「貨幣を発行する権利を銀行から取り上げて，その正当な保有者である国民の手に戻すべきである」と言い，また，19世紀末には金本位制に反対してW.ブライアンは，「硬貨を鋳造し，貨幣を発行する権利は，政府の仕事であるはずだ。それは主権の一部であり，刑法を定めたり，税法を適用したりする権限と同じで，民間の個人に安心して譲渡できるものではない。……貨幣の発行は政府の仕事であり，銀行は統治の仕事から手を引くべきだ。」と主張した[36][37]。

　しかしながら，銀行の貨幣創造能力に異議を申し立て，国家貨幣に解決を求めるザーレンガやユーバーらの議論には，何故に，銀行の一覧払預金債務が貨幣機能を遂行し，国家貨幣に取って代わったのかという問題意識が欠如している。中世の商業復活以来，両替商（初期預金銀行）の生成とともに，徐々に，一覧払預金債務が国家貨幣を押しのけ，それらを信用の小銭の地位に貶め，貨幣流通領域は分化する。大額取引や卸取引は初期預金銀行の債務貨幣（信用貨幣）で行われ，造幣硬貨は小売領域の現金取引通貨とされてしまった。こうした通貨流通領域の形成に直面した政府国家は，こうした通貨構造の下では信用貨幣取引に参入する以外には国家活動を行うことはできなかった。ザーレンガやユーバーらの議論には，過去1000年にもわたっての民間商業銀行の信用貨幣が貨幣流通の大宗を覆ってきた歴史やその根拠への考察はまったく見られない。彼等には，2500年もの悠久の歴史をもつコインが，何故に，この1000年にも亘って債務貨幣（debt money）である銀行の一覧払預金通貨の侍女の位置に貶められねばならなかったのかを問いかけることも，また貸付により貨幣が創造されうる事実を認めても，何故にそうなのかを問わない。貨幣は信用であってはならず，国家支出により供給される造幣硬貨や国家紙幣等のキャッシュである国家貨幣が担うべきだと考えるのは，恐らく，商品・資本取引は国家貨幣である現金で取引されるべきだと考えているのであろう。

　ところで，キングは，「何世紀ものあいだ，貨幣と銀行は金融の錬金術だった。それが強さの源泉とされていたが，実際には，資本主義経済のアキレス腱だ」と認めながらも，「資本主義経済で貨幣と銀行が決定的に重要な役割を果たしているのは，それらが現在と将来をつないでいるからである。」と繰り返

して強調している[38]。「貨幣と銀行」という言葉を「信用」という用語に置き換えると，資本主義経済が造幣硬貨や国家紙幣といった現ナマである国家貨幣での取引ではなく，信用による取引に頼らざるを得ないし，それによって結ばれる債権債務の清算・支払のために支払決済システムが形成される必要になろうことも理解されよう。信用貨幣制度が築き上げられる根拠がより明らかになる。

　マルクスは資本が国家貨幣に依らない信用取引を展開することについて以下のように語っていた。「私は前に（第1部第3章第3節b）明らかにしたように，支払手段としての貨幣の機能，したがってまた，商品生産者や商品取扱業者やの間での債権者・債務者の関係は，単純な商品流通から生ずる。商業が発展し，流通を気にしてのみ生産する資本制的生産様式が発展するにつれて，信用制度のこの自然発生的基礎が拡大され，一般化され，仕上げられる。だいたいにおいて，貨幣はこの場合には支払手段としてのみ機能する。すなわち商品は，貨幣とひきかえにではなく，一定の期限に支払うという契約書とひきかえに販売される。この支払契約書吾々は，簡単化のために，ひっくるめて，手形という一般的範疇のもとに総括することができる。かかる手形そのものは，その満期＝支払日に至るまで重ねて支払手段として流通するのであって，これは本来的な商業貨幣をなす。手形は，ついには債権債務の相殺によって決済されるかぎりでは，全体的に貨幣として機能する。というのは，その場合には，ついに貨幣に転形されるということが生じないからである。生産者や商人のこの相互的前貸が信用の本来的基礎をなすのと同様に，その流通用具たる手形は，本来的信用貨幣たる銀行券・等々の基礎をなす。」「信用貨幣は，販売された諸商品にたいする債務証書そのものが債権を移転するために再び流通することによって，支払手段としての貨幣の機能から直接的に発生する。他方において，信用業が拡大すれば，支払手段としての貨幣の機能も拡大する。かかるものとしては，それ［信用貨幣］は，大口の商取引の部面内にとどまるように独自の実存諸形態を受けとるのであって，他方，金鋳貨または銀鋳貨は，主として小口取引の部面内に押しこめられる。」[39]

　中世の預金振替銀行が生成したのは，造幣硬貨の品質や数量に問題があったからというよりは，むしろ（商人）資本は，「根源的な不確実性が存在する」

「市場経済」の世界では，「現在と将来をつなぐ」ためには，また，所要資本量を節約するためには信用（取引）に依拠せざるを得ないからである。その結果，取り結ばれた債権債務の決済のため，それらが銀行の当座預金勘定に集中集積され，国内的国際的債権債務を清算する支払決済システムが構築され，銀行の一覧払債務（預金通貨）が貨幣機能を果たす信用貨幣制度が生成したのである。資本主義経済は信用関係の展開により，商業貨幣や信用貨幣を自ら創出せざるを得ないのである。銀行の一覧払債務が貨幣機能を果たすに至ったのは，銀行が利子を取って貸付を行ったからではない。貸付が信用貨幣を生み出したわけではない。また信用貨幣を廃止し，信用貨幣の小銭に過ぎなかった国家貨幣（キャッシュたる debt-free money）を代わりに使うことなど，国内外の広範な信用関係，すなわち膨大な債権債務清算のための支払決済システムを考えれば，意味をなさない。

　さらに言えば，銀行が貸付により債務貨幣を創造しうるには，その債務が貨幣になっていなくてはならない。中世の（公立）預金銀行において，貸付が禁じられていた場合にも，預金銀行の一覧払預金債務（預金通貨）は貨幣機能を果たしていた。利子を取っての貸付が銀行の一覧払債務に貨幣機能を与えたのではない。商業銀行の貸付は支払決済システムの付加物でしかなく，そこからは派生したにすぎない。銀行業の当座勘定口座での貨幣取扱業務が創り出した支払決済システムこそが，銀行債務の貨幣機能を生み出した要諦である。

　17・8世紀のオランダ，アムステルダム銀行は原則的には貸付を行わない預金振替銀行であるが，彼らの預金債務による内外の国際的債権債務を決済する貨幣機能が，マーチャント・バンカーの引受信用の地理的空間的拡大を支えていた事例は興味深いであろう。すなわち，アムステルダム銀行研究の第一人者である橋本理博氏によると，国際的な貿易・資本取引に伴い，「マーチャント・バンカーが与える引受信用によって世界的に発生する債権債務がアムステルダムに集約され，彼らの取引はアムステルダムの振替台帳上で，実物の金属貨幣とは直接結びつかない帳簿通貨（一覧払預金債務—引用者）で決済されていた。この金属との関係を断たれるという性格によって，バンク・マネーは外国為替における基準としての役割をも果たしていたのである。つまり，17世紀中葉から形成され始め18世紀にわたって機能したアムステルダムを軸にした国際

決済は，アムステルダム銀行とマーチャント・バンカーの引受金融の組み合わせ，即ち，バンク・マネーによる振替決済と結びついた信用機構の枠組みの中で遂行されていたのである。」[40]

　19世紀初めのイングランド，ランカシャ地方の広範な為替手形流通も銀行の当座勘定口座での支払決済を支えていた。1826年委員会でのグラッドストンの証言を引用しておこう。「われわれはすべての額面の為替手形をもっております。製造業者の幾人かは，自分たちの賃金支払いのために，通常，商店主やイングランド銀行券や金鋳貨の供給を受けています。彼らは，ロンドンの代理店に自分たちに都合の良い金額に応じて手形を振出すのです。他の職種の事業家もまた，彼らの必要に応じて支払のために手形を振出す習慣にあります。その結果，われわれはかなりの量の少額面手形をもっています。私は10ポンドから50ポンドまでを少額面と呼んでいます。この地方の手形通貨のかなり多くの部分は，これらの額面のものであって，手形は裏書され転々と流通させられ，満期前には，もうほとんどそれ以上，（裏書のため）名前を書き入れられないほどになります。」[41]

　こうした債権債務関係は，商業銀行の当座預金勘定に集中・集積され，決済されることで支払決済業務の広がりをもたらし，彼らの一覧払預金債務に貨幣機能を与えることになる。キングは，「銀行とは何か」，「何が銀行を特別な存在にしているのだろう」と問い，「銀行の際立った特徴は，資産のほとんどが長期で，流動性が低く，リスクが高い一方，負債は短期で，流動性が高く，安全とされていることである。……銀行は満期とリスクの変換を組み合わせる。これが銀行を特別な存在にしている理由だ。さらに銀行が融資するときには，借り手の口座に融資と同額の預金をつくり出す。つまり，その預金は何時でも払い戻して，支払にあてることができる。それは貨幣だ。」と述べているが，他方，別な箇所で，「銀行は『決済システム』の心臓部だ。」と指摘している[42]。この両者の関連については，説明されていないにしても，キングの言う「銀行預金という形での貨幣の創造と，長期のリスクが高い投資の資金調達と結び付ける」「錬金術」[43]を支えるのが，私が長く強調してきた支払決済システムの存在であった。キングは，「貨幣の未来」という項目で，計算貨幣の存続を指摘するとともに，「近い将来に，何らかの形の貨幣が完全に切り離さ

れた決済システムに移行することはないだろうと，私は見ている。予定された支払いをする目的でも，汎用的な購買力の流動性準備を保有する目的でも，この先，銀行口座がなくなることはない。」とのべている[44]。後者の銀行口座存続の指摘は，支払決済システムが信用貨幣制度の根幹であることを意味しており，銀行が「特別な存在」とされる所以である。

　新通貨学派のユーバーやザーレンガのソヴリン・マネー論は，現代貨幣制度の歴史や現実への無理解から派生したナイーヴな見解としか言いようがないが，ただ，彼らが提起した現代信用貨幣制度の「経済的社会的公正」という視点からの問題点の指摘や，ヘインツ＆バラクリシュナンらが提起した金融危機における債務関係に化体された権力のダイナミズム，金融市場の構造が内包する社会的格差や金融市場ガバナンスの不公正の問題は，マクロ金融論者への警鐘となっている。

［注］

(26) S. Dow, G. Johnsen and A. Montagnoli, "A Critique of Full Reserve Banking", *Sheffield Economic Research Paper Series, SERPS* No. 2015008, March 2015, pp. 1-4.

(27) *ibid.*, pp. 8, 11, 13.

(28) *ibid.*, pp. 8, 9.

(29) *ibid.*, pp. 13-14.

(30) *ibid.*, p. 14, 16. ダウ等は，望ましい改革は「20世紀半ばまで行われた銀行業の社会的に有用な形態を再度復活させる試みではなかろうか」という。「金融構造における温和な変化を提案したい。すなわち，小切手や貯蓄勘定，満期まで保有するようにする貸付など伝統的な機能を遂行する伝統的に規制された銀行に一般的な支持を与える。……金融史の教訓から見ると，単純な解決策は存在しない。……銀行危機の解決は，銀行業を排除することではない。」(*ibid.*, p. 17)
　　金融市場の規制緩和以前への状況への復帰せよという見解は，クロールによっても表明されている。彼は，「より安定した金融制度の創造だけでなく，より民主的経済や社会に貢献する」ことを目指すユーバーらの改革案に共感しながらも，「政府の財政支出によってのみ新しい貨幣を供給するのでは，どんな形であれ，余りにも非弾力的である。……利子率や信用クランチのヴォラタイルな上昇を引き起こすであろう」と，「金融制度を安定化させること」の困難を指摘し，公共投資に限り，部分的ソヴリン・マネー制度（Partial Sovereign Money System）を提言しているが，むしろ，「われわれは貨幣・金融制度を持続可能な道に行かせるためには，効果的な再規制が必要である。すなわち，信用需要を金融市場の規制緩和以前の状況に戻すことが必要であることは明白である。事実，それこそが銀行の貨幣創造能力を経済的に意味あるレベルにまで低下させるための唯一の効果的方法である」(M. Kroll, *op. cit.*, p. 19, 21, 23f) と言う。

(31) 17，8世紀のアムステルダム銀行は原則的には利付貸付業務を行わず，貸付による一覧払預金債務を創造してはいなかったが，アムステルダムでは1763年と1772-3年にマーチャントバンクの過大な引受信用の供与により，厳しい金融恐慌（シャドー・バンキング危機）が発生している。1763年の夏に，アムステルダムの大手2社（A. ヨセフ商会とドゥ・ヌフヴィル兄弟商会）が支払

いを停止し，大手のマーチャント・バンカー 7 社を含む 38 社が倒産し，不渡りは 2700 万ギルダー近くに達した。全面的な信用の喪失を回避するため，信用銀行 Bank van Krediet の設立が提案された。1772 年にも，マーチャント・バンカーのクリフォード商会が倒産するなど，流動性危機を迎えている。商人社会は結集し，都市行政府に対して準備銀行の設立を求め，信用維持基金が設立された。市は 200 万ギルダーを提供している（J. ド・フリース，A. ファン・デァ・ワウデ著（大西吉久・杉浦未樹訳）『最初の近代経済―オランダ経済の成功・失敗と持続力 1500-1815 ―』，名古屋大学出版会，2009 年，141-142 頁）。利付貸付による商業銀行の信用創造，貨幣創造が金融恐慌に原因であったわけではないが，マーチャント・バンカーが過度に供与した引受信用の破綻による流動性危機を緩和するために，中央銀行的な最後の貸し手機能が必要とされた。問題は商業銀行の貸付による貨幣創造だという見解は一面的である。

(32) Huber, "Modern Money. Interest-Bearing Credit or Debt-Free Currency", op. cit., pp. 14, 17, 18.

(33) *ibid.*, p. 18.

(34) S. Zarlenga and Robert Poteat, "The Nature of Money in Modern Economy", op. cit., pp. 60, 64, 65.

(35) John H. Hotson, "Ending the Debt Money System", *Challenge: The Magazine of Economic Affairs*, March-April, 1985, pp. 48-50.

(36) キング，前掲書，111-112 頁。

(37) キングはこの点を取り上げ，以下のように問題を提起している。「20 世紀に，貨幣創造が信用創造のプロセスの副産物になることを許した。今日では貨幣の大部分は，民間の機関，すなわち銀行によって創造されている。現代の社会における貨幣管理に現れている断層線のなかで，最も重大なのがこれである。……政府はなぜ，貨幣という公共財を民間の管理下に置くことを許したのだろう。その疑問を解き明かすには，銀行の役割を理解する必要がある。」（同，111-112 頁）と述べている。この問題への私の答は，拙著その他で繰り返し記してきた。以下の拙稿を参照されたい。拙稿「銀行信用論―方法と展開―」，『佐賀大学経済論集』第 16 巻 3 号，1983 年，拙稿「銀行業と銀行信用」（浜野俊一郎・深町郁也編『資本論体系』第 6 巻利子・信用，有斐閣，1985 年）所収，拙著『貨幣・信用・中央銀行―支払決済システムの成立―』，第 8 章「銀行信用―支払決済システムの生成―」，同文館出版，1988 年。

　ところで，キングは 2010 年の講演で提起した改革案を，その後出版された前掲書『錬金術の終わり（The End of Alchemy, 2016）』で，ザーレンガが言う方向では撤回している。以下の論文を評価したうえでの，上記の問題関心からではなかろうか。M. マクレイ，A. ラディア，R. トーマスは，近代経済では大部分の貨幣が商業銀行の貸付によって創造され，銀行は，預金者から集めた貨幣を貸し付ける単なる仲介者ではないことが強調している。「銀行が貸付をなす時には何時でも，銀行は同時に借り手の銀行口座にそれに見合った預金を創造し，そのことによって新たな貨幣を創造するのである。」（"Money creation in the modern economy", by Michael Mcleay, Amar Radia and Ryland Thomas of the Bank's Monetary Analysis Directorate, *Quarterly Bulletin*, 2014 Q1, p. 14）。ジャカブ＆クムホフも，以下のように論じている。2007/08 年の大恐慌によって，「経済における銀行の役割により多くの注目が集まるようになった。……何十年にも亘って，民間銀行制度は脆弱性の大きな源泉とであるとは見なされてこなかった。それゆえ，銀行業やプルーデンシャルな銀行規制へのほとんどすべての関心は，ミクロ経済的な性格のものに過ぎなかった。」「大恐慌はこのことをドラマティクに変えてしまった。……アカデミックなマクロ経済学もまた，銀行とプルーデンシャルな銀行業規制に注意を向け始めた。」「銀行業の単純な貸付資金の仲介（ILF, intermediation of loanable funds）モデルでは，銀行貸付は非銀行の貯蓄者から非銀行の借り手への現に存在する貯蓄，すなわち貸付資金の仲介者を表す。貸付はあるエージェントから実際の

貯蓄を預金として集める銀行から始め，それらを他のエージェントへ貸付けることで終わる。しかし現実の世界では，銀行の基軸的機能は，ファイナンスの供給であり，すなわち，貸付を通じた新しい貨幣購買力の創造である。……とりわけ，強調すべき点は，銀行が非銀行の顧客 X に新しく貸し付ける時には何時でも，銀行はバランスシートの資産（貸方）側に顧客 X の名前において，新しい貸付記入をして，同時にバランスシートの負債（借方）側に顧客 X の名前において新しい同額の預金記入を創造する。それゆえ，銀行は貸付という行為において自ら自身でファンディングを行い預金を創造するのである。……銀行の一覧払預金は，あらゆる現代経済の主要な交換手段である。別言すれば，貨幣である。」（Zoltan Jakab and Michael Kumhof, "Banks are not intermediaries of loanable funds and why this matters", *Bank of England, Working Paper* No. 529, 2015, p. 3）。ただ，言うまでもなく，このような機能は，「20 世紀」になって初めて出現したのではない。

　　キングは，ユーバーらの改革案では，様々な不都合が起こると言う。「今日の銀行が果たしている数多くの機能をいったい誰が担うのだろう。とりわけ誰が企業と家計にお金を貸して，工場を建てたり，家を買ったりできるようにするのか。誰が既存の資産を移転するための資金を供給し，新規の投資資金を調達する際のリスクを引受けるのだろう。」（前掲書，304 頁）「ナローとワイドという両極端な種類に銀行を完全分離すると，金融仲介機関は，安全と流動性を選好する貯蓄者と，柔軟かつ長期にお金を借りたい借り手とをつなぐさまざまな方法を編み出し，発展させることができなくなり，新しい経済的利益を引き出す機会が閉ざされる。金融仲介を制約すれば，工場や設備，住宅などの実物資産に投資する資金を調達するコストが高くなってしまう。安全な預金でリスク資産を獲得する資金を調達することが法律で完全に禁止されれば，貯蓄者と投資家をさまざまな方法で結びつけて経済の効率を向上させる可能性が失われることになる。」（306 頁）等の理由から，銀行から貨幣創造機能を取り上げ，信用貨幣を廃止するのではなく，「預金者や，短期の無担保負債を供給する他の債権者の要求に応じられるだけの十分な現金を銀行がつねに確保できるように」（314 頁），「伝統的な最後の貸し手をどんなときにも頼りになる質店に置き換える」代替案を提起している（418 頁）。その詳細は同書第 7 章を参照していただきたい。

(38)　キング，前掲書，420，417 頁。

(39)　マルクス『資本論』第 3 部上冊，長谷部文雄訳，青木書店，568-569 頁，同第 1 部上冊，272-273 頁。

(40)　橋本理博『アムステルダム銀行の決済システム―17・18 世紀におけるバンク・マネーの意義―』，2013 年度博士学位論文，名古屋大学大学院経済研究科，48-49 頁。

(41)　拙著『イギリス信用貨幣史研究』，九州大学出版会，1982 年，第 5 章「ランカシャ手形通貨の流通と衰退」参照。

(42)　キング，前掲書，131，121 頁。

(43)　キング，前掲書，147 頁。

(44)　キング，前掲書，329-330 頁。

# あとがき

## —グレーバー『負債論』における貨幣論への疑問—

　本書は，ここ5年ばかりの間に執筆した以下の論文の章立てを組み替え，大幅に加筆したものからなる。長く想いを巡らしてきた「貨幣と国家」の考察を試みた本書を上梓することができ，幸運に思う。

　「貨幣の世界システムの成立—資本主義的信用貨幣制度の起源—」（『立教経済学研究』，第73巻第3号，2020年1月），

　「銀行貨幣と国家貨幣—MMTの貨幣・信用論への疑問—」（『佐賀大学経済論集』，第53巻第2号，2020年8月），

　「貨幣と国家—近代イギリスの事例に寄せて—」（同上誌，第54巻第1・2合併号，2021年8月），

　「国家は信用貨幣を廃止できるのか—新通貨学派の信用貨幣批判に寄せて—」（同上誌，第55巻第2号，2022年8月）。

　グローバル金融資本主義の展開に並行して，銀行原理に基づく貨幣内生説が徐々に認知されつつあった1990年代初め頃から，一方で資本主義的信用貨幣を国家貨幣の観点から理解するMMTの議論が現れ，他方で新通貨学派のユーバーやザーレンガらが現代の信用貨幣制度を厳しく批判し，国家貨幣の復権を主張するようになった。

　MMTのレイや資本主義的貨幣を「信用貨幣と国家貨幣の融合（ハイブリッド）」と捉えるインガムらが，イネスの貨幣論を「純粋信用論」と批判し，貨幣の起源における国家の役割ならびに債務貨幣の受領性の差異にみる貨幣流通のハイラーキーを強調し，現代信用貨幣は根本的に国家に支えられたものと理解した。他方，新通貨学派らは，現代貨幣が概ね商業銀行が創造する一覧払預金債務である信用貨幣によって構成されており，経済成長への内的衝動に突き動かされるままに貨幣を創造し，巨大な権力を持つ商業銀行の過度な信用供与

が，金融市場の脆弱性や貨幣価値の不安定性の源泉であるとみて，民間銀行に纂奪された貨幣大権を国家に取り戻すべく，信用貨幣を廃止し，debt-free な現金である国家貨幣に置き換えるべきだと主張した。

そして，2007, 08 年の世界的金融恐慌やその後のユーロ圏債務危機の発生により，"too big to fail" 問題も重なり，「民間銀行から貨幣創造機能を奪取せよ！」と叫ばれるようになった。時を同じくして，「近代の貨幣は政府債務に基礎をおく」という D. グレーバー著 *Debt: The First 5000 Years*, 2011（酒井隆史監訳『負債論―貨幣と暴力の 5000 年―』，以文社，2016 年）が出版された。貨幣と国家は如何なる関係にあるのかが鋭く問われるようになった。

かつて「不換銀行券論争」において，兌換を停止した現代貨幣を不換国家紙幣であると捉え，その様な発想に基づき，管理通貨制度論や国際通貨ドル崩壊論が展開されてきた。そして今また，半世紀を経て，レイやインガム，ユーバーやザーレンガ，さらにはグレーバーらも加わり，国家貨幣論が復活することとなった。

本書では，「異例の旋風を巻き起こした世界的ベストセラー」である『負債論』における貨幣論を扱うことができなかった。若干のコメントを加えておきたい。グレーバーは，商品交換に貨幣の起源を求める常識を批判し，「貨幣は信用である」としたイニスの貨幣論に触発され，「旧来の経済史」が「人間生活のすべてを交換に還元」し，「経済生活は……物々交換からはじまる」とする常識を批判し（邦訳 194, 195 頁），「負債」への着目から，「貨幣の真の起源は，犯罪と賠償，戦争と奴隷制，名誉，負債，そして救済のうちにみいだされる」（31 頁）と，不平等社会の長期の歴史を「貨幣と暴力の 5000 年」として描いた。すなわち，暴力と戦争の歴史のすべてに負債と貨幣が関わってきたと言うのである。「過去数千年にわたり諸帝国の組織化と国家暴力，負債，貨幣創造の諸形態などのあいだには密接な関係があった」（586 頁）。人間の行動には常に貨幣が伴うであろうから，貨幣の関りは国家暴力に止まらず，至る所に見出されるであろう。また，暴力，犯罪，奴隷制，戦争の一切は負債と貨幣にのみ基因するのであろうか。ただ，暴力，犯罪，奴隷制，戦争それ自体が貨幣を創造するのではない。貨幣は「社会的システム」であるがゆえに，むしろ戦争や暴力は貨幣を崩壊させて来た。如何にして，貨幣は創造され得るのであろうか。ま

た，貨幣とは何か？

　グレーバーが語る「貨幣とは何か？」の論理の筋道をたどるのは容易ではない。彼は，キース・ハートの発想に倣い，まず「貨幣は商品（地金）であり，借用証書（debt-token）である」（113頁）と定義する。しかし，地金や借用証書それ自体は貨幣ではない。「ユーラシア大陸の過去5000年の歴史を見ると，信用貨幣が支配的な時代と金銀が支配的になる時代とが長期にわたって交互に入れ替わる」（322頁）と見る。「金銀の時代とは少なくとも取引の大部分が高価な金属片の手から手への引き渡しによっておこなわれた期間のこと」（322頁）であり，古代メソポタミア以来の貨幣の歴史サイクルは，「ヴァーチャルな尺度としての貨幣」と，貴金属からなる「非人格的な物としての貨幣」の間を振幅（oscillate）してきたと捉える。そして，現代貨幣に繋がる「大資本主義帝国の時代（1450年から1971年）」は，中世（600-1450年）の「仮想通貨と信用経済から離脱し，そして金銀へ回帰」し，金本位制度を打ち立てた「金銀の時代」であったと規定する。ところが，1971年に米ドルの金交換が停止すると，「いったんグローバルな信用貨幣システムが，金との連動から完全に切り離されるや」，世界は「金融史の新しい段階に……足をふみ入れた」（535頁）と，信用貨幣を金銀の代替物と見る俗説による。貨幣は金との結合を断たれ，再び「地金経済から仮想信用通貨へと転換」し，ドルは「仮想（ヴァーチャル）通貨へと回帰した」（566頁）。「近代の貨幣は政府債務に基礎をおいているし，政府が債務を負うのは戦費調達のためである。……中央銀行の創設が表現しているのは，戦士の利害と金融業者の利害との結合の恒常的な制度化であり，ルネッサンスのイタリアに端緒をおいている。それがやがて金融資本主義の基礎になったのである」（538頁）。かくて，金との結びつきを欠いたドルは「信用貨幣の新手の変異体」（539頁）となることで，資本は工業生産と賃労働に資本蓄積の基礎を置くのではなく，rent-seekingに軸足を移し，「市場に投資される貨幣のほとんどが生産や通商とのあらゆる関係から切り離されてしまう」（555頁），いわゆる「資本の金融化」という資本主義崩壊の段階に突入したと見る。

　しかしながら，ドルが金交換を停止されようと，信用貨幣としての本質に変わりはなく，「新手の変異体」になるわけでもない。貨幣債務の背景には債権

が存在し，貨幣は決して「ヴァーチャル」でもない。グレーバーが「金銀の時代」に含める 17, 8 世紀に，オランダ，アムステルダム銀行のバンク・ギルダーは世界の覇権通貨となったが，預金の現金での引き出しは停止していたし，金本位制下のポンド通貨もイングランド銀行の金準備を根拠にして創造されていたわけではない。英国ポンドがオランダ・ギルダーに取って代わって，国際通貨に上昇したのは，正貨支払が制限され，事実上兌換が停止されていたナポレオン戦争期であった。「無からの貨幣の創造」（552 頁）の意味を理解せず，貨幣がもっぱら国家によって意のままに創出されるとの俗説を振りかざし，貨幣が国家権力の暴力と戦争を展開させ，金融市場，国債市場がもっぱら戦争金融を軸に展開されているというわけであるから，国家貨幣論へと回帰する以外にない。

　ところで，グレーバーにはいまひとつの貨幣，社会的通貨論がある。例えば，C. マルドリューが描くイギリス近代初期の「民衆の信用システム」「地域の信用制度への信頼」（497 頁）に，「社会的通貨をともなった人間経済」（268 頁）を見る。東部ノーフォークの市場町キングス・リンにおいて，市場経済の成長に伴い，16 世紀中葉以降，貸付取引に関わる訴訟が急増し，「共同体的な関係や和解」が後退しつつあったとはいえ，それまでの日常的経済生活においては，伝統的に「だれもがなんらかのかたちで債権者でありかつ債務者」であり，貸借は「古来からの相互扶助と連帯の制度」（483 頁）に基づいていたという。「ヨーロッパ全土にわたる小規模共同体が，金属通貨をほとんど使用することがなくとも十分にまわっていたのは，まさにその地域的な信頼システムのおかげだったのだ」（463 頁）。「このような世界では信頼がすべてである。……ほとんどの貨幣は文字通り信頼だったのである」（484 頁）。マルドリューによれば，「信頼は経済取引の基本的な要因であり，正直という評判は一種の文化的通貨 cultural currency となった。」地主や商人が為替手形の支払その他で造幣硬貨を使うことがあっても，日常的生活で「存在するのは信用経済であって，あらゆるものの価格は計算貨幣で建てられてはいても，そこでは貨幣は主要な交換手段ではなかった」（C. Muldrew, "'Hard Food For Midas': Cash and Its Social Value in Early Modern England", *Past and Present*, No. 170, 2001, pp. 83, 84）。そして，このような「地域的な信頼システム」においても発生する貸借をめぐ

る紛争は外部の訴訟に頼らず，基本的には「善隣的協調 neighbourly harmony (commitment, negotiation, arbitration)」において解決されていたという。

　こうした状況を捉え，グレーバーは「社会的通貨をともなった人間経済」と表現するが，私には，摩損し盗削された硬貨すら乏しい中世や近代初期の日常的経済生活は，硬貨を介在させずに年に数回，清算される「ツケ売買」で「やりくり」をせざるを得ず，計算貨幣で「記録」または「記憶」された少額の数か月，時には数年におよぶ互恵的債務（reciprocal debts）の連鎖を維持するには，「信頼」「相互扶助」「連帯」といった倫理が欠かせないのは自然と思われる。とは言え，それら互恵的債権債務の形成を「社会的通貨」と呼び，当時の社会経済生活に「人間経済」と見るとはどういうことだろう。「人間経済」というものは暴力や破壊と無縁のパラダイスであったのか。

　デサンは，14，5世紀イングランド西部の事例を紹介し，中世の日常生活では "day-to-day or consumption credit"（neighbours lent to neighbours; peasant credit; everyday lending）の慣行が広範にみられたが，デフォルトに陥った人々は度々，manor court での債務訴訟に巻きこまれ，訴訟にならない場合でも，家屋の打ちこわしや暴力，不法占拠に訴えられることが多かったという（*C. Desan, Making Money*, 2014, chap. 5, The social stratigraphy of coin and credit in late medieval England参照）。「中世イングランドの day-to-day credit は危険極まりない媒体であった。」「債権債務によって引き起こされる緊張によって，村落生活は周期的に崩壊させられた。すなわち，恵まれた時代においてさえも相互依存の脆弱性から，信用が情に溢れた共同体的互恵主義という想定を修正するほどの困窮を生じさせたのである。」（*ibid.*, p.227）

　ところで，商業貨幣や信用貨幣の流通における「信頼」「相互扶助」「連帯」は，資本や国家にとっても危機にあっては必須であった。産業革命期のスコットランドで恐慌期，破産銀行の預金債務や発券債務は，恐慌を切り抜けた他の諸銀行によって引受けられ，資本金や取引額に応じて償却されていた。そのお陰で1825年恐慌以降もスコットランドにおいてのみ，額面1ポンド銀行券の発行継続が認められた。対仏戦争期，ロンドンだけでなく，地方各都市で住民らによる集会での決議に基づき，兌換を不問に付し，銀行券や預金通貨の流通が維持された。奴隷貿易の拠点のリバプールや綿工業地中心地のマンチェス

ターでも，小額面のロンドン宛為替手形が，手形通貨として何十人もの商人ら
の裏書をもって転々流通していた。19世紀後半の合衆国における恐慌期に，
銀行券や硬貨に代わって，各地の手形交換所が発行する手形交換所貸付証券が
決済や支払手段として流通し，それを拒否する銀行は手形交換所から除名され
さえした（拙著『イギリス信用貨幣史研究』1982年，『貨幣・信用・中央銀行—支払決済
システムの成立—』1988年参照）。すなわち，中世，近代初期のイングランドを含
め，「信頼」「相互扶助」「連帯」といった社会的規範が時には形成されざるを
えないのは，「人間経済」であるかどうかではなく，貨幣が地金や借用証書と
いった「もの」ではなく，社会的システムだからである。

　グレーバーの貨幣論には，「戦士と投資家の同盟」である「商業経済（資本
主義）」における「市場と暴力の貨幣」と，「人間経済」（544頁）における「名
誉と信頼の諸関係」を表す「社会的通貨」がある。「ウォール街占拠運動」で
も著名なグレーバーは，「人間経済の市場経済への転化に戦争，征服，奴隷制
が中心的役割を担った」（569頁）と述べる一方で，「市場は，ひとたびみずか
らの暴力的起源から完全に手を切ることができるとなると，きまって別のもの
へと，例えば名誉，信頼，相的紐帯などの織り成すネットワークへと成長し
ていく」（571頁）と見る。「2008年がある種の歴的分水嶺であることは明らか
である」（580頁）と断言するが，戦争，征服，奴隷制の「市場経済」から名誉，
信頼，相互的紐帯の「人間経済」への転換の具体的な内容・経路がどのような
ものなのか何ら語られていない。

　このようなグレーバー貨幣論の有り様は，造幣硬貨と信用貨幣，計算貨幣と
信用貨幣を峻別することなく，貨幣を「もの」と見て，何故に債務（負債）が
貨幣となり，信用の貸付が貨幣を創造することになるのかという「無からの貨
幣の創造」（the science of banking）の意味，別言すれば，「システムとしての
貨幣」（岩野茂道）を理解しないことの結果である。貨幣が「暴力・奴隷制・
戦争」そのものであり，また「名誉・信頼・連帯」そのものにもなるというの
であれば，いったい，貨幣とは何か？「貨幣には本質がない……。それは『現
実に』なにものでもない。だから，貨幣の性質なるものは，これまでも，そし
ておそらくこれからも，政治的な係争の問題であるのだ」（550頁）と答える。

　余力があれば，「負債の文化人類学」であるというグレーバー貨幣論をあら

ためて検討する機会を持てればと思うが，とりあえずは，拙著（『歴史の中の貨幣—貨幣とは何か—』2012 年）で提示した「貨幣の歴史的鳥瞰」を批判的コメントとして参照いただければ幸いである。計算貨幣に始まる貨幣は 5000 年を超える歴史をもち，現代信用貨幣も，中世以来 1000 年の歴史をもつ。戦後 70 年余りの貨幣信用論研究は，貨幣と市場，貨幣と国家について，どれほどわれわれの理解を進めることができたと言えるのだろうか。本書は，中世以来，資本が構築した信用貨幣制度に対し，国家が公立預金銀行を設立し，さらに債権債務関係を纏い公債をもって，さらには，核貨たる中央銀行通貨をもって積極的に参入することで，如何に資本主義的信用貨幣制度が形成されてきたかを考察し，併せ，上記の諸学説を批判的に検討した。「貨幣と国家」をめぐる議論が一層，深まることを期待してやまない。

..........................................................................

　さて，本書の出版は（株）文眞堂に引き受けていただいた。同社の前野隆氏，前野弘太氏に深く御礼を申し上げる。定年退職後も，文献収集でお世話になった佐賀大学図書館学術情報係の方々や，文献情報を絶え間なく提供していただいた Academia. edu（San Francisco, CA, USA）のご支援もあって，長く学び続けることができた。先年，岩野茂道氏（熊本学園大学元理事長），岡本惠也氏（同元学長）が相次いで逝去された。編著を共に上梓した頃が思い出される。中島将隆氏（甲南大学名誉教授），木野比佐司氏（石橋湛山記念財団石橋湛山研究学会事務局長），ラタナーヤカ・ピヤダーサ氏（佐賀大学名誉教授），兄福山孔市郎には，長きに亘りご好誼をいただいた。最後に，私事ながら，小林佳都子には大いに助けられたことを記しておきたい。

　ハンディキャップを持ちながらも，穏やかに暮らす楊枝恵慈郎君に本書を贈る。

2022 年 8 月　　楊枝嗣朗

# 人名索引

**著者紹介**

**楊枝嗣朗**（ようじ　しろう）

1943年生　佐賀大学名誉教授

［著書］

『イギリス信用貨幣史研究』（九州大学出版会，1982年）

『貨幣・信用・中央銀行―支払決済システムの成立―』（同文舘出版，1988年）

『近代初期イギリス金融革命―為替手形・多角的決済システム・商人資本―』
（ミネルヴァ書房，2004年）

『なぜドル本位制は終わらないのか』（岡本悳也共編，文眞堂，2011年）

『歴史の中の貨幣―貨幣とは何か―』（文眞堂，2012年）

［翻訳］

E. コピーターズ『イングランド銀行券の歴史 1694-1954年』（中島将隆共訳，
『神戸学院大学経済論集』1986-88，2007年）

R.G. エクルズ＆ D.B. クレイン『投資銀行のビジネス戦略』（松井和夫監訳，
日本経済新聞社，1991年）

R. デ・ローヴァー『為替手形発達史― 14世紀から18世紀―』（『佐賀大学
経済論集』1986，2009 – 2011年）

A.M. イネス「貨幣とは何か？」，「貨幣の信用理論」（『佐賀大学経済論集』，
2020年）

貨幣と国家

―資本主義的信用貨幣制度の生成と展開―

| | | |
|---|---|---|
| 2022年11月30日　第1版第1刷発行 | | 検印省略 |

著　者　楊　枝　嗣　朗

発行者　前　野　　　隆

発行所　株式会社　文　眞　堂

東京都新宿区早稲田鶴巻町533
電　話 03（3202）8480
FAX 03（3203）2638
http://www.bunshin-do.co.jp
〒162-0041 振替00120-2-96437

製作・モリモト印刷

ISBN978-4-8309-5196-1 C3033